아동권리와 복지

조형숙, 백소영, 이수민, 이은형 공저

JUNGMINSA
정민사

머리말

감정이라면 아이가 어른보다 더 강하게 느낀다.
아직 억제하는 것을 익히지 않았기 때문이다.
지성이라면 적어도 어른들과 동등하다.
아이들은 언제나 새로운 경험을 추구한다.
어린이는 비로소 인간이 되는 것이 아니라 이미 하나의 인간이다.

나는 어린이에게 필요한 것은 오직 한 가지 사랑받고 존중받는 것임을 안다.
어린이들에게는 그럴 권리가 있다.
어린이들은 또한 보호받을 권리가 있다.
존중받고 보호받으며 자란 어린이들은
다른 사람을 존중하고, 아끼는 방법을 배우고
사회에 이바지하는 사람으로 자라는 것이다.
〈야누슈 코르착 「아이들」〉

지금 내게 어린이들은 어떠한 존재인가?
코르착의 말처럼 그럴 권리가 있는 인간으로 존중해 주고 있는가?

어린이를 직접 만나며 그들 삶의 가치를 높이고 더욱 사회에 이바지하는 사람으로 성장하도록 돕는 우리 영유아 교사들은 이러한 어린이의 권리를 누리고 향유하며 성장하지 못했기에 어쩌면 아동권리에 대한 경험과 인식의 부족으로 보육과 교육의 현장에서 바람직한 영유아 권리 존중의 실천을 하지 못하는 경우가 종종 있다. 따라서 영유아가 처음 만나는 교사는 무엇이 영유아들을 행복하게 하고 존중받는다는 느낌을 갖게 하며 성장하게 하는지 더욱 충분히 고민하고 생각해 볼 기회가 필요하다. 이에 이 책은 직접적인 삶에서 '지금 이 순간 여기에서' 내가 무엇을 할 수 있을지 아동권리에 대해 생각해 보며, 그것을 실천할 수 있는 아동복지 구현에 대해 보육과 교육의 현장에서 어떠한 마음가짐으로 아동권리를 실현하기 위한 노력을 해야 하는지 계기를 마련해 볼 수 있도록 내용을 구성하였다.

이 책은 총 3부로 구성되어 있다. 제1부는 아동권리와 복지의 기초로 아동권리와 복지의 이해, 아동권리와 복지 대상과 복지서비스, 아동복지 변천사, 아동권리와 복지 관련 정책과 행정으로 이루어져 있다. 제2부는 아동권리실현을 위한 아동복지 실천영역으로 보육아동을 위한 복지서비스, 빈곤아동을 위한 복지서비스, 다문화가정 아동을 위한 복지서비스, 한부모가정 아동을 위한 복지서비스, 조손가정 아동을 위한 복지서비스, 북한이탈주민가정 아동을 위한 복지서비스, 장애아동을 위한 복지서비스, 학대피해아동 및 아동학대 예방을 위한 복지서비스, 입양 및 가정위탁보호 아동을 위한 복지서비스, 시설보호 아동을 위한 복지서비스로 이루어져 있다. 제3부는 아동권리와 아동복지의 방향으로 우리나라 아동권리와 복지의 과제로 이루어져 있다.

이 책의 특징은 이론과 함께 각 장마다 학습한 내용을 바탕으로 영유아교육현장에서 아동권리 존중에 기반한 아동복지를 실천할 수 있도록 마지막에 '생각 나누기'를 마련하였다. '생각 나누기'는 해당 내용과 더불어 예비 영유아교육 전문가로서 생각해 봐야 할 내용과 토론 의제를 담았다. 또한 이 책을 선정하여 강의하시는 분들께 이 책의 활용도를 높이고자 강의용 PPT에 관련 기사와 관련 영화 등을 소개하는 콘텐츠를 담아 수업에서 쉽게 활용할 수 있도록 하였다.

이 책이 출간되기까지 많은 도움을 주신 정민사 대표님을 비롯한 편집진의 노고에도 깊은 감사의 인사를 드린다.

저자 일동

목 차

Part 02 아동권리실현을 위한 아동복지 실천영역

Chapter 05 보육아동을 위한 복지서비스

Chapter 09 조손가정 아동을 위한 복지서비스

Chapter 10 북한이탈주민가정 아동을 위한 복지서비스

Chapter 11

장애아동을 위한 복지서비스

Chapter 12

학대피해아동 및 아동학대 예방을 위한 복지서비스

CHILDREN'S RIGHT AND WELFARE

PART

01

아동권리와 복지의 기초

인간은 누구나 인권을 가지고 태어난다. 인권이란 사람답게 살 권리를 뜻한다. 아동도 인권의 대상이지만, 아동의 인권은 '아동권리'로 표현되며 보호되어야 할 권리이다.

아동권리와 아동복지가 중요한 개념으로 떠오르기 시작하면서, 영유아 교사들이 아동권리와 복지에 대하여 이해할 필요가 있다. 이를 위하여 아동의 개념, 아동권리와 아동복지의 의미, 아동복지의 필요성 등과 그 배경 및 내용에 대해 살펴보고자 한다.

학습목표

- 아동 및 아동복지의 개념을 설명할 수 있다.
- 아동복지의 필요성에 대해 설명할 수 있다.
- 아동발달과 복지와의 관련성을 이해한다.
- 아동권리의 개념 및 내용에 대해 이해한다.

01 아동권리와 복지의 이해

1. 아동복지의 개념 및 필요성

1) 아동복지의 개념

아동복지에 대한 개념 정의를 위해서는 '아동'과 '아동복지'에 대한 개념을 알아볼 필요가 있다. '아동' 및 '아동복지'의 개념에 대해 알아보면 다음과 같다.

(1) 아동의 개념

일반적으로 아동이라고 하면 성장 과정에 있는 사람을 의미하며, 그 시기는 영유아부터 청소년까지를 일컫는다. 아동이란 관련 법에 따라 지칭하는 대상의 연령에 조금씩 차이가 있다. 우리나라 「아동복지법」에서 정의한 아동의 개념을 알아보면 다음과 같다.

제3조(정의)

1. "아동"이란 18세 미만인 사람을 말한다.
2. "아동복지"란 아동이 행복한 삶을 누릴 수 있는 기본적인 여건을 조성하고 조화롭게 성장 · 발달할 수 있도록 하기 위한 경제적 · 사회적 · 정서적 지원을 말한다.

「아동복지법」 이외에 국내 법률을 살펴보면 「한부모가족지원법」, 「입양특례법」에서도 아동을 18세 미만으로 규정하고 있다. 그러나 법률의 특성에 따라 아동의 범위에 포함되는 대상을 영유아, 유아, 청소년, 미성년 등으로 구분하고 있다. 「영유아보육법」에서는 6세 미만을 영유아로 규정하고 있고, 「유아교육법」에서는 만 3세부터 초등학교 취학 전까지 어린이를 유아로 규정하고 있다. 청소년 관련 법을 살펴보면 「청소년 보호법」에서는 19세 미만을 아동으로, 「청소년 기본법」에서는 9세 이상 24세 이하를 청소년으로 규정하고 있다. 우리나라 법률상의 '아동'의 정의에 대해 비교하면 다음과 같다.

표 1-1 법률상 아동의 정의

법률	정의
아동복지법	"아동"이란 18세 미만인 사람을 말한다.
영유아보육법	"영유아"란 6세 미만의 취학 전 아동을 말한다.
유아교육법	"유아"란 만 3세부터 초등학교 취학 전까지의 어린이를 말한다.
모자보건법	"영유아"란 출생 후 6년 미만인 사람을 말한다.
한부모가족지원법	"아동"이란 18세 미만(취학 중인 경우에는 22세 미만을 말하되, 병역법에 따른 병역의무를 이행하고 취학 중인 경우에는 병역의무를 이행한 기간을 가산한 연령 미만을 말한다)의 자를 말한다.
입양특례법	"아동"이란 18세 미만인 사람을 말한다.
청소년 보호법	"청소년"이란 만 19세 미만인 사람을 말한다. 다만, 만 19세가 되는 해의 1월 1일을 맞이한 사람은 제외한다.
청소년 기본법	"청소년"이란 9세 이상 24세 이하인 사람을 말한다. 다만, 다른 법률에서 청소년에 대한 적용을 다르게 할 필요가 있는 경우에는 따로 정할 수 있다.

출처: 국가법령정보센터 홈페이지(http://www.law.go.kr). 2018년 2월 20일 재구성.

이처럼 국내법에서는 법의 특성에 따라 아동의 범위에 포함되는 대상을 영유아, 유아, 아동, 청소년 등으로 구분하고 있으며 연령 범위 역시 차이가 있다. 그러나 국제법인 '유엔아동권리협약'의 제1조에서 아동이란 18세 미만인 자로 규정하고 있고, 우리나라 「아동복지법」에서도 18세 미만을 아동으로 규정하고 있어 일반적으로 18세 미만의 사람을 아동으로 본다.

(2) 아동복지의 개념

복지란 행복한 삶을 의미하므로, 아동복지란 곧 아동이 행복한 삶을 뜻한다고 할 수 있다. 여러 학자들은 아동복지의 개념을 광의와 협의의 개념으로 구분하여 사용한다. 광의의 개념에서의 아동복지란 아동의 행복을 위하여 아동을 보호하고 전인적 발달을 돕기 위해 환경을 갖추고 복지서비스를 제공하는 것을 의미한다. 협의의 개념에서의 아동복지란 특정한 욕구를 지닌 아동 및 그 가족을 대상으로 기관에서 제공하는 맞춤형 복지서비스를 의미한다.

2) 아동복지의 필요성 및 의의

(1) 아동복지의 필요성

아동복지는 그 사회가 갖고 있는 사회·인구학적 특징과 아동권리에 대한 인식의 변화 등에 따라 필요성이 대두되었다.

① 가족구조의 변화

우리나라의 가족구조는 매우 빠르게 변화하고 있다. 가족구조의 변화는 가족의 기능을 변화시키게 된다. 과거에는 가족 내에서 자녀양육이 이루어졌지만, 가족구조의 변화로 인해 가정의 자녀양육의 기능이 약화되었다. 맞벌이 가족의 증가뿐 아니라 핵가족화, 한부모가정, 조손가정, 다문화가정 등의 증가로 인해 부모가 직접적 양육하는 기회가 축소되고, 국가에서 자녀양육에 대하여 분담 역할을 하게 되었다. 전통 사회에서는 아동양육의 책임이 일차적으로 가정에 있었으나, 전통적인 가족구조의 붕괴에 따라 아동양육의 사회적 책임과 역할에 대한 관심이 높아지고 있다. 따라서 다양한 가족구조 및 형태에 따른 적합한 아동복지가 요구된다. 국가와 지역사회가 아동양육 및 보호를 위해 적극 개입해야 하는 필요성이 대두된 것이다.

② 저출산 및 인구 구조의 변화

우리나라의 출산율은 계속 하락하고 있으며, 인구분포에 있어 노인 인구가 증가하고 있다. 이에 아동복지를 통해 출산율 증가를 도모할 수 있으므로 아동복지가 더욱 필요하다. 우리나라에서는 2004년부터 출산장려정책을, 2005년부터 저출산·고령사회 기본계획을 수립하였고, 2015년 3차 저출산·고령사회 기본계획에서 '브릿지 플랜 2020'을 통해 출산율을 1.5명으로 늘리겠다고 계획하였으나, 저출산 현상은 지금도 지속되고 있다. 질 높은 보육서비스를 위한 아동복지정책을 통해 출산율을 높이고 사회적으로도 출산 및 육아에 대한 사회적 대책이 필요하다.

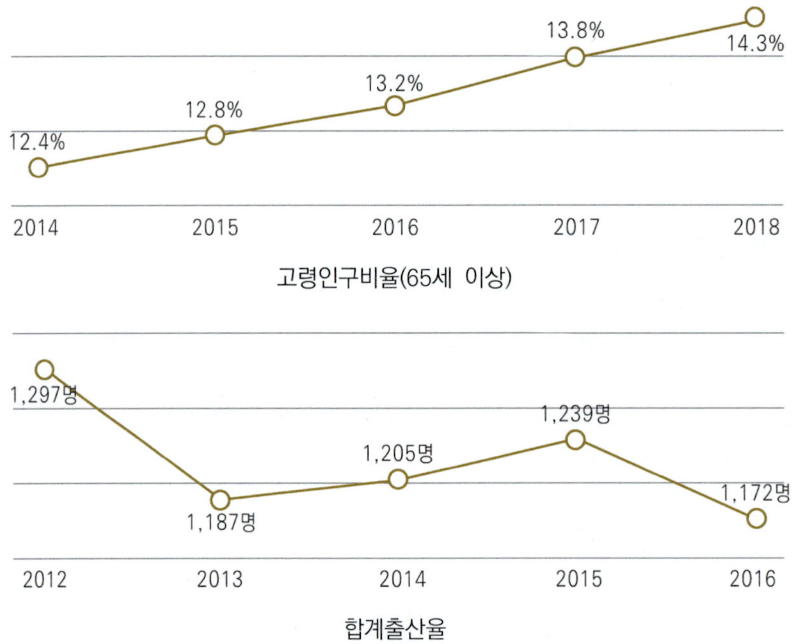

출처: 국가통계포털 홈페이지(http://kosis.kr/index/index.do). 2018년 2월 20일 발췌.

그림 1-1 우리나라 고령인구비율 및 합계출산율 추이

③ 아동권리에 대한 의식의 변화

1989년 UN에서는 아동의 생존, 발달, 보호 등과 관련한 '아동권리에 대한 협약'을 채택하였다. 우리나라에서도 급격한 경제성장을 통하여 국가 차원에서 아동권리에 대한 정책 수립이 실시되었다. 아동권리 보장을 위한 복지 관련 예산이 증가하고, 개인 차원에서 아동기에 대한 관심이 높아지며 좋은 환경을 제공하고자 하는 움직임이 일어났다. 아동을 권리에 대한 주체로 의식이 변화하였고, 아동의 권리를 보장하기 위한 아동복지의 필요성이 더욱 강화되고 있다.

(2) 아동복지의 의의

아동복지는 아동 개인의 행복한 삶과 건강한 발달을 위한다는 점에서 의의가 있다. 아동은 발달 특성상 보호와 도움이 필요한데, 특히 영유아기 아동의 생존을 위해서는 보호자의 역할이 매우 중요하다. 가정에서 아동에게 필요한 경제적 · 사회적 · 정서적 지원이 어려운 경우에 정부나 지역사회에서 아동의 권리, 즉 행복과 건강한 발달을 위하여 경제적 지원뿐만 아니라 정서적 지원까지 제공해 주는 것은 아동의 입장에서 매우 필요하다.

또한 아동기는 발달상 매우 중요한 시기이므로, 이 시기에 아동을 지원해 주는 것은 아동이 성장하면서 한 사회의 구성원으로서 역할을 할 수 있는 능력을 갖출 수 있도록 돕는다는 측면에서 사회적 의미를 지닌다. 예를 들어, 이혼율의 증가로 인해 한부모가족 등 다양한 가족의 형태들이 나타나고 있는데, 아동복지를 통해 양육자에게 어려움이 없도록 그 가정을 지원함으로써 양육의 대상자인 아동의 삶과 건강한 발달을 돕는 것이다. 그 외에도 저소득층 아동 및 가족을 위한 지역자원 연계 사업인 드림스타트도 사회적으로 빈곤의 악순환을 예방하기 위한 사업이라는 점에서 의의가 있다.

3) 아동발달과 복지

아동의 대상은 18세 미만으로 그 대상의 범위가 영유아부터 청소년에 이른다. 아동기는 그 범위가 다양한데 아동발달은 전 생애에 걸쳐 큰 영향을 주며, 각 발달단계의 과업이 잘 이루어져야 잘 성장할 수 있는 것이다. 아동의 복지 수준 향상을 위해서는 전반적인 아동발달뿐 아니라 발달 단계상 중요한 특성에 대한 이해를 바탕으로 지원이 이루어져야 한다. 따라서 영유아기, 학령기, 청소년기의 발달특성에 따른 복지의 내용과 방법을 살펴보고자 한다.

(1) 영유아기

영유아기는 일반적으로 출생부터 취학 전까지를 의미한다. 영유아기는 크게 영아기와 유아기로 구분하여 살펴볼 수 있다. 영아기는 출생 후 24개월까지를 의미하며, 전 생애 중에 가장 급속한 발달이 이루어지는 시기이다. 영아기에는 빠른 신체발달과 언어발달, 사회성 발달이 이루어지는 시기로, 주양육자와의 애착관계는 이후 사회성 발달의 기초가 된다. 유아기는 3세에서 5세까지를 의미한다. 이 시기는 다른 사람과 관계를 맺어가는 시기로 의사소통이 활발해지고 사회적 관계를 형성하게 되며, 인지발달도 왕성히 이루어지는 시기이다. 영유아기는 성인의 보호와 도움이 필요한 시기이므로 복지 서비스로 부모가 자녀를 잘 양육할 수 있도록 관련 기관에서는 육아 정보와 교육 프로그램 등을 제공할 수 있다. 또한, 자녀를 처음 양육하면서 어려움을 겪는 부모들을 대상으로 상담 프로그램 등도 지원할 수 있다. 부모의 양육 부담을 경감시키고 가족 내의 갈등을 완화하기 위한 아동복지가 실천되어야 한다. 이렇듯 일반 영유아를 대상으로 한 양육 지원이 필요하며, 또한 특별한 요구를 가진 영유아에 대한 지원 역시 필요하다. 아동발달의 일반적 특성 등에 대한 교육 등을 통하여 장애를 가진 영유아에 대한 조기 치료와 교육 또한 제공될 수 있다.

(2) 학령기

학령기는 초등학교 1학년부터 6학년까지의 초등학생 시기를 의미한다. 학령기 아동은 유아기 자기중심적 사고에서 벗어나게 된다. 이 시기는 아동에게 학교생활이 매우 중요한 시기이다. 초등학교 생활을 통해 아동은 또래집단을 경험하게 되고, 이 속에서 다양한 사회적 관계를 맺어 간다. 또래집단 속에서 역할을 부여받고, 이를 수행해 나가는 법을 알아가게 된다. 이 시기는 집단생활 속에서 자존감을 형성하는 시기이다. 따라서 이러한 발달 특성에 따라 아동이 겪을 수 있는 친구관계에서의 어려움, 따돌림 등 최근 더욱 사회적 관심이 높아진 학교 폭력에 대한 지원이 이루어져야 한다. 또한 발생할 수 있는 비사회적 행동이나 반항 등에 대한 상담 지원도 이루어져야 하며, 부모교육을 통해 가정에서도 자녀를 지도할 수 있도록 지원이 필요하다.

(3) 청소년기

청소년기는 일반적으로 12세부터 18세 전까지의 시기를 의미한다. 청소년기는 신체적 변화가 일어나는 시기이며, 심리적 변화도 겪게 된다. 청소년 비행의 시작은 사춘기를 겪는 청소년기에 이루어지는 경우가 많다. 적절한 대처를 통해 비행을 예방해야 하는 시기이다. 이를 아동복지 측면과 연관 지어 살펴보면, 상담소나 청소년 관련 기관을 통해 문제에 처해있는 청소년을 상담하여 지도할 수 있다. 또한, 청소년기에는 우울증이나 불안장애와 같은 정신장애가 일어날 가능성이 높기에 스트레스 예방교육, 가족지원 서비스 등이 필요하다. 청소년기에는 점차적으로 올바른 자율성 획득을 위한 교육이 필요하다.

2. 아동의 권리

1) 아동권리의 개념

아동의 권리를 보장하는 것은 아동복지가 나아가야 할 중요한 방향 중 하나이다. 최근 들어 아동권리에 대한 중요성이 높아지면서 아동권리 보장의 필요성이 대두되었다. 아동권리란 아동이 가진 인권이며 아동에게 주어진 보호에 대한 배려를 의미한다. UN에서는 1948년 세계인권선언을 통하여 '모든 인간은 태어날 때부터 자유로우며 그 존엄과 권리에 있어 동등하고, 모든 사람은 인종, 피부색, 성, 언어, 종교, 정치적 또는 기타의 견해, 민족적 또는 사회적 출신, 재산, 출생 또는 기타의 신분과 같은 어떠한 종류의 차별이 없이 이 선언에 규정된 모든 권리와 자유를 향유할 자격이 있으며, 모든 사람은 법 앞에 평등하고 어떠한 차별도 없이 법의 동등한 보호를 받을 권리를 가진다.'라고 밝혔다.

2) 아동권리의 내용

아동권리의 내용에 대한 이해를 위하여 아동권리가 어떠한 역사를 가지고 발달해 왔는지 살펴볼 필요가 있다. 아동권리를 위한 최초의 국제적 선언인 제네바 선언(1924)과 이를 기초로 한 유엔아동권리선언(1959), 아동의 권리 보호만을 위한 최초의 국제 협약인 유엔아동권리협약(1989)에 대해 알아보면 다음과 같다.

(1) 제네바 선언

1924년 제네바에서 개최된 국제연맹 회의에서 세계 최초로 아동권리선언이 채택되었고, 이는 제네바 선언(1924)으로도 알려져 있다. 제네바 선언 5개항 중 제1항에서는 아동의 생존권 보장, 제2항은 아동보호 접근방법, 제3항은 아동보호 시 최우선 원칙, 제4항은 자립과 착취에서의 보호, 제5항은 아동육성이라는 궁극적 목표를 제시하고 있다.

제네바 선언 5개항

1. 어린이는 물질적으로나 정신적으로나 정상적인 발달에 필요한 수단을 제공받아야 한다.
2. 배고픈 어린이에게는 먹을 것을, 병든 어린이에게는 치료를, 지능발달이 늦은 어린이에게는 도움을, 불량한 어린이는 바람직하게 변화할 수 있도록, 고아가 된 어린이에게는 보호를 제공해야 한다.
3. 어려움에 닥쳤을 때는 어린이를 우선적으로 구하도록 한다.
4. 어린이는 생계를 유지할 수 있는 위치에 있어야 하며, 모든 형태의 착취로부터 보호되어야 한다.
5. 어린이는 자신의 능력을 인류에게 이바지한다는 의식을 가지도록 교육해야 한다.

출처: UN Documents 홈페이지(http://www.un-documents.net). 2018년 2월 20일 발췌.

(2) 유엔아동권리선언

제2차 세계대전 이후 아동권리에 대한 국가적 책임의 필요성이 대두됨에 따라 UN에서는 1959년 제네바선언에서 내용이 확장된 유엔아동권리선언을 채택하였다. 유엔아동권리선언은 아동의 권리를 제네바 선언 5개 항에서 10개 조항으로 확장하여 이를 명시하였고, 아동을 권리의 주체로 인정하여 아동의 복지권을 강조하였다(장인협, 오정수, 2004). 아동권리선언은 아동의 권리를 구체적으로 선언하였다는 점에서 의미가 있으나 당사국들에 대한 구속력을 갖지 못한다는 한계가 있다(김이영 외, 2017).

유엔아동권리선언 10조항

1. 인종, 종교, 태생 또는 성별로 인한 차별을 받지 않을 권리
2. 신체적, 정신적, 도덕적, 영적 및 사회적으로 발달하기 위한 기회를 가질 권리
3. 이름과 국적을 가질 권리
4. 적절한 영양, 주거, 의료 등의 혜택을 누릴 권리
5. 심신장애 어린이는 특별한 치료와 교육 및 보살핌을 받을 권리
6. 애정과 도덕적 물질적 보장이 있는 환경 아래서 양육될 권리
7. 의무교육을 받을 권리, 놀이와 여가 시간을 가질 권리
8. 전쟁이나 재난으로부터 제일 먼저 보호받고 구조될 권리
9. 학대, 방임, 착취로부터 보호받을 권리
10. 인간 상호 간 우정, 평화 및 형제애 정신으로 양육될 권리

출처: 행정안전부 국가기록원 홈페이지(http://www.archives.go.kr). 2018년 2월 20일 발췌.

(3) 유엔아동권리협약

유엔아동권리협약이란 1989년 11월 20일 유엔총회에서 만장일치로 채택된 국제 인권조약으로 아동의 생존, 보호, 발달, 참여의 권리 등을 규정하고 있다. 이 협약에서는 아동을 더 이상 보호의 대상이 아닌 권리의 주체로 인식한 점에서 의미가 있다. 아동의 권리 보호만을 목적으로 한 최초의 국제 협약으로 아동을 권리의 적극적 주체로 상정하고 있는 유일한 협약이다. 이 협약에서는 아동과 관련된 모든 결정에 있어 아동의 이익을 최우선으로 하고 있다. 과거에는 선언적 한계가 있었다면, 유엔아동권리협약은 국제법적 지위를 가지고 당사국들을 구속할 수 있는 효력을 갖게 되었다는 데 의미가 있다(김이영 외, 2017).

출처: 유니세프 홈페이지(http://www.unicef.or.kr). 2018년 2월 20일 발췌.

그림 1-2 그림으로 보는 아동권리협약

① 구성 내용

유엔아동권리협약은 전문과 54조로 구성되어 있다. 제1부(1~41조)는 실질적 규정으로 아동의 권리에 대한 포괄적 내용이 담겨 있다. 제2부(42~45조)는 아동권리 실현을 위한 과정 및 점검 내용이 담겨 있다. 제3부(46~54조)는 서명과 가입 등에 대한 부칙이 담겨 있다.[1)] 실질적 규정으로 아동권리의 내용을 담은 제1부 1~41조의 내용을 조항별로 살펴보면 다음과 같다.

1) 유엔아동권리협약의 세부 내용은 부록 참조

표 1-2 유엔아동권리협약 제1부 조항별 내용 요약

조항	내용	조항	내용
제1조	아동이란 18세 미만 모든 사람	제22조	난민아동은 특별한 보호
제2조	차별로부터 보호될 권리	제23조	장애아동의 권리
제3조	아동 이익 최우선 고려	제24조	건강과 의료혜택의 권리
제4조	아동권리 실현은 국가의 의무	제25조	국가의 아동수용시설 평가 의무
제5조	아동에 대한 부모의 권리와 책임	제26조	사회보험 등 사회안전장치로부터 보장
제6조	아동 고유의 생명권	제27조	발달에 맞는 생활을 할 권리
제7조	이름과 국적을 가질 권리	제28조	교육받을 권리
제8조	국가는 아동의 이름, 국적, 가족 보호의 의무	제29조	교육은 아동의 능력을 최대한 개발
제9조	부모와 함께 살 권리	제30조	소수집단 아동의 문화, 종교, 언어를 가질 권리
제10조	부모와 떨어져 있더라도 가족관계 유지	제31조	휴식, 여가, 놀이, 문화예술활동 참여 권리
제11조	유괴, 감금 시 국가가 보호하고 구해줄 의무	제32조	경제적 착취 및 위협으로부터 보호받을 권리
제12조	아동은 의견을 표현하고, 어른은 의견을 들어줄 권리	제33조	약물로부터 보호받을 권리
제13조	자기들이 알고 있는 정보와 생각을 알릴 권리	제34조	성폭행, 학대 등으로부터 보호받을 권리
제14조	생각, 의식, 종교의 자유	제35조	아동의 매매, 유괴 방지 책임
제15조	다른 아동과 만나고 모임을 만들 권리	제36조	착취로부터 보호
제16조	아동 사생활 보호의 권리	제37조	고문, 가혹한 처벌, 불법적 체포, 자유 박탈로부터 보호
제17조	정보를 얻을 권리	제38조	무력분쟁으로부터 보호
제18조	부모의 아동양육 책임	제39조	착취 경험 아동의 사회 복귀를 위한 적절한 치료 제공
제19조	학대, 방임으로부터 보호	제40조	법을 어긴 아동에게도 법적인 보호와 도움 제공
제20조	가족 없는 아동은 대리부모, 시설에서 보호	제41조	협약 규정은 국내법 및 국제법을 존중
제21조	아동입양 시 최선의 이익 고려		

출처: 유니세프 한국위원회(https://www.unicef.org). 2018년 2월 20일 재구성.

② 4대 기본권

4대 기본권에는 생존권, 보호권, 발달권, 참여권이 있다.

표 1-3 유엔아동권리협약 4대 기본권

4대 기본권	생존권	• 기본적인 삶을 누릴 수 있는 권리 (적절한 생활 수준, 안전한 거주지, 충분한 영양섭취와 의료 서비스 등)
	보호권	• 모든 위험과 차별로부터 보호받을 수 있는 권리 (모든 형태의 폭력, 차별, 과도한 노동, 부당한 대우, 약물, 유해환경으로부터 보호)
	발달권	• 아동의 잠재능력을 최대한 발휘하는 데 필요한 권리 (교육, 여가와 문화생활, 정보획득, 생각과 양심의 자유 등)
	참여권	• 자신에게 영향을 주는 문제에 참여할 수 있는 권리 (의사표현의 자유, 아동의견 존중, 정보 접근, 모임의 자유 등)

출처: 유니세프 홈페이지(http://www.unicef.or.kr). 2018년 2월 10일 재구성.

가. 생존권

생존권이란 기본적인 삶을 누리는 데 필요한 권리이다. 아동은 충분한 영양섭취와 기본적 보건 서비스를 받을 권리가 있고, 적절한 생활수준을 누릴 권리가 있으며, 안전한 주거지에서 살아갈 권리가 있다. 자녀를 양육하는 부모 및 가정의 실태에 따라 아동의 생존권은 영향을 받게 된다. 아동이 영양을 골고루 섭취하며, 안전사고 위험으로부터 벗어날 수 있는 환경 마련이 중요하다. 아동의 생존권 보장은 아동권리와 직결되는 만큼 관심과 지원이 필요하다.

나. 보호권

보호권이란 아동이 학대, 방임, 폭력 등 유해한 것으로부터 보호받을 권리를 말한다. 최근 영유아 학대와 관련된 보도를 통하여 아동학대에 대한 우려의 목소리가 커지고 있다. 학대에는 신체학대, 정서학대, 성학대를 비롯하여 방임도 해당한다. 최근 맞벌이 가정의 증가로 기관을 이용하는 영유아가 늘어남에 따라, 가정에서의 학대에 대한 우려뿐만 아니라 영유아교육기관에서의 학대도 문제시되고 있다. 2015년 9월부터는 「영유아보육법」에서 어린이집 CCTV 설치 의무화 규정이 마련되었다.

다. 발달권

발달권이란 잠재능력을 발휘하는 데 필요한 권리를 말한다. 예를 들면, 교육, 여가와 문화생활, 정보획득, 생각과 양심의 자유 등이 있다. 아동의 발달권을 알아보기 위해서는 교육실태, 여가실태 등을 조사할 수 있다. 우리나라 교육실태 조사를 통해 발달권 중 교육 부분이 잘 실천되고 있는 것을 알 수 있다. 다만, 우리나라의 높은 교육열은 과열된 사교육을 불러일으키고, 아동의 여가생활을 저해하는 요인이 되기도 한다.

라. 참여권

참여권이란 아동이 권리를 침해받았을 경우, 의사를 표현하고 의사결정에 영향력을 행사하는 권리를 말한다. 이는 민주시민으로서 기본 권리라고 할 수 있다. 그러나 학교나 사회에서는 다소 제한되고 있는 것으로 나타났다. 참여권은 생존권이나 보호권에 비하여 덜 중요시되는 경향이 있다. 영유아 교사들은 영유아 권리를 존중하는 데 있어 충분한 영양 공급, 안전한 환경 마련, 학대 예방 등을 실시하고 있다. 교사들은 아동의 참여권에 대한 이해를 통해 영유아들이 교육에 자발적으로 참여할 수 있도록 해야 한다.

(4) 우리나라의 아동권리

① 아동의 권리 공약 3장

우리나라의 아동권리에 대한 논의에 있어 소파 방정환 선생을 빼놓을 수 없다. 소파 방정환 선생은 우리나라에서 처음으로 '어린이'라는 말을 사용하였다. 박태보 사서에 의하면 1922년 최초의 어린이날이 선포되었다고 기록되어 있다. 1923년 5월 1일에 어린이날 기념행사가 전국적으로 크게 열렸다. 5월 1일이던 어린이날은 1928년부터 '노동절'과 혼동을 피하기 위해 5월 첫 일요일로 변경되었다. 그리고 해방 후 1946년에 다시 5월 5일을 어린이날로 정하여 이 날을 국경일로 하였다. 우리나라에서 아동권리는 1923년 5월 1일 어린이날 기념식장에서 '소년운동협회'가 선포한 아동의 권리 공약 3장에서 처음 명시되었다. 이는 유엔아동권리협약의 기본이 된 제네바 선언(1924) 이전에 더 포괄적으로 아동권리를 제시했다는 점에서 의의가 있다(어린이 · 청소년 인권교육자료집, 2015).

아동의 권리 공약 3장

- 어린이를 재래의 윤리적 압박으로부터 해방하여 그들에 대한 완전한 인격적 대우를 허하라.
- 어린이를 재래의 경제적 압박으로부터 해방하여 만 14세 이하의 그들에 대한 무상 또는 유상의 노동을 폐하라.
- 어린이에게 그들이 고요히 배우고 즐겁게 놀만한 각양의 가정 또는 사회적 시설을 행하라.

출처: 한국방정환재단 홈페이지(http://korsofa.org). 2018년 2월 20일 발췌.

② 대한민국 어린이 헌장

대한민국 어린이 헌장은 아동의 권리 공약 3장, 아동권리에 관한 제네바 선언, 유엔아동권리선언의 내용을 종합하여 1957년 9개 조항으로 제정되었다가 1988년 11개 조항으로 개정되었다. 헌장에서는 항상 어린이에게 관심을 가지고 보호하고 존중해야 하고, 어린이가 건강하게 자라도록 하기 위한 사회적 책임의 내용이 담겨 있다.

대한민국 어린이 헌장

대한민국 어린이 헌장은 어린이날의 참뜻을 바탕으로 하여, 모든 어린이가 차별 없이 인간으로서의 존엄성을 지니고, 나라의 앞날을 이어나갈 새사람으로 존중되며, 바르고 아름답게 씩씩하게 자라나도록 함을 길잡이로 삼는다.

① 어린이는 건전하게 태어나 따뜻한 가정에서 사랑 속에 자라야 한다.
② 어린이는 고른 영양을 취하고, 질병의 예방과 치료를 받으며, 맑고 깨끗한 환경에서 살아야 한다.
③ 어린이는 좋은 교육시설에서 개인의 능력과 소질에 따라 교육을 받아야 한다.
④ 어린이는 빛나는 우리 문화를 이어받아, 새롭게 창조하고 널리 펴나가는 힘을 길러야 한다.
⑤ 어린이는 즐겁고 유익한 놀이와 오락을 위한 시설과 공간을 제공받아야 한다.
⑥ 어린이는 예절과 질서를 지키며, 한겨레로서 서로 돕고, 스스로를 이기며 책임을 다하는 민주 시민으로 자라야 한다.
⑦ 어린이는 자연과 예술을 사랑하고 과학을 탐구하는 마음과 태도를 길러야 한다.
⑧ 어린이는 해로운 사회 환경과 위험으로부터 먼저 보호되어야 한다.
⑨ 어린이는 학대를 받거나 버림을 당해서는 안 되고, 나쁜 일과 힘겨운 노동에 이용되지 말아야 한다.
⑩ 몸이나 마음에 장애를 가진 어린이는 필요한 교육과 치료를 받아야 하고, 빗나간 어린이는 선도되어야 한다.
⑪ 어린이는 우리의 내일이며 소망이다. 나라의 앞날을 짊어질 한국인으로, 인류의 평화에 이바지할 수 있는 세계인으로 자라야 한다.

출처: 한국방정환재단 홈페이지(http://korsofa.org). 2018년 2월 20일 발췌.

③ 아동권리헌장

우리 사회에서 아동이 더 안전하고 건강하게 성장할 수 있도록 1991년 아동권리헌장이 만들어졌다. 아동권리헌장은 유엔아동권리협약의 주요 원칙을 이행하기 위해 제정되었으며, 우리나라는 1991년 협약을 비준하였다. 아동권리헌장은 전문과 9개 조항으로 구성되었는데 아동들이 겪는 위기에 주목하여 학대로부터 보호받을 권리, 놀 권리, 표현의 자유와 참여, 상상과 도전, 창의적 활동 등을 비중 있게 다루었다. 아동권리헌장은 아동 스스로 자신의 권리를 알고 지킬 수 있고, 어른도 아동의 권리를 존중받아야 한다는 것이다.

아동권리헌장

모든 아동은 독립된 인격체로 존중받고 차별받지 않아야 한다.
또한 생명을 존중받고 보호받으며, 발달하고 참여할 수 있는 고유한 권리가 있다.
부모와 사회, 국가와 지방자치단체는 아동의 이익을 최우선적으로 고려해야 하며, 다음과 같은 아동의 권리를 확인하고 실현할 책임이 있다.

① 아동은 생명을 존중받아야 하며 부모와 가족의 보살핌을 받을 권리가 있다.
② 아동은 모든 형태의 학대와 방임, 폭력과 착취로부터 보호받을 권리가 있다.
③ 아동은 출신, 성별, 언어, 인종, 종교, 사회 · 경제적 배경, 학력, 연령, 장애 등의 이유로 차별받지 않을 권리가 있다.
④ 아동은 개인적인 생활이 부당하게 공개되지 않고 보호받을 권리가 있다.
⑤ 아동은 신체적 · 정신적 · 사회적으로 건강하게 성장하고 발달하는 데 필요한 기본적인 영양, 주거, 의료 등을 지원받을 권리가 있다.
⑥ 아동은 자신이 살아가는 데 필요한 지식과 정보를 알 권리가 있다.
⑦ 아동은 자유롭게 상상하고 도전하며 창의적으로 활동하고 자신의 능력과 소질에 따라 교육받을 권리가 있다.
⑧ 아동은 휴식과 여가를 누리며 다양한 놀이와 오락, 문화 · 예술 활동에 자유롭고 즐겁게 참여할 권리가 있다.
⑨ 아동은 자신의 생각이나 느낌을 자유롭게 표현할 수 있으며, 자신에게 영향을 주는 결정에 대해 의견을 말하고 이를 존중받을 권리가 있다.

출처: 보건복지부(2016). 아동권리헌장 리플렛.

생각 나누기

보육교직원용 아동권리 자가 체크리스트

이 체크리스트는 보육교직원들을 대상으로 아동권리에 얼마나 민감한지를 파악할 수 있도록 만든 자가 점검 체크리스트입니다. 이를 통해 보육교직원들이 아동권리를 침해하는 아동학대 행위가 무엇인지를 인식하게 하고 아동학대를 포함한 전반적인 아동권리에 대해 종사자가 점검할 수 있는 기회를 제공하고자 합니다. 어린이집 원장 및 교사를 포함한 종사자들의 정기적 사용을 권장합니다.

이 체크리스트는 보육교직원이 일상에서 아동의 권리를 보호하는지를 파악하기 위한 자가 체크리스트입니다. 해당하는 문항에 체크(✔)하시고 점수를 통해 아동권리에 대한 민감도를 확인해 보세요.

	항목	전혀 없음	1회	2회 이상	거의 매일
1	아동에게 원망적, 거부적, 적대적 또는 경멸적인 언어폭력을 한 적이 있다. • 아동에게 욕을 하거나 나쁜 말을 한 적이 있는 경우: 돼지야!, 이 못생긴 게, 멍청아!, 바보, 나가 죽어라 등 • 아동을 비판, 비난, 조롱, 모욕, 우롱한 적이 있는 경우: 넌 혼자 이것도 못 하니?, 아비 없는 자식, 너처럼 못 하는 아이는 처음 봤다며 무시하는 행위 등				
2	아동의 인격이나 감정/기분을 무시하거나 모욕하는 행위를 한 적이 있다. 매운 음식을 먹을 때 물을 마시지 못하게 하는 행위, 음식을 먹는 속도가 느리다는 이유로 연령이 낮은 반으로 보내서 아동이 수치심을 느끼게 하는 행위 등				
3	아동에게 위협을 주는 언어나 행동을 한 적이 있다. 숫자 다 셀 때까지 해!, 엄마한테 일찍 데리러 오지 말라고 할 거야!, 동생반이나 원장반으로 보내버릴 거야!, 엄마 아빠한테 이를 거야!, 집으로 내쫓을 거야!, 시키는 행동을 하지 않으면 그 아동이 바깥 놀이를 하지 못하게 하는 행위 등				
4	아동에게 폭력적인 장면을 노출한 적이 있다. 아동에게 종사자 간 싸움 장면을 노출하는 행위, 원장이 아동에게 폭력을 행사하는 것을 다른 아동이 목격하는 경우 등				

	항목	전혀 없음	1회	2회 이상	거의 매일
5	(자, 회초리, 긴 막대 등의) 도구로 아동을 위협한 적이 있다.				
6	화장실, 창고 등의 아무도 없는 빈 장소에 벌을 세우기 위해 아동을 가둔 적이 있다.				
7	긴급 상황이 아닌 경우에도 아동을 재촉하거나 공포 분위기 조성을 위한 목적으로 아동에게 고함을 지른 적이 있다. "당장 그만두지 않으면… 혼자 놔두고 갈 거야!"				
8	아동의 신체 부위를 때린 적이 있다. 맨손이나 발로 때리거나 사랑의 매 등의 도구를 사용하여 때린 행위 등				
9	아동에게 신체적 손상은 입히지 않았지만, 고의적으로 아동의 신체를 가해하는 행위를 한 적이 있다. 아동의 팔을 당겨 서두르게 하는 행위, 아동의 머리나 엉덩이를 치며 행동을 중지시키는 행위, 먹기 싫어하는 음식을 억지로 입을 벌려 먹이는 행위, 아동을 꼬집거나 잡고 흔드는 행위, 목을 잡고 조르는 행위 등				
10	낮잠 시간이나 놀이시간 등에 아동을 혼자 있게 하거나 아동 간 다툼을 방치한 적이 있다.				
11	아동에 대한 기본적 보호·양육을 소홀히 한 적이 있다. 아동이 적절한 음식을 충분히 제공받도록 하지 않거나, 식사 때가 되어도 식사를 제대로 챙겨주지 않거나 상한 음식을 아동에게 주는 행위 등				
12	아동을 위험 상황이나 비위생적인 환경에 방치한 적이 있다. 아동이 위험한 물건(칼, 압정, 핀 등)을 가지고 놀아도 내버려 두는 행위, 아동이 자는 낮잠 시간에 책상 위에 의자를 두는 행위, 일부러 화상을 입게 하는 행위, 아동이 흘린 음식을 먹게 하거나 기저귀를 긴 시간 동안 갈아주지 않는 행위 등				
13	아동에게 필요한 의료처치를 제공하지 않은 적이 있다. 아동이 몸이 아프다고 해도 보호자에게 알리지 않거나 병원에 데려가지 않고 그냥 내버려 두는 행위 등				

	항목	전혀 없음	1회	2회 이상	거의 매일
14	과도하게 신체접촉을 하거나 아동의 신체를 노출한 적이 있다. 기저귀 갈이 할 때 다른 사람 앞에서 생식기를 고의적으로 노출하거나 만지는 행위, 사람들 앞에서 속옷을 갈아입히거나 용변을 보도록 하는 행위				
15	음란 비디오나 책을 아동에게 보여 준 적이 있다.				

〈자가 체크리스트 사용방법〉

• 사용주기: 근무 개시 1주일 이내에 필수, 이후는 분기별 혹은 반기별(연 2회 정도) 사용을 권장합니다.

분류	세부내용
없다	당신은 아동권리를 위해 최선을 다하고 있습니다.
1개 이상 '있다'에 체크한 경우	'예'에 해당하는 항목의 행동을 하지 않도록 주의가 필요합니다.

출처: 중앙아동보호전문기관 홈페이지(www.korea1391.org).

▸ 생각 point

- 체크리스트를 보고 어떠한 생각이 들었는지 이야기 나누어 보세요.
- 아동권리를 침해하는 행위에는 또 무엇이 있을지 생각해 보세요.

아동복지의 대상은 「아동복지법」에 근거하여 18세 미만의 모든 아동이다. 아동이 건강하게 출생하여 행복하고 안전하게 자랄 수 있도록 하기 위해서는 기본 전제조건이 있다.

아동복지의 전제조건은 건강한 가정과 부모, 경제적 안정, 교육받을 권리, 건강과 안전, 놀이와 여가활동, 아동의 노동 보호, 특수한 욕구를 가진 아동의 보호 등이 있다. 아동기는 인간의 생애주기 가운데 특별한 보호가 필요한 시기이다. 아동이 건강하게 출생하여 행복하고 안전하게 자랄 수 있도록 하기 위해서는 다양한 아동복지서비스가 필요하고, 이에는 몇 가지 기본 원칙이 있다.

아동권리와 복지의 원칙에는 권리와 책임의 원칙, 보편성과 선별성의 원칙, 개발적 기능의 원칙, 포괄성의 원칙, 전문성의 원칙이 있다. 이러한 내용에 대해 구체적으로 살펴보고자 한다.

학습목표

- 아동복지의 대상에 대해 설명할 수 있다.
- 아동권리를 보장하기 위한 복지에는 여러 가지 원칙이 있다는 것을 이해한다.
- 아동복지서비스의 유형을 여러 기준에 의해 분류할 수 있다.

02 아동권리와 복지 대상과 복지서비스

1. 아동복지의 대상

아동복지의 대상은 「아동복지법」에 근거하여 18세 미만의 모든 아동이다. 아동복지의 주요 대상은 보호대상 아동과 지원 대상 아동, 일반 아동으로 나눌 수 있다. 과거에는 보호대상 아동이 아동복지의 주요 대상이었으나, 최근에는 지원 대상 아동, 일반 아동 역시 대상이 된다.

1) 보호대상 아동

보호대상 아동이란 「아동복지법」 제3조에 "보호자가 없거나 보호자로부터 이탈된 아동 또는 보호자가 아동을 학대하는 경우 등 그 보호자가 아동을 양육하기에 적당하지 아니하거나 양육할 능력이 없는 경우의 아동"으로 규정되어 있다. 다시 말해, 보호자가 역할을 하지 못하여 문제 상황에 처한, 보호가 필요한 아동이다. 보호대상 아동은 아동복지의 대상이며 결손가정 아동, 학대받는 아동, 빈곤에 처한 아동, 장애가 있어 생활에 불편함을 겪는 아동 등이 보호대상 아동에 포함된다.

표 2-1 보호대상 아동 분류

구분	아동
양육환경상 보호가 필요한 아동	빈곤가정 아동, 결손가정 아동, 부모부재 아동
신체적 · 정신적 · 정서적으로 문제나 장애를 가진 아동	신체장애 아동, 정신장애 아동, 정서장애 아동
사회적 · 법적 보호가 필요한 아동	가출아동, 비행아동
특별보호를 요하는 아동	학대받는 아동, 유기 아동, 미혼모의 아동

출처: 이한우, 정정란(2012). 아동복지론에서 재구성. 양서원.

2) 지원대상 아동

지원대상 아동이란 「아동복지법」 제3조에 "아동이 조화롭고 건강하게 성장하는 데에 필요한 기초적인 조건이 갖추어지지 아니하여 사회적 · 경제적 · 정서적 지원이 필요한 아동"으로 규정되어 있다.

관련 아동복지서비스로는 한부모가족지원 서비스, 교육비 지원 등이 있다. 한부모가족지원 서비스란 저소득 한부모가족 아동양육비, 아동교육지원비, 생활보조금 등의 지원을 통해 건강한 성장과 가정의 생활 안전을 도모하기 위한 제도이다. 교육비 지원이란 저소득층 가정 자녀에게 학비지원을 통해 실질적인 교육 기회를 보장하고자 초, 중, 고에 재학 중인 학생 교육비를 지원하는 서비스이다.

3) 일반 아동

아동복지의 대상은 모든 아동으로 보호대상이나 지원대상이 아니더라도 그 대상이 된다. 일반 아동은 당장은 보호받을 문제가 없으나, 예방적 차원에서 아동복지서비스가 필요하다. 우리나라에서 일반 아동을 대상으로 하는 복지서비스의 예로 무상보육, 초 · 중등 의무교육, 무상급식, 가족수당 등이 있다.

표 2-2 일반 아동 대상 복지서비스

구분	내용
건강적 측면	• 아동의 심신 건강에 유해한 지역사회 환경을 정화하고 선도하는 사업 • 임산부, 젖먹이 영아 및 유아 대상 보건지도 및 모자건강센터 운영 등 모자보호사업
교육적 측면	• 초 · 중등 의무교육 • 취학 전 아동을 위한 보육사업 • 취업 여성 증가로 인한 초등학교 저학년 아동의 보호 및 교육공백을 보충하고자 하는 학령기 아동에 대한 방과 후 아동지도사업
경제적 측면	• 가족수당: 20세 미만 자녀와 부모를 부양하고 있는 가족에게 기본적으로 지불되는 정규적인 현금급여(학비 지원, 출산비 지원, 모자보건서비스 비용 등) • 양육수당: 취학 전 만 84개월 미만 아동 대상 지원 • 보육료 지원: 만 0~5세 영유아 지원 • 유아학비 지원: 유치원 입학하여 재원 중인 만 3~5세 지원

구분	내용
정책적 측면	• 가정의 자녀양육 기능 약화로 보호자로부터 적절한 보호와 지도를 받지 못하는 아동이 증가함에 따라 예방적 차원에서의 정책적 노력에 의한 아동복지사업 • 아이돌봄서비스 지원: 만 12세 이하 취업 부모 자녀 대상으로 돌보미가 돌봄 장소에 찾아가 돌봄을 제공 • 지역아동센터, 아동상담, 일시 보호 및 아동급식지원센터, 아동학대 예방센터, 건강가정지원센터 등
놀이적 측면	• 아동전용시설 확충 및 다양한 활동 프로그램 운영사업 • 어린이공원, 어린이놀이터, 어린이과학관 등
아동권리 및 보호 측면	• 아동안전과 권리강화의 정책목표를 달성하기 위한 아동복지사업 • 어린이헌장, 청소년헌장, 어린이날, 가정의달 등을 제정하거나 국제적으로 세계아동의 해, 아동의 권리에 관한 국제협약 등을 마련하고 어린이보호재단 등을 통해 아동권리 교육 및 보호사업을 실시하는 활동

출처: 이한우, 정정란(2012). 아동복지론에서 재구성. 양서원.

2. 아동권리와 복지 전제조건 및 원칙

아동이 건강하게 출생하여 행복하고 안전하게 자랄 수 있도록 하기 위해서는 전제조건과 원칙이 있다. 이를 알아보면 다음과 같다.

1) 아동권리와 복지 전제조건

아동권리와 복지의 전제조건은 학자들마다 다양하게 정의되나 본 장에서는 서보준 외(2017), 장인협 외(2001)를 기초로 안정된 가정, 안정된 경제생활, 신체적·정신적 건강, 교육받을 기회 보장, 놀이기회 보장, 노동으로부터 보호, 특수한 욕구를 가진 아동 보호로 나누어 살펴보고자 한다.

(1) 안정된 가정

아동이 처해있는 가정과 부모는 아동에게 직접적인 영향을 미친다. 아동은 일차적으로 가정에서 생존의 욕구를 해결하고 정서적 안정감을 경험하며, 이를 통해 사회화의 기초를 마련한다. 따라서 안정된 가정은 아동복지에 있어 최우선적인 과제이다. 불안정한 환경에 처해있는 아동에게 국가에서는 다양한 복지서비스를 제공하여 아동이 건강하게 발달하도록 도와야 한다.

(2) 안정된 경제생활

아동의 건강한 성장과 발달에 있어 경제적 안정은 필수 요소이다. 빈곤가정은 경제적 불안정으로 인하여 기본적인 의식주의 해결이 어려울 수 있고, 이는 아동의 성장과 발달에 직접적인 영향을 미친다. 또한 경제적 불안정은 아동이 처한 가정환경의 불안정을 가져오고, 이는 교육에 대한 기회 부족을 초래할 수 있다. 따라서 국가에서는 사회보험, 아동수당제도, 공적 부조 등을 통해 경제적 안정에 도움을 줄 수 있도록 지원하고, 부모의 취업을 도울 수 있는 훈련 등의 기회를 마련해야 한다.

(3) 신체적 · 정신적 건강

아동의 건강은 아동복지의 주요 전제조건이다. 아동이 잘 성장하기 위해서는 아동의 신체적 · 정신적 건강상태가 중요하다. 아동의 건강은 아동이 처해있는 부모의 건강상태, 심리상태에 영향을 받는다. 따라서 청소년을 대상으로 모자보건교육이 실시되어야 하며, 어려움에 처해있는 임산부에 대한 지원이 필요하다. 또한 국가에서는 아동의 건강을 위하여 부모의 신체건강 및 정신건강을 위한 대책 마련을 해야 한다.

(4) 교육받을 기회 보장

모든 아동에게는 「헌법」 제31조에 따라 교육받을 권리가 있다. 아동은 자신의 욕구에 따라 잠재 능력이 최대한 계발될 수 있도록 교육받을 기회가 보장되어야 한다. 교육의 기회는 주요 생존권 중 하나이므로 교육의 기회 박탈은 아동의 권리 침해뿐만 아니라 장기적으로는 우리 사회에 있어 인적 자원의 고갈을 가져오게 된다.

(5) 놀이기회 보장

아동은 놀이를 통하여 신체적 · 정신적 발달을 하게 되고, 이는 잠재능력을 발달시킨다. 놀이는 아동에게 욕구를 발산하게 하고, 신체적으로나 정신적으로 건강한 성장을 돕는다. 놀이는 아동에게 신체, 사회, 정서, 사회적 발달에 영향을 미치는 만큼, 국가에서는 모든 아동에게 놀이의 기회를 보장하고 건전한 문화 활동 프로그램을 지원해야 한다.

(6) 노동으로부터 보호

아동은 노동으로부터 보호받아야 한다. 아동의 노동은 놀이와 여가활동을 침해하고, 교육권에도 영향을 미친다. 우리나라 「근로기준법」에 따르면 15세 미만 근로자는 채용이 금지되어 있다. 대통령령이 정하는 기준에 따라 취직인허증을 지닌 자는 근로자가 될 수 있으나, 근로계약이 미성년자에게 불리할 경우에 이를 해지할 수 있다. 15세 이상 18세 미만인 자는 1일 7시간, 1주일 40시간 초과 근무가 금지되어 있다. 당사자와의 합의에 따라 1일 1시간, 1주일 6시간 한도 연장은 가능하다. 국가에서는 아동노동의 유해성에 대한 인식이 자리 잡을 수 있도록 노력해야 한다.

(7) 특수한 욕구를 가진 아동 보호

아동에게 발생할 수 있는 여러 가지 장애에 대해 조기 발견을 통해 치료의 기회가 있어야 한다. 그리고 이들이 사회의 구성원으로 성장할 수 있도록 대안적 조치를 마련해야 한다. 또한 북한이탈주민, 다문화가정의 아동 등에 대해서도 고려가 필요하다. 국가는 특수한 욕구를 가진 아동에게 관심을 가지고, 대상에 따른 아동복지정책을 통해 이들의 사회적 적응을 도와야 한다.

2) 아동권리와 복지의 원칙

아동이 건강하게 출생하여 행복하고 안전하게 자라도록 하기 위해서는 여러 가지 아동복지서비스가 필요하고, 이에는 몇 가지 기본 원칙이 있다. 장인협과 오정수(2004)는 권리와 책임의 원칙, 보편성과 선별성의 원칙, 개발성의 원칙, 포괄성의 원칙, 전문성의 원칙을 5가지를 제시하였고, 김성경 외(2013)와 김호년 외(2016)는 예방성과 치료성의 원칙을 더하여 6가지로 제시하였다. 이를 구체적으로 살펴보면 다음과 같다.

(1) 권리와 책임의 원칙

아동권리와 복지에 있어 아동, 부모, 사회는 각각 권리와 책임을 가지며 권리와 책임에 대해 인식해야 한다.

아동은 권리 주체로서 스스로에게도 책임이 있다. 아동은 자신의 행복추구와 건강하게 발달할 권리가 있으며, 아동은 자신의 권리를 인식하고 자신의 성장 및 발달에 대한 책임을 가져야 한다. 아동은 스스로를 개발하고 건강한 사회 및 가정의 일원으로 책임을 다해야 한다.

아동의 부모는 아동에게 가장 큰 영향력을 미치는 존재이다. 아동의 보호와 양육의 주책임은 부모에게 있다. 부모가 아동을 양육하는 과정에서 수많은 선택의 과정이 이루어진다. 부모의 권리와 책임은 아동에게 큰 영향을 미치는 요인이기에 부모의 역할 수행에 있어 책임과 함께 부모로서의 권리가 있다.

사회는 아동권리와 복지의 방향을 결정하는 주체이다. 사회에서는 각종 보험과 공공부조제도를 통하여 아동권리와 복지를 증진시킬 권리와 책임을 갖는다. 「아동복지법」에서도 국가는 보호자와 더불어 아동을 건전하게 육성할 책임이 있다고 명시하고 있다.

(2) 보편성과 선별성의 원칙

보편성의 원칙의 대상은 일반 아동, 선별성의 원칙의 대상은 특수한 욕구를 지닌 아동이다.

보편성의 원칙은 기회균등의 개념으로 모든 아동을 대상으로 복지서비스를 동일한 수준에서 제공하는 것이다. 가족수당, 무상의무교육이 보편성의 원칙에 해당된다.

선별성의 원칙이란 복지에 있어 조건과 기준을 정하여 복지의 대상을 선별하는 것을 의미한다. 예를 들어, 특수 욕구를 가진 아동에게 복지서비스를 제공하는 것으로 빈곤계층 아동 등이 그 대상이 된다. 미래에는 선별성과 함께 보편성을 띤 아동복지가 필요하다.

(3) 예방성과 치료성의 원칙

아동복지 측면에서 중요한 원칙은 아동에게 어려움이 발생하기 전에 이를 예방하는 것이다. 아동기에 겪는 여러 가지 문제들은 아동에게 큰 상처를 남길 수 있기 때문에 이를 사전에 예방할 수 있도록 아동복지서비스 제공이 필요하다. 이러한 노력에도 불구하고 아동에게 문제가 발생 시에는 치료성의 원칙에 따라 이를 해결해야 한다. 문제 발생 시에 가장 중요한 점은 조기에 발견하여 이를 치료하는 것이며, 이는 피해를 최소화하며 치료에 상대적으로 적은 시간이 소요된다.

(4) 개발성의 원칙

아동이 사회 속에서 자신의 능력을 잘 발휘할 수 있도록 하는 원칙이다. 모든 아동은 잠재적 능력을 가지고 태어나지만, 장애아동, 빈곤가정 아동 등에게는 스스로의 역량을 개발할 수 있도록 특별한 지원이 필요하다. 장애아동의 경우에는 스스로 자립할 수 있도록 장애 유형에 따라 직업 재활 프로그램이 제공되어야 하며, 빈곤가정의 아동에게도 빈곤이 대물림되지 않도록 직업훈련이 필요하다.

(5) 포괄성의 원칙

아동복지는 서비스 제공 시에 아동뿐만 아니라, 아동을 둘러싸고 있는 환경과 당면 문제들에 대해 포괄적으로 접근해야 한다는 원칙이다. 아동복지 관련 정책과 제도, 서비스와 관련하여 경제, 교육, 의료, 주택 등 포괄적으로 접근해야 한다. 하나의 문제에 접근할 때, 포괄적으로 법, 제도, 경제적 지원이 이루어져야 근본적인 문제 해결이 가능하다.

(6) 전문성의 원칙

아동복지사업은 여러 가지 전문적인 분석과 접근을 통해 이루어질 필요가 있다. 아동은 발달 단계상 변화가 빠르게 일어나기 때문에, 아동을 이해하는 데 있어서는 전문적 지식이 필요하다. 또한, 아동이 속한 가정의 문제는 복합적 원인에 의해 일어나기 때문에 전문적인 분석을 할 수 있는 인력이 필요하다. 따라서 아동에 대해 포괄적으로 이해하는 전문 인력이 필요하고, 전문기관에서 아동복지사업이 이루어져야 한다.

3. 아동복지서비스 유형

아동복지서비스는 서비스 기능과 서비스 제공 장소, 서비스 수행 방어선의 위치 등 다양한 기준에 따라 분류할 수 있다.

1) 아동복지서비스 기능별 유형

아동복지서비스의 기능별 분류란 아동의 욕구 충족을 위해서 어떠한 서비스를 제공하는지에 따른 것이다. Kadushin(1988)은 아동복지서비스를 기능에 따라 지지적 서비스(supportive service), 보충적 서비스(supplementary service), 대리적 서비스(substitute service)의 3S 모형으로 구분하여 제시하였다. 아동의 욕구 충족에 있어 가족 및 부모 역할의 책임을 강조하고 있는 것이다.

표 2-3 아동복지서비스 기능별 분류

서비스 유형	개요
지지적 서비스	아동 욕구 충족을 위해 부모 능력을 지지 및 강화하는 서비스
보충적 서비스	부모의 부적절하거나 제한된 보호를 보상하고 아동에게 보호를 보충하는 서비스
대리적 서비스	아동 개별 욕구에 따라 부모의 보호를 일부 또는 전체를 대신하는 서비스

출처: Kadushin & Martin(1988). Child Welfare Services. N.Y.: Macmillan Publishing., Inc.

(1) 지지적 서비스

지지적 서비스(supportive service)란 아동과 부모가 역할을 다하도록 지원하는 서비스이다. 지지적 서비스는 주로 가정 내 서비스로 아동과 부모와의 관계에 있어서 어려움을 겪어 도움이 필요한 경우에 제공된다.

부모-아동관계에 있어 위기 상황에 처하여 가족 간 갈등으로 인하여 학대, 유기 등의 가족 결함이 진행될 가능성이 있다. 지지적 서비스는 아동과 부모의 능력을 지지하고 강화해 줌으로써 각자의 역할과 책임을 다하도록 돕는다. 지지적 서비스를 제공하는 아동복지기관은 부모와 아동이 역할을 제대로 할 수 있도록 돕는다.

표 2-4 지지적 서비스 종류 및 내용

서비스 종류	서비스 내용
아동상담사업	아동과 부모가 가족 내에서 행복할 수 있도록 아동이나 부모를 대상으로 면접을 통해 상담을 지원하고, 가족 면담을 실시하고, 다른 가족들과의 모임을 열어 유사한 문제 상황을 공유할 수 있도록 하는 사업
가족복지사업	가족의 해체, 붕괴 등을 예방하고 치료하기 위한 사업
학교사회사업	학교에서 아동에게 어려움을 초래하는 사회·정서 문제를 극복하기 위해 실시되는 사업
미혼부모복지사업	미혼부모 및 자녀가 겪을 수 있는 문제를 해결하기 위해 지원하고 미혼부모 발생을 예방하는 사업

출처: 이한우, 정정란(2012). 아동복지론을 기초로 재구성. 양서원.

(2) 보충적 서비스

보충적 서비스(supplementary service)란 부모가 양육의 역할에 있어 부족함이 있을 경우 이를 보충하는 서비스이다. 지지적 서비스와 달리 가족 내 서비스가 아닌 사회적 체계 안에서 이루어진다.

이 서비스에서 사회는 아동이 가정으로부터 분리되지 않은 상태로 부모와 생활하면서 사회가 역할을 보충해 주는 특징이 있다. 여러 가지 문제로 가정의 힘만으로 양육 수행이 어려운 경우 이를 보충해 준다. 부모가 일시적 또는 영구적으로 부모 역할을 수행하기 어려운 경우에도 보충적 서비스가 제공된다.

표 2-5 보충적 서비스 종류 및 내용

서비스 종류	서비스 내용
소득보완사업	가정의 경제가 위기에 처할 경우(보호자의 사망, 실업 등), 공적부조와 사회보험 등을 통해 경제적 지원을 제공하는 사업
가사조력서비스	보호자의 사유로 자녀양육이나 가사처리에 어려움이 있는 경우, 가사조력을 제공하는 사업

서비스 종류	서비스 내용
보육사업	보호자의 근로, 질병 등의 사유로 아동 보육이 어려운 경우 하루 중 일정 시간 아동의 보호 및 교육을 제공하는 사업
장애아동복지사업	신체 · 정서 · 지적장애 아동에게 훈련을 통하여 각 개인의 기능 회복을 도모하는 사업
비행아동복지사업	범죄를 저지르거나, 범죄행위 우려가 있는 비행아동을 대상으로 행동을 예방, 교정하는 사업
아동복지서비스	유기 혹은 학대를 받은 아동을 위한 보호 사업

출처: 이한우, 정정란(2012). 아동복지론을 기초로 재구성. 양서원.

(3) 대리적 서비스

대리적 서비스(substitute service)는 아동의 부모가 역할 수행이 어려운 경우에 제공된다. 가정 내에서 문제 해결이 어렵기 때문에 아동을 가정에서 분리하여 다른 가정이나 시설에서 생활하게 된다. 아동과 부모와의 관계가 해체되어 부모가 아닌 타인이 부모의 역할을 맡게 된다. 이 서비스는 아동을 위한 최후의 대책서비스라고 할 수 있다.

표 2-6 대리적 서비스 종류 및 내용

서비스 종류	서비스 내용
입양사업	혈연관계가 아닌 타인에게 법적 권한을 부여하여 친자관계를 형성하여 아동이 새로운 가정 안에서 부모와 생활하도록 하는 사업
가정위탁사업	보호대상 아동이 일정 기간 대리가정에서 보호 및 양육을 받도록 하여 시설보호에서의 한계를 보충하고자 실시되는 사업
시설보호사업	부모를 대신하여 시설에서 아동을 일시적 또는 장기적으로 보호하는 사업

출처: 이한우, 정정란(2012). 아동복지론을 기초로 재구성. 양서원.

2) 아동복지서비스 제공 장소별 유형

아동복지 대상이 서비스를 제공받는 장소에 따라 가정 내 서비스와 가정 외 서비스로 분류할 수 있다.

(1) 가정 내 서비스

가정 내 서비스란 아동이 보호자와 함께 생활하면서 서비스를 제공받는 것이다. 아동은 발달 특성상 가정의 역할이 중요하다. 가정에서 아동이 필요로 하는 기본 욕구 충족에 어려움이 있거나, 가정 내 보호자와 아동 간 관계에서 어려움이 있을 경우 외부기관으로부터 서비스를 제공하게 된다. 가정에서 필요로 하는 서비스를 통해 가정의 기능을 지지해 주는 역할을 한다.

맞벌이가정, 다문화가정처럼 구조적으로는 결손이 없으나 가정의 기능상 어려움을 겪는 경우와 조손가정, 한부모가정 등 구조적으로 결손이 있는 경우 가정 내 서비스가 제공된다.

(2) 가정 외 서비스

가정 외 서비스란 아동이 가정을 떠나서 일정 기간 위탁가정이나 시설에서 생활하며 서비스를 받는 경우를 의미한다. 아동이 가정 내에서 서비스를 제공받기 어려운 경우에 이루어진다. 아동복지서비스는 궁극적으로 아동의 권리추구 및 행복을 위하여 이루어지는 것이므로, 국가 및 사회적으로 지속적인 관심이 필요하다. 가정 외 서비스 유형으로는 시설보호서비스, 가정위탁서비스, 방과 후 아동돌봄서비스, 입양서비스 등이 있다.

3) 방어선의 위치별 유형

주커만(Zuckerman, 1983)은 아동복지서비스를 방어선(line of defence)으로 분류하였다. 아동에게 방어선이란 가족을 통해 제공되는데, 가족이 방어기능을 못 하면 방어선이 2차, 3차로 이동되어 간다(정옥분 외, 2016). 방어선의 위치에 따라 1차 방어선, 2차 방어선, 3차 방어선으로 구분하였다.

표 2-7 방어선 위치에 따른 분류

구분	서비스 내용
1차 방어선 (가정 내 서비스)	가정의 기능을 유지, 강화하는 서비스 (예: 상담서비스, 교육서비스, 보육서비스)
2차 방어선 (대리가정서비스)	부모를 대신하여 부분적 또는 장기적으로 대리부모를 통해 아동을 보호 및 양육하여 안정적인 생활을 유지·강화하는 서비스 (예: 가정위탁 보호서비스, 입양서비스)
3차 방어선 (시설보호서비스)	원가정과 대리가정에서 보호 양육이 어려울 경우 시설에서 보호하는 서비스 (예: 양육시설서비스, 집단보호 및 치료서비스)

출처: Zuckerman(1983). Child Welfare. M.Y.: The Free Press.

(1) 1차 방어선(first line of defence): 가정 내 서비스

가정 지원 기능을 수행한다. 가정은 아동의 문제를 막아주는 1차 방어선 기능을 수행한다. 가정이 아동 욕구 충족에 어려움을 겪거나 부적절한 경우에, 가정 기능이 회복되도록 서비스를 제공해야 한다.

(2) 2차 방어선(second line of defence): 대리가정서비스

가정의 기능이 수행되지 못할 때, 원가정을 대신하여 보호, 양육하는 보호가 필요하다. 따라서 원가정과 유사한 환경을 형성하여 원가정을 대신해 보호·양육을 한다.

(3) 3차 방어선(third line of defence): 시설보호서비스

아동이 원가정과 대리가정을 통해서 서비스를 제공받을 수 없는 경우에, 시설에 수용하여 서비스를 제공해야 한다. 집단적으로 시설에서 보호받기 때문에 2차 방어선과 차이가 있다.

생각 나누기

제작: 일본
영화제목: 아무도 모른다.
감독: 고레에다 히로카즈
출연: 야기라 유야(아키라), 키타우라 아유(교코), 키무라 히에이(시게루)
개봉: 2005

'아무도 모른다'는 1988년에 일어난 아동방치사건을 바탕으로 제작된 영화이다. 이 영화에서는 엄마와 네 아동들이 등장한다. 아동들의 엄마는 아동들을 출생신고 하지 않은 채로 방치하고, 아이들에게 '나가지 말 것', '시끄럽게 떠들지 말 것'이라는 규칙을 정한다. 엄마는 얼마 후 첫째 아키라에게 약간의 돈과 함께 크리스마스에 돌아온다는 약속을 하고 사라진다. 아키라와 동생들은 외출하면 안 된다는 엄마와의 약속을 지키기 위해 힘들게 하루하루를 살아간다. 크리스마스가 지나도 돌아오지 않는 것을 보며, 아이들은 엄마가 돌아오지 않을 것임을 안다. 엄마가 집을 나가면서 아이들은 엄마와의 약속을 깨고 집 밖으로 나오게 된다. 영화 속에는 아이들의 어려움을 알고도 외면하는 여러 명의 외부인들이 등장한다. 아키라에게 유통기한이 지난 음식을 제공하는 편의점 직원, 밀린 집세를 받으러 왔다가 아키라 남매의 모습을 보고 방관하는 집 주인 등은 아키라 남매의 상황을 알면서도 소극적으로 대처하거나 이를 방관한다.

▸ 생각 point
- 영화 속에서 아이들이 처한 상황을 마주하고도 외면한 사람들은 누구였는지, 그들은 어떠한 역할을 해야 할지 생각해 보세요.
- 영화 속 아동이 처한 상황에 어떠한 아동복지서비스가 필요한지 생각해 보세요.

아동복지는 시대와 문화에 따라 다르게 변화하여 왔다.

시대에 따라 아동에 대한 관심이 어떠했으며, 국가 차원의 정책에는 무엇이 있는지 살펴보는 것은 아동복지의 역사를 이해하는 데 도움이 된다.

우리나라와 외국의 아동복지 역사에 대해 살펴보고, 주요 선진국의 아동복지에 대해 살펴보고자 한다.

학습목표

- 우리나라 아동복지의 변천 및 특징에 대해 설명할 수 있다.
- 외국 아동복지의 변천 및 특징에 대해 설명할 수 있다.
- 주요 선진국의 아동복지의 특징에 대해 설명할 수 있다.

03 아동복지 변천사

1. 우리나라 아동복지의 변천 및 특징

우리나라는 시대에 따라 아동 및 아동복지에 대한 개념이 많이 변화되어 있다. 우리나라 아동복지의 발달 역사 및 특징을 전통사회, 근대사회, 현대사회로 구분하여 살펴보고자 한다.

1) 전통사회

우리나라 전통사회의 아동복지 발달을 삼국시대, 고려시대, 조선시대로 나누어 살펴볼 수 있다.

삼국시대에는 '삼국사기'를 통해 아동복지 관련 내용을 살펴볼 수 있는데, 신라에서는 제2대 남선왕 때 백성이 기근으로 굶주릴 때 국고로 이들에게 도움을 제공하였고, 제3대 유리왕 때 환과고독노병(鰥寡孤獨老炳: 홀아비, 홀어미, 고아, 늙고 자식 없는 이, 늙은이, 병든 이)을 대상으로 무료급식과 보살핌을 제공하였다(정옥분 외, 2016). 백제에서도 온조왕 때, 고구려에서는 태조왕 때 재해 입은 사람들에게 관곡을 지급하였다(공계순 외, 2013). 이와 같이 삼국시대에는 기아나 고아를 중심으로 아동보호가 이루어졌으며, 재해 등으로 인하여 위기 상황에 있을 시 구제정책을 실시하였다.

고려시대는 불교가 국교였기 때문에 기아, 고아 등의 보호가 필요한 아동을 사찰이나 관가에서 위탁·보호하였다. '고려사'에 따르면 성종 때 고아를 10세까지는 관가에서, 그 이후에는 본인 의사에 따라 거주하게 하였는데 우리나라 아동복지에 있어 보호사업의 시초라고 할 수 있다(서보준 외, 2017). 고려 말 충목왕 때는 최초의 관립영아원 해아도감이 설치되어 보호가 이루어졌다.

조선시대에는 기아와 고아 등에 대한 법령이 제정되었다. 정조는 자휼전칙(字恤典則)을 제정하였는데 이는 유기아, 구걸아동에 대한 보호법령이다. 이 법령에서는 유기아, 구걸아동에 대하여 국가에서 수용하여 보호하거나 민간에서 이를 수용하도록 하였다. 이러한 보호법령을 통하여 조선시대에 아동 구제를 위하여 나라에서 개입이 있었음을 알 수 있다.

2) 근대사회

근대사회에서 우리나라 아동복지는 외국 선교사들을 통해 많은 영향을 받았다. 조선시대 말 국가 개혁 도모시기에 국외 종교단체가 선교를 위한 목적으로 구호 및 아동보호 등을 실시하였다.

1854년 메스트르 신부의 '조선영해회'는 최초 아동복지사업으로 유기아동을 위탁양육하였다. 1885년에는 프랑스 장 블랑 신부가 한양에 영해원이라는 고아원을 설립하였다. 1888년에는 조선영해회에서 명동의 수녀원에 천주교 고아원을 설립하였다. 미국인 선교사 언더우드는 고아들을 대상으로 예수학당, 구세학당을 설립하였는데 이는 후에 경신학교로 발전되었다. 1905년에는 유학자 이필화가 '경성고아원'을 설립하였는데, 대한제국의 설립인가를 받아 사회적인 호응과 지지 속에 대한제국 정부보조금과 기부금으로 설립되었다. 1921년에는 미국감리교 선교사에 의하여 태화사회관이 설립되었고, 1930년대에는 보육원과 사회복지시설이 증가하였다.

일제강점기에는 천도교 소년회 등 소년 단체가 창립되었는데 천도교 소년회를 중심으로 조선소년운동협회에서는 우리나라 최초의 아동권리선언인 '아동의 권리공약 3장'을 발표하였다. 또한 1922년 어린이날이 만들어졌고, 1923년부터 어린이날 첫 기념식이 열렸다.

3) 현대사회

우리나라 아동복지의 주요 전환점은 1961년 「아동복리법」 제정과 1981년 「아동복지법」 개정이다. 현대사회의 아동복지 발달 단계를 사회구호적 아동복지(1960년대 말까지), 선별주의적 아동복지(1961~1980년대), 보편주의적 아동복지(1981~1999), 권리지향적 아동복지(2000년 이후)로 나누어 살펴보고자 한다(장인협, 오정수, 2004; 정옥분 외, 2016).

사회구호적 아동복지란 광복 이후 사회에서 발생한 빈곤아동을 대상으로 이루어진 복지이다. 미 군정과 한국전쟁으로 인하여 빈곤아동, 기아, 미아를 대상으로 사회구호적 성격을 띠었다. 국가의 정책은 미비하였고 민간기관이나 외국 원조를 통해 구호사업이 이루어졌다. 전쟁고아들은 '홀트아동복지회'를 통한 해외입양사업이 전개되었다.

선별주의적 아동복지란 보호대상아동을 대상으로 이루어진 복지로, 1961년 「아동복리법」 제정 이후의 시기이다. 1960년대 경제성장으로 인하여 취업 여성이 증가하게 되었고, 이에 보육서비스가 증가하게 되었다. 이 시기에는 국가에서 요보호아동에 대한 법률이 제정되었다는 점을 주목할 수 있다.

보편주의적 아동복지란 주 대상이 요보호아동에서 18세 미만 아동으로 이루어진 복지로, 아동복지서비스가 다양화된 시기이다. 1981년 「아동복리법」을 「아동복지법」으로 개정하면서 아동복지의 대상이 전체 아동으로 확대되었다. 보편주의를 지향한 시기로, 급속한 산업화를 통해 맞벌이 가족의 증가로 자녀양육문제가 사회적 이슈로 떠오르게 되었다. 따라서 요보호아동뿐만 아니라 일반 아동을 대상으로 한 보편주의적 아동복지가 이루어졌다. 1990년대에는 가정위탁 등 다양한 보육서비스가 이루어졌다. 또한, 아동학대 등에 대한 관심으로 이를 예방하기 위한 사업이 전개되었다.

권리지향적 아동복지란 아동복지 대상이 선별주의, 보편주의에서 벗어나 아동의 권리가 중요하게 대두된 시기에 이루어진 복지이다. 2000년 「아동복지법」 개정이 추진되어 시행되기 시작되었다. 이 시기에는 아동의 권리가 무엇보다 중요한 이슈로, 「아동복지법」에서는 학대를 받은 아동에게 복지서비스를 제공하고, 아동의 안전을 제도적으로 지원하도록 하였다. 또한 아동보호전문기관을 설치하여 아동이 안전하게 자랄 수 있는 권리를 보장하도록 법이 강화되었다. 아동의 권리를 보장하기 위하여 「아동복지법」은 지속적으로 개정이 이루어지고 있다. 예를 들어, 2015년 일부 개정된 「아동복지법」에는 아동학대 사건 발생 시 1차 발견자는 아동학대 신고의무자로 지정하였다. 또한 보호자에게도 학대 금지 조항을 신설하였으며, 아동학대 신고와 관련된 교육을 하도록 의무화하였다.

2. 외국 아동복지의 변천 및 특징

외국의 아동복지의 발달과정을 시대에 따라 살펴보는 것은 아동복지의 변화를 폭넓게 이해할 수 있는 계기가 된다. 외국의 아동복지 발달 역사 및 특징을 고대 및 중세사회, 근대사회, 현대사회로 구분하여 살펴보고자 한다.

1) 고대 및 중세사회

고대사회에 아동은 개인적 권리를 지닌 존재가 아닌 부모의 소유물로 여겨졌다. 고대사회에서는 기본적인 의식주 해결이 큰 문제이므로, 아동은 단지 종족 보존의 수단으로만 취급당하였다. 또한, 아동은 사회적 의식 등에 의하여 생명의 위협을 받기도 하였다. 고대사회에서 영아살해는 상당 부분 사회적으로 용납되는 분위기였다. 하지만 영아살해가 심각한 사회문제가 되자 마침내 315년 로마의 콘스탄틴 황제는 아동살해 금지 조항을 법전에 명시하였다(서보준 외, 2017). 그러나 영아살해는 서구에서도 18세기까지 공공연히 발생했다. 고대사회에서 영아살해가 흔했던 그 바탕에는 아동을 인격적인 존재로 생각하지 않았던 통념이 깔려있다. 이러한 사회적 분위기는 아동의 존엄성을 무시하고, 무력한 존재로 변화하게 하였다.

중세시대에는 신분의 계층이 엄격하였다. 영아살해의 관습이 남아있었으나, 점차적으로 아동이 하나의 인격체로 여겨지기 시작하였다. 이 시기는 신분 계층이 확실한 시대였기 때문에 계급에 따라 아동의 신분에도 차이가 있었다. 따라서 귀족 계층의 아동에 비해 하층의 아동들은 심한 차별을 겪게 되었다. 한편으로, 중세 시대에 아동복지서비스가 시작되었다. 하층의 아동들을 보호하기 위해서 수도원이 운영하는 수용시설 형태의 구빈원과 같은 시설 활용 노력이 일어났기 때문이다. 또한, 교회 등에서 이루어지는 아동복지서비스가 시작되기 시작하였으며, 현대 아동존중사상 역시 중세 말기에 시작되었다고 할 수 있다. '코메니우스'는 아동이 성인의 축소판이 아닌 하나의 인격체임을 강조하였고, 이러한 사상은 18세기 루소와 페스탈로치 등에 전해져 현대 아동관의 기초가 되었다. 그러나 이 시기 아동복지는 자선 행위의 측면이 강하였고, 개인의 욕구나 권리는 배제되었다.

2) 근대사회

근대사회에서는 산업혁명으로 인하여 다양한 사회적 변화가 일어났다. 자본주의 제도가 시작되었으나, 산업혁명으로 인하여 실업, 빈곤 등의 다양한 사회문제가 대두되었다. 이러한 사회적 현상에 따라 국가의 책임이 강조되게 되었다. 이에 영국은 1601년 '구빈법'을 제정하여 국가 빈곤 체계에 책임을 졌고, 요보호아동을 포함한 빈곤층을 법으로 보호하였다. '구빈법'은 현대 아동복지의 기원이라고 할 수 있다(이상욱 외, 2016).

이 시기에는 산업혁명으로 인한 사회문제를 해결하기 위한 복지 차원의 방안이 필요하게 되었다(이효정 외, 2017). 그동안 집단수용시설에서 아동, 노인 등이 혼합 수용되었는데, 이는 아동 사망률의 증가로 이어졌다. 19세기 이전은 진정한 의미의 아동교육관이 존재하지 않았으나, 시설수용의 문제를 개선하고자 19세기 후반 미국에서 위탁가정운동이 시작되었다. 그러나 아동을 노동력 제공자로 간주하여 사회문제가 발생되게 되었다. 이에 영국에서는 1802년 공장법 제정을 통해 아동을 노동으로부터 보호하였다.

산업혁명으로 발생한 취업모의 육아문제 해결을 위해 민간주도의 탁아시설이 역할을 하였다. 영국의 오웬은 유아학교를 세워 아동의 교육에 힘썼으며 이는 영국 전역으로 확산되었다.

3) 현대사회

현대사회에서는 많은 연구자들이 아동에 대해 연구하기 시작하였다. 아동은 능동적인 인격체로 그 자체로서 존중해야 한다는 개념이 정립된 것이다.

20세기 들어서서는 아동복지가 예방 차원의 개입으로 시작되었다. 1909년 미국에서 개최된 백악관회의를 통해 아동복지에 대한 관심이 강조되었고, 이후 정기적인 백악관회의를 통해 시대에 맞는 아동복지정책 변화가 일어나게 되었다. 아동권리를 위한 최초의 국제적 선언인 제네바 선언(1924)과 이를 기초로 한 유엔아동권리선언(1959), 아동의 권리 보호만을 위한 최초의 국제 협약인 유엔아동권리협약(1989)까지 아동권리 보장을 위한 선언과 협약이 이루어져 왔다. 유엔아동권리협약은 아동의 권리를 법적으로 보장하는 데 의의가 있다.

20세기 들어 보호대상아동을 보호하는 위탁가정과 아동시설이 발전하였고, 아동의 노동에 대해서도 새로운 시각이 정립되었다. 20세기는 아동을 고려한 시설과 위탁가정보호 제도가 등장한 시기이다. 또한 아동복지서비스도 전문화, 세분화되어 아동복지를 위한 노력이 꾸준히 실천되어 오는 것을 살펴볼 수 있다.

3. 주요 선진국 아동복지의 특징

영국, 미국, 스웨덴, 일본 등 주요 선진국의 아동복지는 어떠한 특징이 있는지 관련 정책 등을 살펴보고자 한다.

1) 영국

영국은 아동복지에 있어서 선구자적인 역할을 해 왔으며, 오랜 기간 아동복지가 진행되어 왔다는 특징이 있다. 영국의 엘리자베스 구빈법(Elizabethan Poor Law of 1601)은 15세기 말 이후 시행했던 빈민 관련 법을 집대성하여 1598년 마련한 초안을 바탕으로 1601년 엘리자베스 1세가 빈민 구제 등을 목적으로 재정비하여 제정한 법이다. 최초로 구빈에 대한 국가의 책임을 명시했다는 점에서 의미가 있다. 인구증가와 농업생산의 불균형 등은 빈민의 증가를 가져왔는데, 정부 차원에서의 구호가 필요하게 되었다. 엘리자베스 구빈법은 국가의 개입이 처음 이루어진 것이라고 할 수 있다. 18세기 산업혁명을 계기로 빈곤가정에 대한 국가적 접근이 이루어진 것이다.

영국의 근대적 아동복지는 19세기 후반부터 발달되었다. 1889년 아동학대방지법이 제정되었고, 1907년에는 교육법이 제정되어 아동의 의무교육이 실시되었다. 영국의 아동법은 1948년 제정되었는데, 이는 영국 아동복지의 초석이 되는 법이다. 이 법은 그동안 빈민법과 연결되어 있던 아동복지정책들을 아동보호라는 새로운 원칙으로 도입하였다. 1997년에는 슈어스타트 프로그램이 탄생되었다. 이 정책은 아동과 부모를 지원하는 가족 단위 서비스 정책이다. 1998년에는 만 4세 무상교육이 2004년에는 만 3세까지 연령이 확대되었다. 2003년에는 자녀양육 가정의 조세부담을 경감해주는 아동조세공제를 실시하였다.

1600년대
- 1601년: 1598년 마련한 초안을 바탕으로 엘리자베스 구빈법 제정

1800년대
- 1802년: 공장법 공포 (노동자의 노동시간을 1일 12시간으로 제한)
- 1889년: 아동학대방지법 제정

1900년대
- 1907년: 교육법 제정 (아동 의무교육 실시)
- 1945년: 두 자녀 이상 아동수당 지급
- 1948년: 아동법 제정
- 1997년: 슈어스타트 프로그램
- 1998년: 만 4세 무상 교육

2000년대
- 2003년: 아동조세공제
- 2004년: 만 3세 무상 교육

그림 3-1 영국의 아동복지 변천

2) 미국

미국의 아동복지는 사회보장법이 제정된 1935년부터 본격적으로 이루어졌다. 미국의 사회복지 제도는 중앙집권제가 아닌 주를 단위로 독자적으로 발전해 왔다.

미국의 초기 아동복지는 종교단체를 통한 시설보호에서 시작하였는데 1727년 인디언에게 부모를 잃은 아동을 위하여 뉴올리언스 우슬린 수도원에 양육원이 설립되었다. 1740년에는 조지아주에 베데스타 고아원이 설립되었다.

1895년에는 아동노동법이 제정되었다. 이 법은 노동시간을 제한하고 야간작업 금지, 14세 이하 노동 금지 등을 내용으로 하고 있다. 1909년 제1회 백악관회의 이후에 아동문제에 대한 관심이 전국적으로 확산되어, 이후 아동문제 전담조직인 '아동국'이 신설되었다. 1935년에는 사회보장법이 제정되었다. 미국의 대공황으로 경제적 어려움이 커지자 국가 차원에서 사회복지체계를 정립하고자 한 것이다. 1960년대 빈곤아동의 증가로 '헤드스타트' 프로그램과 '푸드스탬프' 프로그램이 실시되었다.

이후 미국의 아동복지는 가족구조의 변화, 출산율 저하 등의 문제에 따라 계속적으로 변화하고 있다. 현재 미국의 아동복지는 가정보호서비스를 중심으로 이루어지고 있다.

1700년대	1800년대	1900년대 전반	1900년대 후반
• 1727년: 뉴올리언스 우슬린 수도원 • 1740년: 베데스타 고아원 설립(최초의 보호시설)	• 1895년: 아동노동법 제정	• 1909년: 제1회 백악관 회의 후 아동국 신설 • 1935년: 사회보장법 제정	• 1964년: 헤드스타트 프로그램, 푸드스탬프 프로그램 • 1974년: 가출아동에 대한 소년법, 아동학대 예방 및 처우법 제정 • 1980년: 입양관련법 입법

그림 3-2 미국의 아동복지 변천

3) 스웨덴

스웨덴은 1853년 구빈법 제정을 통하여 보호대상자를 구빈원에서 보호하였는데 스웨덴의 구빈법은 영국의 구빈법에서 많은 영향을 받아 형태가 비슷하다.

1881년 노동금지법이 제정되어 아동을 낮은 임금과 장시간 노동으로부터 보호하도록 하였다. 1902년에는 입양법이 제정되어 입양아동의 건강과 보건이 법으로 보호되었다. 1924년 빈민법의 수혜대상이던 아동에 대한 법이 독립되어 아동복지법에 제정되었고, 아동 및 청소년 보호를 위한 시설 추진을 위해 아동복지위원회가 만들어졌다.

스웨덴의 아동복지정책은 1930년 이후 확립되었다고 볼 수 있다(이효정 외, 2017). 1930년 세계경제공황을 계기로 현재 이루어지고 있는 아동복지정책과 유사한 정책들이 도입되었다. 스웨덴은 세계 최초로 아동수당을 지급하기 시작한 나라이며, 출산수당 등 다양한 복지정책들이 등장하게 되었다.

스웨덴은 알려진 것과 같이 우수한 복지국가로, 전반적인 복지 수준이 다른 나라보다 우위에 있다. 가족의 변화가 다양해지고 여성의 사회진출이 늘어나면서 이에 맞추어 아동복지에도 지원을 아끼지 않으며, 아버지가 양육에 참여할 수 있도록 다양한 정책과 사회적 분위기가 선도적으로 조성되었다.

1800년대

- 1853년: 구빈법 제정

1900년대 전반

- 1902년: 입양법 제정
- 1924년: 아동복지법 제정, 아동복지위원회 설립
- 1934년: 청소년 보호법 제정
- 1948년: 아동수당 도입

1900년대 후반

- 1955년: 출산수당 지급
- 1973년: 학령전교육법 제정 (보육제도의 보편주의 전환)
- 1981년: 사회사업법 시행 (아동복지 근간)
- 1995년: 영유아보육서비스 제공

그림 3-3 스웨덴의 아동복지 변천

4) 일본

일본의 아동복지는 구빈사업으로 시작되었다. 1874년에는 전국적 구제책이 필요함에 따라 공적 구빈법인 '휼구규칙(恤救規則)'에 의하여 13세 미만 아동이 대상이 되어 혜택을 받았고, 1918년에는 공립보육소가 설치되었다(정미현 외, 2016). 1921년에는 아동보호법안이 마련되었고 1933년에는 아동학대 예방과 아동구호법이 마련되었다.

일본에서는 제2차 세계대전으로 발생한 미아, 고아들을 위한 보육사업이 이루어졌는데, 1947년 아동복지법 제정을 통해 보육소가 법적 인가를 받았다. 1960년대에는 고도성장으로 인하여 다양한 사회문제가 등장함에 따라 법이 다양화되었다.

1947년에는 모든 어린이를 대상으로 한 아동복지법이 제정되었다. 이를 통해 보육소가 법적 인가를 받게 되었고 이를 계기로 보육소 사업이 발전되었는데 이는 현대 아동복지의 중심으로 평가받고 있다. 1961년 모자복지법, 1965년 모자보건법, 1971년 아동수당법이 만들어졌고 1997년에는 아동복지법이 전면 개정되었다.

최근 일본 역시 저출산, 고령화 사회의 특징이 나타나고 있다. 이에 출산율 회복을 위한 자녀양육과 직장생활의 양립을 위해 1994년 발표한 종합대책으로 자녀양육을 가정에서 국가 차원으로 끌어올린 '엔젤플랜'을 실시하였으나 실효를 거두지 못하였으며, 현재 국가에서는 사회적 문제 해결을 위하여 아동수당 및 아동부양수당 지급과 아동복지시설을 전문화하는 정책을 실시하고 있다(이효정 외, 2017).

1800년대

- 1871년: 기아양육미급여법을 제정(3자녀 이상 빈곤가정에게 쌀 지급)
- 1874년: 휼구규칙 제정(공적 구민법)
- 1887년: 고아원 설립

1900년대 전반

- 1900년: 후다바유아원
- 1918년: 공립보육소 설립
- 1921년: 아동보호법안 제정
- 1937년: 모성보호법 제정
- 1947년: 아동복지법 제정

1900년대 후반

- 1961년: 모자복지법 제정
- 1965년: 모자보건법 제정
- 1971년: 아동수당법 제정
- 1980년: 엔젤플랜
- 1990년: 신엔젤플랜
- 1997년: 아동복지법 전면개정

2000년대

- 2000년: 아동학대금지법 제정

그림 3-4 일본의 아동복지 변천

생각 나누기

OECD 평균의 두 배 넘는 스웨덴 공보육 재정

스웨덴 가족복지 정책은 0~5세 영유아 보육·교육에 많은 정부재정을 투입해 안정적이고 질 높은 공보육 체제를 갖췄다는 점이 눈에 띈다.

- 중략 -

스웨덴은 과거 30여 년간 공보육에 대한 국가 책임을 강조하는 가운데 유아학교(푀르스콜라·영유아 보육·교육기관)를 통해 보육과 양질의 서비스를 제공했다.

- 중략 -

유보통합(유아 교육·보육의 일원화)으로 보육의 질을 높인 점도 스웨덴 보육정책의 큰 특징이다. 육아정책연구소에서는, 스웨덴 복지부가 담당하던 보육이 1998년 교육부로 이관되면서 영유아기 보육·교육도 국가가 통합적으로 관리하게 됐고, 교사의 질과 복지 수준도 높아졌다고 설명했다. 그러면서 "스웨덴에서는 훈련된 (유아)교사를 공급하는 것이 교육의 질과 직결되는 중요한 요인이라는 입장에서 정부가 수급을 관리하고 있다."라고 덧붙였다.

▸ 관련기사 : 한겨레경제사회연구원(2017)

▸ 생각 point

- 주요 선진국의 최신 아동복지정책 관련 기사를 조사하여 발표해 보세요.
- 우리나라 아동복지정책에 어떠한 점이 반영되면 좋을지 생각해 보세요.

아동권리와 복지가 잘 실현되기 위해서는 그 사회가 추구하는 아동복지와 권리에 대한 가치관이 매우 중요하다. 이러한 가치관 및 관심은 관련 정책 및 행정을 통해 실행된다.

본 장에서는 아동복지 및 아동권리 관련 법과 정책 및 행정에 대해 살펴보고자 한다.

학습목표

- 아동권리와 복지 관련 법에 대해 이해한다.
- 아동복지 및 아동권리 관련 정책을 이해한다.
- 공공 및 민간 아동복지서비스의 행정 전달체계를 설명할 수 있다.

04 아동권리와 복지 관련 정책과 행정

1. 아동권리와 복지 관련 법

우리나라의 아동권리와 복지 관련한 법체계는 기본적인 인권을 보장하는 최상위 법인 헌법에 기초한다. 총괄적인 사회복지법, 아동복지법, 아동을 대상으로 하는 영유아보육법, 아동과 밀접한 관련이 있는 부모와 가족을 대상으로 하는 법 등 다양한 아동복지 관련 법이 존재한다.

표 4-1 아동권리와 복지 분야별 관련 법

분류		법령
사회복지 일반		헌법, 사회복지사업법, 국민연금법, 국민건강보험법
아동복지 일반		아동복지법, 청소년 기본법, 청소년복지 지원법
아동 복지 분야	아동교육 및 보육	교육법, 유아교육법, 영유아보육법
	아동건강 및 영양	모자보건법, 지역보건법, 학교보건법, 학교급식법
	저소득층 및 한부모가정 아동	국민기초생활 보장법, 의료급여법, 한부모가족지원법, 아동의 빈곤예방 및 지원 등에 관한 법률
	장애아동	장애아동 복지지원법
	아동학대, 성폭력 및 실종	아동학대범죄의 처벌 등에 관한 특례법, 실종아동 등의 보호 및 지원에 관한 법률, 아동·청소년의 성보호에 관한 법률, 가정폭력방지 및 피해자 보호 등에 관한 법률
	비행 및 범죄 관련 아동	소년법, 보호소년 등의 처우에 관한 법률, 보호관찰 등에 관한 법률
	근로아동	근로기준법
	입양아동	입양특례법

출처: 도미향 외(2014). 아동복지론. 공동체.

1) 헌법

「헌법」은 국민의 권리나 의무에 관해 규정하는 가장 상위법이다. 「헌법」 제32조에서 '① 모든 국민은 인간다운 생활을 할 권리를 가진다. ② 국가는 사회보장, 사회복지 증진에 노력할 의무를 진다. ③ 생활력이 없는 국민은 법률이 정하는 바에 의하여 국가의 보호를 받는다.'라고 규정하고 있다. 우리나라 아동복지와 관련된 법은 「헌법」에 기초하고 있다.

2) 아동복지법

「아동복지법」은 1961년에 제정된 「아동복리법」을 1981년 「아동복지법」으로 개명하고 내용을 전면 개정한 것으로, 모든 아동을 대상으로 아동의 복지를 보장함을 목적으로 한다. 「아동복지법」은 헌법 제10조의 기본인권의 보장, 제34조의 사회복지권 등을 구현한 법으로, 아동이 건강하게 출생하고 행복하고 안전하게 자랄 수 있도록 아동의 복지를 보장하는 것을 목적으로 한다. 「아동복지법」 제2조 제4항에서 '아동은 아동의 권리보장과 복지증진을 위하여 이 법에 따른 보호와 지원을 받을 권리를 가진다.'라고 명시하고 있는데, 이는 아동의 권리와 복지에 대한 이념을 나타내고 있다.[1)]

3) 영유아보육법

「영유아보육법」은 영유아의 보호 및 교육에 관한 법률이다. 우리나라의 보육사업은 태화사회관에서 1921년 최초로 시작되었고, 1961년 「아동복리법」 제정에 의해 보호를 중심으로 한 탁아시설에서 이루어졌다. 이후 취학 전 아동을 위한 보육의 체계화를 위하여 1991년 「영유아보육법」이 제정되었다. 「영유아보육법」은 아동의 심신을 보호하고 건전하게 교육하여 건강한 사회구성원으로 육성하고 보호자의 경제적 · 사회적 활동을 원활하게 하여 가정의 복지 증진을 이바지하는 데 그 목적이 있다(제1조).

1) 「아동복지법」의 주요 내용은 부록에 수록되어 있다.

영유아보육법 주요 내용

제2조(정의) 이 법에서 사용하는 용어의 뜻은 다음과 같다.

1. "영유아"란 6세 미만의 취학 전 아동을 말한다.
2. "보육"이란 영유아를 건강하고 안전하게 보호 · 양육하고 영유아의 발달 특성에 맞는 교육을 제공하는 어린이집 및 가정양육 지원에 관한 사회복지서비스를 말한다.
3. "어린이집"이란 보호자의 위탁을 받아 영유아를 보육하는 기관을 말한다.
4. "보호자"란 친권자 · 후견인, 그 밖의 자로서 영유아를 사실상 보호하고 있는 자를 말한다.
5. "보육교직원"이란 어린이집 영유아의 보육, 건강관리 및 보호자와의 상담, 그 밖에 어린이집의 관리 · 운영 등의 업무를 담당하는 자로서 어린이집의 원장 및 보육교사와 그 밖의 직원을 말한다.

제3조(보육 이념)

① 보육은 영유아의 이익을 최우선적으로 고려하여 제공되어야 한다.
② 보육은 영유아가 안전하고 쾌적한 환경에서 건강하게 성장할 수 있도록 하여야 한다.
③ 영유아는 자신이나 보호자의 성, 연령, 종교, 사회적 신분, 재산, 장애, 인종 및 출생지역 등에 따른 어떠한 종류의 차별도 받지 아니하고 보육되어야 한다.

제4조(책임)

① 모든 국민은 영유아를 건전하게 보육할 책임을 진다.
② 국가와 지방자치단체는 보호자와 더불어 영유아를 건전하게 보육할 책임을 지며, 이에 필요한 재원을 안정적으로 확보하도록 노력하여야 한다.
③ 특별자치도지사 · 시장 · 군수 · 구청장(자치구의 구청장을 말한다. 이하 같다)은 영유아의 보육을 위한 적절한 어린이집을 확보하여야 한다.
④ 국가와 지방자치단체는 보육교직원의 양성 및 근로여건 개선을 위하여 노력하여야 한다.

출처: 국가법령정보센터 홈페이지(http://www.law.go.kr). 2018년 2월 20일 발췌.

4) 장애아동 복지지원법

장애아동 관련 법이 제정되기 전에는 법적인 근거를 통해 장애아동복지서비스가 뒷받침되지 못해서 저소득층 일부 또는 등급에 따라 제한된 서비스를 제공받는 문제점이 있었다. 이러한 상황은 장애아동에게 적절한 서비스를 제공하는 데 어려움을 초래했고, 부모로 하여금 아이를 돌보기 위해 사회생활을 포기하는 극단적 상황을 만들었다. 이에 따라 「장애아동 복지지원법」이 2010년 11월 발의되었으며, 2011년 6월 국회 본회의에서 통과되었다. 「장애아동 복지지원법」은 국가와 지방자치단체가 장애아동의 특별한 복지적 욕구에 적합한 지원을 통합적으로 제공함으로써 장애아동이 안정된 가정 속에서 건강하게 성장하고 사회에 활발하게 참여할 수 있도록 하며, 장애아동 가족의 부담을 줄이는 데 이바지함을 목적으로 한다(제1조).

장애아동 복지지원법 주요 내용

제2조(정의) 이 법에서 사용하는 용어의 뜻은 다음과 같다.

1. "장애아동"이란 18세 미만의 사람 중 「장애인복지법」 제32조에 따라 등록한 장애인을 말한다. 다만, 6세 미만의 아동으로서 장애가 있다고 보건복지부 장관이 별도로 인정하는 사람을 포함한다.
2. "장애아동 보호자"(이하 "보호자")란 친권자, 후견인, 장애아동을 보호 · 양육 · 교육하거나 그 의무가 있는 자 또는 업무 · 고용 등의 관계로 사실상 장애아동을 보호 · 감독하는 자를 말한다.
3. "장애아동 복지지원"(이하 "복지지원")이란 국가와 지방자치단체가 장애아동의 특별한 복지적 욕구에 따라 의료비지원, 보육지원, 가족지원 및 장애아동의 발달에 필요한 지원 등 다양한 인적 · 물적 자원을 제공하는 것을 말한다.
4. "복지지원 대상자"란 이 법에 따라 복지지원을 받는 사람을 말한다.
5. "장애아동 복지지원 이용권"(이하 "복지지원 이용권")이란 그 명칭 또는 형태와 상관없이 이용자가 제공자에게 제시하여 일정한 복지지원을 받을 수 있도록 복지지원의 수량 또는 그에 상응하는 금액이 기재(전자적 또는 자기적 방법에 따른 기록을 포함한다)된 증표를 말한다. 다만, 제22조 제1항에 따른 보육료 지원의 경우에는 「영유아보육법」 제34조의3에 따른 보육서비스 이용권으로 대체한다.

제3조(기본이념)

① 장애아동을 위한 모든 활동에 있어서 장애아동의 이익이 최우선적으로 고려되어야 한다.
② 장애아동은 자신에게 영향을 미치는 모든 활동에 대하여 자신의 견해를 자유로이 표현할 권리를 최대한 보장받아야 한다.

제4조(장애아동의 권리)

① 장애아동은 모든 형태의 학대 및 유기 · 착취 · 감금 · 폭력 등으로부터 보호받아야 한다.
② 장애아동은 부모에 의하여 양육되고, 안정된 가정환경에서 자라나야 한다.
③ 장애아동은 인성 및 정신적 · 신체적 능력을 최대한 계발하기 위하여 적절한 교육을 제공받아야 한다.
④ 장애아동은 가능한 최상의 건강상태를 유지하고 행복한 일상생활을 영위하기 위한 의료적 · 복지적 지원을 받아야 한다.
⑤ 장애아동은 휴식과 여가를 즐기고, 놀이와 문화예술활동에 참여할 수 있는 기회를 제공받아야 한다.
⑥ 장애아동은 의사소통 능력, 자기결정 능력 및 자기권리 옹호 능력을 향상시키기 위한 교육 및 훈련 기회를 제공받아야 한다.

출처: 국가법령정보센터 홈페이지(http://www.law.go.kr). 2018년 2월 20일 발췌.

5) 입양특례법

우리나라에서는 1961년 고아의 해외입양을 위한 법적 근거로 「고아입양특례법」을 제정하였다. 1976년에는 이 법이 「입양특례법」으로 명칭이 변경되어 그 대상이 고아뿐만 아니라 '보호시설에서 보호받는 자'로 확대되도록 했다. 1995년에는 「입양촉진 및 절차에 관한 특례법」으로 명칭이 개정되었고, 2011년 전면 개정된 입양법은 요보호아동의 입양에 관한 요건 및 절차 등에 대한 특례와 지원에 필요한 사항을 정함으로써 양자가 되는 아동의 권익과 복지를 증진하는 것을 목적으로 한다(제1조). 주요 내용을 살펴보면 다음과 같다.

입양특례법 주요 내용

제2조(정의) 이 법에서 사용하는 용어의 뜻은 다음과 같다.

1. "아동"이란 18세 미만인 사람을 말한다.
2. "요보호아동"이란 「아동복지법」 제3조 제4호에 따른 보호 대상아동을 말한다.
3. "입양아동"이란 이 법에 따라 입양된 아동을 말한다.
4. "부양의무자"란 「국민기초생활 보장법」 제2조 제5호에 따른 부양의무자를 말한다.

제3조(국가 등의 책무)

① 모든 아동은 그가 태어난 가정에서 건강하게 자라야 한다.
② 국가와 지방자치단체는 아동이 그가 태어난 가정에서 건강하게 자랄 수 있도록 지원하고 태어난 가정에서 자라기 곤란한 아동에게는 건강하게 자랄 수 있는 다른 가정을 제공하기 위하여 필요한 조치와 지원을 하여야 한다.
③ 모든 국민은 입양아동이 건강하게 자랄 수 있도록 협력하여야 한다.
④ 국가와 지방자치단체는 건전한 입양문화를 조성하고 요보호아동의 국내입양을 활성화하며, 아동이 입양 후의 가정생활에 원만하게 적응할 수 있도록 하는 등 입양아동의 권익과 복지 증진을 위하여 다음 각호의 사항을 실시하여야 한다.

1. 입양정책의 수립 및 시행
2. 입양에 관한 실태조사 및 연구
3. 입양 및 사후관리 절차의 구축 및 운영
4. 입양아동 및 입양가정에 대한 지원
5. 입양 후 원만한 적응을 위한 상담 및 사회복지서비스 제공
6. 입양에 대한 교육 및 홍보
7. 그 밖에 보건복지부령으로 정하는 필요한 사항

제4조(입양의 원칙) 이 법에 따른 입양은 아동의 이익이 최우선이 되도록 하여야 한다.

출처: 국가법령정보센터 홈페이지(http://www.law.go.kr). 2018년 2월 20일 발췌.

6) 모자보건법

「모자보건법」은 1973년 제정되었으며, 모성 및 영유아의 생명과 건강을 보호하고 건전한 자녀의 출산과 양육을 도모함으로써 국민보건 향상에 이바지함을 목적

으로 한다(제1조). 모자보건법의 대상은 임신 중이거나 분만 후 6개월 미만의 임산부와 출생 후 6년 미만의 영유아가 포함된다. 이 법에 의하여 시·군·구에서는 임산부와 영유아를 대상으로 정기적인 건강진단, 예방접종을 실시하고 있다.

7) 한부모가족지원법

「한부모가족지원법」은 한부모가족이 건강하고 문화적인 생활을 영위할 수 있도록 함으로써 한부모가족의 생활 안정과 복지 증진에 이바지함을 목적으로 한다(제1조). 대상은 배우자와 이혼, 사별하거나 정신 또는 신체장애로 장기간 노동능력을 상실한 배우자를 가진 자, 미혼부, 미혼모 등이다. 이 법은 1989년 「모자복지법」으로 제정되었으나 2002년 부자가정을 포함하여 「모·부자보호법」으로 개정되었고, 2007년에는 「한부모가족지원법」으로 명칭이 변경되었다.

한부모가족지원법 주요 내용

제2조(국가 등의 책임)

① 국가와 지방자치단체는 한부모가족의 복지를 증진할 책임을 진다.
② 국가와 지방자치단체는 한부모가족의 권익을 지원하기 위하여 노력하여야 한다.
③ 국가와 지방자치단체는 한부모가족에 대한 사회적 편견과 차별을 예방하고, 사회구성원이 한부모가족을 이해하고 존중할 수 있도록 교육 및 홍보 등 필요한 조치를 할 수 있다.
④ 국가와 지방자치단체는 청소년 한부모가족의 자립을 위하여 노력하여야 한다.
⑤ 모든 국민은 한부모가족의 복지 증진에 협력하여야 한다.

제3조(한부모가족의 권리와 책임)

① 한부모가족의 모(母) 또는 부(父)는 임신과 출산 및 양육을 사유로 합리적인 이유 없이 교육·고용 등에서 차별을 받지 아니한다.
② 한부모가족의 모 또는 부와 아동은 그가 가지고 있는 자산과 노동능력 등을 최대한으로 활용하여 자립과 생활 향상을 위하여 노력하여야 한다.

출처: 국가법령정보센터 홈페이지(http://www.law.go.kr). 2018년 2월 20일 발췌.

2. 아동복지정책

아동복지정책이란 아동과 그 가족을 위하여 국가 및 관련 단체가 마련한 행동 계획을 의미한다. 즉, 아동복지정책을 통해 아동복지에 관한 원칙과 방향을 설정하게 되는 것이다. 과거의 아동복지정책은 부모를 잃은 아동, 장애 아동, 빈곤 아동 등을 대상으로 아동복지 전문가들이 행하는 사회복지서비스를 의미하였으나, 오늘날의 아동복지정책이란 보다 넓은 뜻으로서 불우환경에 처한 아동뿐만 아니라 일반 아동까지 포함한 모든 아동들을 대상으로 인권 및 행복한 생활을 보장하는 보편적 사회복지서비스를 의미한다. 아동복지정책은 국가와 지방자치단체에서 실행하고 그 외에도 아동복지단체 등을 통해 실행하기도 한다.

1) 사회보장정책

아동복지정책의 대표적인 예는 사회보장제도가 있다. 사회보장제도란 사회구성원들이 부딪히는 위험에 대해 정부 차원에서 입법을 통해 적절한 조치를 부여하는 보장 수단이다. 우리나라에서 사회보장에 대한 법적 정의는 사회보장기본법에서 찾을 수 있는데, 사회보장기본법 제3조 제1호에서 "사회보장이란 질병 · 장애 · 노령 · 실업 · 사망 등 각종 사회적 위험으로부터 모든 국민을 보호하고 빈곤을 해소하며 국민 생활의 질을 향상시키기 위하여 제공되는 사회보험, 공공부조, 사회복지서비스 및 관련 복지제도를 말한다."라고 정의한다. 우리나라 사회보장 체계도는 [그림 4-1]과 같다.

그림과 같이 우리나라에서는 사회보장제도로 사회보험, 공공부조, 사회복지서비스가 실시되고 있다. 사회보장제도에서는 수혜자를 아동으로 하거나 아동의 가족으로 하기도 한다. 아동과 직접적으로 관련된 정책은 아동 수당, 소년소녀가정에 대한 공공부조가 있으며, 아동과 간접적으로 관련된 정책은 의료보험이나 고용보험 등이 속한다고 할 수 있다.

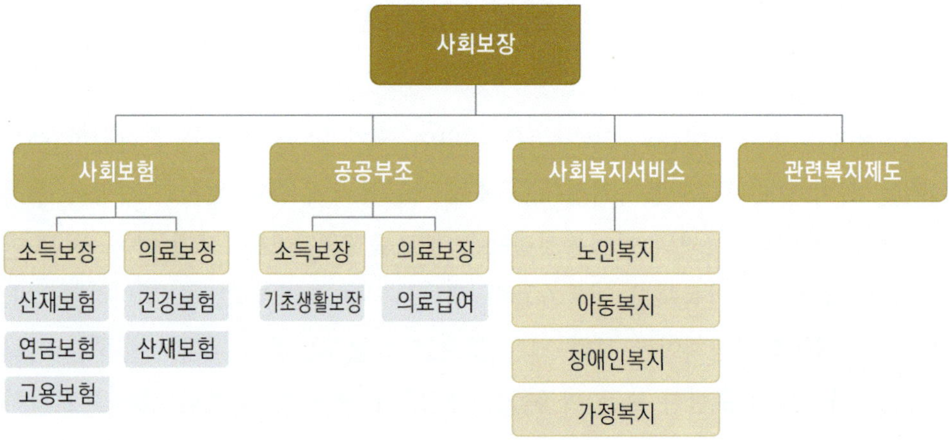

출처: 4대 사회보험 정보연계센터 홈페이지(http://www.4insure.or.kr). 2018년 2월 20일 발췌.

그림 4-1 우리나라 사회보장 체계도

(1) 사회보험

사회정책을 위한 보험으로 국가가 사회정책을 수행하기 위해 보험의 원리와 방식을 도입하여 만든 사회경제제도이다. 사회보험제도는 국민에게 발생한 사회적 위험(질병, 장애, 노령, 실업, 사망)을 보험방식에 의하여 대처함으로써 국민의 건강과 소득을 보장하는 제도이다. 이러한 사회적 위험은 본인과 부양가족의 경제생활을 불안하게 하는 요인이 되기에 사회보험제도는 사회적 위험을 예상하고 이에 대처함으로써 국민의 경제생활을 보장하려는 소득보장제도이다. 우리나라의 4대 사회보험제도는 업무상의 재해에 대한 산업재해보상보험, 질병과 부상에 대한 건강보험 또는 질병보험, 폐질 · 사망 · 노령 등에 대한 연금보험, 실업에 대한 고용보험제도가 있다.

표 4-2 사회보험의 특성

구분	국민연금	건강보험	고용보험	산재보험
시행년도	1988년	1977년 (노인장기요양보험 2008.7.1 실시)	1995년	1964년
기본성격	소득보장, 장기보험	의료보장, 단기보험	실업고용, 중기보험	산재보상, 단기보험

구분	국민연금	건강보험	고용보험	산재보험
급여방식	현금급여, 소득비례	현물급여, 균등급여	현금급여, 소득비례	현물-균등급여, 현금-소득비례
재정 및 관리	수정적립방식, 전체일괄 관리	부과방식, 이원화 (직장/지역) 관리	수정적립방식	순부과방식
관리단위	개인별 관리	사업장 · 세대별 관리	사업	사업장
보험료 관장	보건복지부장관	보건복지부장관	고용노동부장관	고용노동부장관
자격관리방식	직장 · 지역 통합관리	직장 · 지역통합관리	사업별 관리, 가입자 관리	사업별 관리, 가입자 관리
보험료 부과 단위	사업장, 지역(개인별)	사업장, 지역(세대별)	사업	사업

출처: 4대 사회보험 정보연계센터 홈페이지(http://www.4insure.or.kr). 2018년 2월 20일 발췌.

(2) 공공부조

공공부조란 국가나 지방자치단체가 국민의 최저 생활 보장 및 자립 지원 제도이다. 과거에는 공적부조라고 일컬었으나, 1995년 12월 30일 제정된 「사회보장기본법」에서 '공공부조'로 변경되었다. 극빈자, 실업자, 불구자나 저소득층과 같이 스스로 생계를 영위하는 데 어려움이 있는 취약계층의 생활을 그들이 자립할 수 있을 때까지 국가가 기금으로 보호해 주는 구빈제도라고 할 수 있다. 우리나라에서 공공부조는 2001년 10월부터 시행된 「국민기초생활 보장법」에 의하여 주로 이루어지고 있다. 취약계층에게 국가나 지방자치단체에서 비용을 부담하는 무상원조이며 현금급여, 현물급여 들을 통해 자립과 재활을 촉진하는 제도이다. 공공부조에는 기초생활보장, 의료급여 등이 있다.

(3) 사회복지서비스

국가나 지방자치단체 및 민간의 도움이 필요한 국민에게 상담, 자활, 직업소개 및 지도, 사회복지시설이용 등을 제공하여 정상적 사회생활이 가능하도록 지원하는 제도이다(「사회보장기본법」 제3조 제4호). 사회복지서비스의 대상은 일상생활 수준에서 낙오되거나 그럴 가능성이 있는 개인과 가족으로 빈곤, 질병, 범죄 등의 가능성이 나타날 수 있다. 사회복지서비스는 「사회보장기본법」에서 나타난 것과 같이 정상적 사회생활을 할 수 있도록 도와주는 역할을 한다. 우리나라 사회복지서비스는 대상에 따라 아동복지, 노인복지, 부녀자복지, 장애인복지 등이 있다. 사회복지서비스의 주체는 민간단체도 포함되며 그 대상이 다양하다. 취약계층 아동을 대상으로 지방자치단체에서 실시하는 아동복지서비스, 복지관 프로그램을 통한 장애인 취업 관련 서비스 등이 이에 포함된다.

(4) 관련 복지제도

관련 복지제도는 보건, 주거, 교육, 고용 등의 분야에서 인간다운 생활이 보장될 수 있도록 지원하는 각종 복지제도이다. 정해진 급여 외에 정기적 또는 수시적으로 지급되는 수당 등이 이에 해당된다. 대표적으로 아동수당을 들 수 있다. 아동수당이란 아동이 있는 가정에 현금으로 지급되는 것으로 아동에 대한 국가적 책임의 성격이 강한 정책이다. 우리나라에서도 2018년부터 아동수당제도가 실시된다. 이 외에도 가족수당, 특별아동부양수당 등이 있다.

2) 아동복지 관련 정책

보건복지부의 아동복지 관련 정책으로는 요보호아동 자립 지원, 제1차 아동정책 기본계획 수립, 정기적 아동실태 조사 및 통계 정비, 입양, 가정위탁 지원, 공동생활가정 운영, 디딤씨앗통장 등이 있으며 각 정책의 목적 및 내용은 다음과 같다(보건복지부, 2017).

표 4-3 아동복지정책별 목적 및 내용

구분	목적	사업내용
요보호아동 자립 지원	보호대상 아동(아동복지시설, 가정위탁)의 자립준비 역량을 강화하고 18세 이후 사회 진출 시 안정적인 자립 기반을 마련할 수 있도록 지원	보호아동의 자립의지·자립기술 향상을 위한 프로그램 운영 및 주거지원·취업훈련연계·정보제공 등으로 자립생활 정착 지원
제1차 아동정책 기본계획 수립	「아동복지법」 전부 개정(2012.8.5. 시행)으로 아동정책에 대한 범정부 차원의 중기계획 수립 근거 마련(「아동복지법」 제7조)	• 아동정책에 대한 기본 방향, 추진목표, 분야별 주요 시책, 재원조달방안 등 포함 • 유사분야 중장기 계획과 추진연도를 조정, 정책 방향의 일관성 확보

구분	목적	사업내용
	관계부처 합동으로 아동 대상 "아동정책기본계획"을 수립(2015년 5월)	• 매년 각 부처 및 지자체는 [아동정책기본계획]의 정책목표를 달성하기 위해 연도별 시행계획을 수립 · 시행(「아동복지법」 제8조)
정기적 아동실태조사 및 통계 정비	• 정기적(5년)으로 아동의 종합실태 조사 실시 • 아동복지 관련 통계 정비	• 「아동복지법」에 정기적 실태조사 법적 근거 마련 아동의 건강 · 영양 · 정서 · 안전 등 전 부분 및 가구소득별 · 가구유형별 전체 아동실태를 포함 • 기 · 미아, 학대아동, 실종아동, 소년소녀가장 등 단편적 · 부분적 통계에서 보편적 아동의 삶의 질을 판단할 수 있는 통계 생산
입양	요보호아동이 안정적인 가정환경에서 건전하게 성장할 수 있도록 지원함으로써 아동의 복지증진 도모	• 국내입양우선추진제, 국내입양가정에 대한 경제적 지원, 국내외입양인 사후서비스 지원, 공무원 대상 입양휴가제(20일) 도입(2007년 시행)
가정위탁 지원	보호대상 아동을 보호 · 양육하기를 희망하는 가정에 위탁양육함으로써 가정적인 분위기에서 건전한 사회인으로 자랄 수 있도록 함	• 양육보조금 및 「국민기초생활 보장법」에 의한 생계비 등 지원 • 가정위탁아동 상해보험료 지원 • 가정위탁아동 심리치료비 지원 • 가정위탁아동에 대한 자립지원정착금 지원(지방 이양) • 가정위탁아동에 대한 대학진학자금 등 지원(지방 이양) • 대리양육, 친 · 인척 위탁가정 전세자금 지원(국토교통부)
공동생활 가정 운영	보호가 필요한 아동에게 가정과 같은 주거 여건과 보호, 양육, 자립 지원 서비스를 제공하는 것을 목적으로 하는 아동 공동생활가정(이하 "그룹홈")의 운영에 관하여 필요한 사항을 정함	• 대규모 집단시설 위주의 보호에서 소규모 가정형태 보호로의 전환 강조 및 지역사회 중심의 아동보호를 위한 새로운 보호 형태로 논의 • 「아동복지법」상 아동복지시설 종류에 공동생활가정 추가(2004년 1월)
디딤씨앗 통장	저소득 아동의 사회진출 시 필요한 자립자금 마련에 도움을 주기 위하여 아동복지시설 아동, 가정위탁 아동 등을 대상으로 아동발달지원계좌(CDA; Child Development Account) 지원(2007년 4월 도입)	아동이 보호자, 후원자의 후원으로 월 4만원 이내의 금액을 저축하면 국가(지자체)에서 만 18세 미만까지 같은 액수(1:1 매칭펀드)를 지원하여 만 18세 이후 사회진출 시 학자금, 전세금, 창업자금 등으로 사용토록 함

출처: 보건복지부 홈페이지(www.mohw.go.kr). 2018년 2월 20일 발췌.

3. 아동권리 관련 정책

우리나라에서는 아동의 권리를 보장하기 위해서 아동정책조정위원회를 두고 아동권리 모니터링을 실시하고 있다. 이를 알아보고, 실시되고 있는 아동권리 관련 정책을 살펴보고자 한다.

1) 아동정책조정위원회

아동의 권리증진과 건강한 성장을 위하여 아동정책을 수립하고 관련 부처 의견을 조정하며 정책의 이행을 감독, 평가하기 위하여 아동정책조정위원회를 두었다. 「아동복지법」 제10조 아동정책조정위원회와 관련된 내용을 살펴보면 다음과 같다.

제10조(아동정책조정위원회)

① 아동의 권리증진과 건강한 출생 및 성장을 위하여 종합적인 아동정책을 수립하고 관계 부처의 의견을 조정하며 그 정책의 이행을 감독하고 평가하기 위하여 국무총리 소속으로 아동정책조정위원회(이하 "위원회")를 둔다.
② 위원회는 다음 각호의 사항을 심의 · 조정한다.
1. 기본계획의 수립에 관한 사항
2. 아동의 권익 및 복지 증진을 위한 기본방향에 관한 사항
3. 아동정책의 개선과 예산지원에 관한 사항
4. 아동 관련 국제조약의 이행 및 평가 · 조정에 관한 사항
5. 아동정책에 관한 관련 부처 간 협조에 관한 사항
6. 그 밖에 위원장이 부의하는 사항

③ 위원회는 위원장을 포함한 25명 이내의 위원으로 구성하되, 위원장은 국무총리가 되고 위원은 다음 각호의 사람이 된다.
1. 기획재정부장관 · 교육부장관 · 법무부장관 · 행정안전부장관 · 문화체육관광부장관 · 산업통상자원부장관 · 보건복지부장관 · 고용노동부장관 · 여성가족부장관
2. 아동 관련 단체의 장이나 아동에 대한 학식과 경험이 풍부한 사람 중 위원장이 위촉하는 15명 이내의 위원

④ 위원회는 제2항 제4호에 따른 국제조약의 이행확인을 위하여 필요한 업무를 관계 전문기관 또는 단체에 위탁할 수 있다.
⑤ 위원회는 필요하다고 인정하는 때에는 관계 행정기관에 대하여 그 소속 직원의 출석 · 설명과 자료의 제출을 요구할 수 있다.
⑥ 제1항부터 제3항까지의 규정에서 정한 것 외에 위원회의 구성 및 운영 등에 필요한 사항은 대통령령으로 정한다.

출처: 국가법령정보센터 홈페이지(http://www.law.go.kr). 2018년 2월 20일 발췌.

2) 아동권리 모니터링

유엔아동권리위원회는 국제 아동권리 모니터링 기구이다. 위원회에서는 국가보고서를 바탕으로 아동권리협약 이행을 모니터링하고 있다. 협약 제44조에 따르면 협약 비준 국가는 최초 2년, 그 이후 5년마다 아동권리위원회에 보고서를 제출해야 한다.

아동권리 모니터링이란 유엔아동권리협약에서 언급된 아동의 권리가 잘 보장되고 있는지 살펴보고, 아동에게 이익이 되도록 의견을 제시하는 모든 활동을 말한다. 또한 아동권리에 대해 많은 사람들이 이해하도록 교육을 실시하고 아동 관련 법이 수정되고 만들어지도록 하는 등 아동권리 증진을 위한 모든 활동을 포함한다.

각 지자체에서는 아동의 권리 증진을 위한 사업을 발굴하고, 아동권리 침해사례 대응, 아동 관련 정책, 조례 등 모니터링, 아동학대 예방과 같은 아동 관련 사업 추진, 아동권리의 사회적 인식 제고를 위한 교육 및 홍보 활동에 힘쓰고 있다.

3) 아동권리 관련 정책

보건복지부의 아동권리 관련 정책으로는 아동학대 예방 및 피해아동 보호에 관한 정책, 아동인권 증진 지원에 관한 정책, 드림스타트, 지역아동센터, 아동복지교사지원, 실종아동 등의 보호 및 지원, 아동안전사고예방사업 등이 있으며, 각 정책의 내용 및 사업내용은 다음과 같다(보건복지부, 2017).

표 4-4 아동권리 정책별 목적 및 내용

구분	목적	사업내용
아동학대 예방 및 피해아동 보호	아동학대 예방 강화 및 피해아동 보호를 통한 아동의 건강한 성장환경 조성 및 권리증진 도모	• 아동학대 예방을 위한 정책수립, 관련 법 · 제도 마련 및 개선 「아동학대 방지대책」 수립 및 추진, 아동복지법 개정, 아동학대 예방 매뉴얼 및 지침 마련 등 • 아동학대 예방 인프라 강화: 아동보호전문기관 확충 및 아동학대 대응 인력 증원 • 아동학대 예방 교육 및 홍보 신고의무자 교육 강화, 부모교육 확산, 아동학대 인식개선을 위한 대국민 홍보 추진

구분	목적	사업내용
아동인권 증진 지원	어린이날 등 아동 관련 행사의 개최와 아동권리교육 사업의 추진을 통해 아동이 존중받고 안전하게 양육될 수 있는 사회적 분위기 조성	• 아동권리교육 실시: 부모와 예비부모, 아동학대 등 권리침해 사례 발견이 용이한 어린이집교사, 시설종사자, 교직원을 포함한 아동학대 신고의무자 등을 대상으로 맞춤형 아동권리교육을 실시 • 국제적 기준에 부합하는 유엔아동권리협약 이행 추진: 이행체계 마련 및 각 부처 이행 점검, 국가보고서 작성 및 제출, 위원회 심의 등 • 아동행사 개최나 아동권리주간(아동학대 예방주간 행사: "아동학대 예방의 날" 및 "아동학대 예방주간"을 활용, 기념행사, 전국단위 아동학대 예방 캠페인, 홍보 · 교육 실시 • 아동권리포럼 개최: 아동복지정책 방향 마련을 위한 아동권리 · 정책 포럼, 국제아동권리 정책 방향 모니터링 및 정보공유를 위한 국제아동포럼 등 실시
드림스타트	가족해체에 따른 가족기능 약화 · 사회양극화 등에 따라 빈곤의 대물림이 심화되고 있으나, 밀착형 서비스가 필요한 취약계층 아동에 대한 집중 관리 모든 아동에게 공평한 출발 기회 보장	• 아동의 양육환경 및 발달 상태 사정 결과에 따른 사례관리를 통해 건강 · 기초학습 · 사회성 함양 · 부모교육 · 가족지지 등 맞춤형 통합서비스 제공 • (서비스 내용) 건강검진 및 건강관리, 기초학습 지원, 사회정서 증진 서비스, 부모 양육지원 등 아동발달 영역별 맞춤형 통합서비스
지역 아동센터	방과 후 돌봄이 필요한 지역사회 아동의 건전육성을 위하여 보호 · 교육, 건전한 놀이와 오락의 제공, 보호자와 지역사회의 연계 등 종합적인 아동복지서비스 제공	• 교육급여, 한부모가족, 다문화가정, 장애가정 등 지역사회 내 방과 후 돌봄서비스를 필요로 하는 만 18세 미만의 아동(중위소득 100% 이하) 대상으로 하루 8시간 이상, 주5일 운영 • 보호, 교육, 문화, 정서지원, 지역사회연계 영역 관련 프로그램 운영
아동복지 교사지원	방치되기 쉬운 취약계층 아동들의 건전한 성장 지원을 위해 방과 후 보호 · 상담 · 학습지도 등 종합적인 아동복지서비스 제공	• 취약계층 아동에게 다양하고 체계적인 교육프로그램 제공 • 지역아동센터에 아동지도, 기초영어, 독서지도, 예체능활동 등 4개 분야 아동복지교사 파견
실종아동 등의 보호 및 지원	취약계층인 아동 및 장애인(지적 · 자폐성 · 정신)의 실종 예방을 위한 교육 및 홍보, 장기실종아동가족 지원을 통한 가족 해체 예방	• 실종아동 가족지원 및 사회적응을 위한 상담 및 치료서비스 제공 • 무연고아동 등에 대한 신상카드 데이터베이스 구축 · 운영 • 실종아동 실태조사 및 연구 • 실종아동 등의 발생 예방을 위한 연구 · 교육 및 홍보 등

구분	목적	사업내용
아동안전 사고예방 사업	안전의식 강화 및 대응능력 향상으로 아동이 안전하게 성장할 수 있는 환경 조성	• 안전 체험 콘텐츠 개발 및 체험안전교육 • 아동 · 교사 대상 온 · 오프라인 안전교육 및 콘텐츠 보완 · 개선 • 아동안전 예방 홍보 및 연구조사

출처: 보건복지부 홈페이지(www.mohw.go.kr). 2018년 2월 20일 발췌.

4. 아동복지행정과 전달체계

아동복지행정이란 아동복지 관련 법률과 정책들을 아동복지서비스로 전달하는 것을 뜻하고, 전달체계로서 사회조직과 전문 인력을 통해 아동복지서비스가 효과적으로 전달되도록 지원하는 것을 포함한다. 아동복지행정의 대상은 아동과 그 가족이다. 아동복지행정은 아동복지서비스를 용이하게 하는 기능을 하며, 아동 관련 정책을 아동복지서비스로 전환시키기 위하여 필요한 사회조직에서의 활동을 의미한다. 전달체계란 지역사회 안에서 서비스 제공자와 수혜자 간에 존재하는 조직적 연계를 의미한다(Gibert & Terrell, 2005).

아동복지행정 전달체계는 아동복지서비스의 공급자와 수요자를 연결시키기 위하여 만들어진 조직체계를 의미한다. 다시 말해, 아동복지서비스의 조직적 환경인 중앙에서 지방조직까지 이르는 모든 공적 · 사적 아동복지 조직과 이 조직의 서비스 전달망을 의미한다(이용복, 2006). 전달체계는 수요자로 하여금 아동복지서비스와 관련한 정보를 제공하고 다른 기관과의 협력의 기능을 한다. 전달체계는 운영주체에 따라 공공 전달체계와 민간 전달체계로 나눌 수 있다. 정부나 공공기관이 관리 및 운영하는 것은 공공 전달체계라고 하고 민간기관(예: 복지재단, 지역아동센터 등)이 관리 및 운영하는 것은 민간 전달체계라고 한다.

1) 공공 아동복지서비스 전달체계

공공 전달체계란 중앙정부 및 지방정부나 공공기관이 직접 관리 및 운영하는 것을 의미한다. 중앙정부 차원에서 아동복지 전달체계 담당 조직은 보건복지부이다. 보건복지부 내 산하기관에서는 아동복지서비스와 관련된 심사, 예산, 집행, 감독 등에 대한 내용을 다루게 된다. 우리나라 아동복지서비스는 보건복지부를 중심으로 여성가족부, 교육부, 노동부, 행정자치부에서도 아동복지 관련 업무를 관여한다.

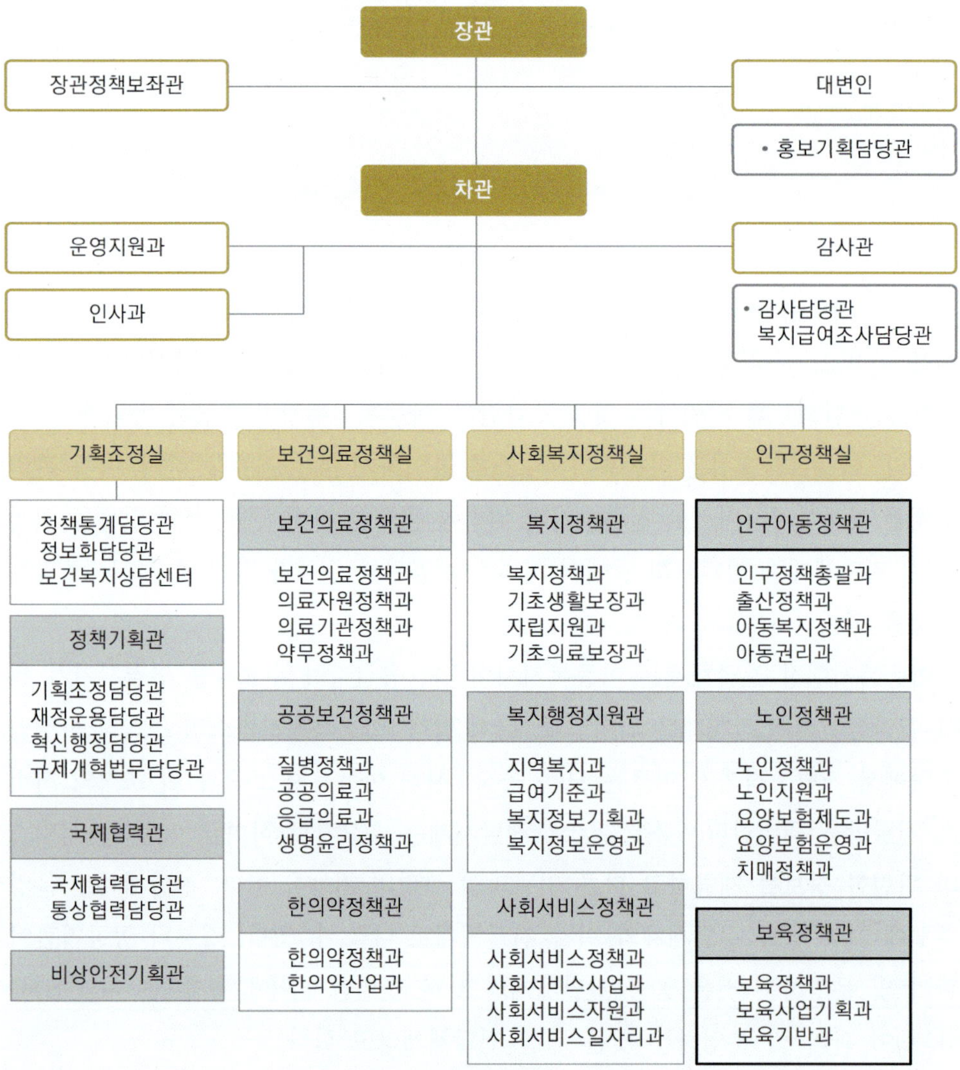

출처: 보건복지부 홈페이지(www.mohw.go.kr). 2018년 2월 20일 발췌.

그림 4-2 보건복지부 조직도

보건복지부의 인구정책실에서 주로 아동복지 업무를 담당하고 있다. 인구아동정책관의 아동복지정책과, 아동권리과와 보육정책관의 보육정책과, 보육사업기획과, 보육기반과의 업무가 아동복지와 관련성이 높다. 이 중 '아동복지정책과'와 '아동권리과'의 업무 내용을 살펴보면 다음과 같다.

표 4-5 주요 업무 내용

아동복지정책과 업무 내용	1. 아동복지에 관한 정책 총괄 및 종합계획의 수립·시행 2. 아동복지법령 제정·개정에 관한 사항 3. 아동정책조정위원회에 관한 사항 4. 아동복지서비스 조사·연구·홍보 및 통계에 관한 사항 5. 아동복지 관련 업무의 중앙부처 및 지방자치단체 협의·조정 6. 빈곤아동종합대책의 수립 및 조정 7. 가정위탁, 소년소녀가정에 관한 사항 8. 아동복지시설, 그룹홈 등 운영·지원에 관한 사항 9. 입양특례법령 제정·개정에 관한 사항 10. 국내외 입양 제도개선 및 활성화 종합대책 수립·시행에 관한 사항 10의2. 국내외 입양 실태조사·연구·홍보 및 통계에 관한 사항 10의3. 헤이그국제아동입양협약에 관한 사항 10의4. 중앙입양원 및 입양 기관·단체에 관한 사항 11. 아동발달지원계좌에 관한 사항 12. 아동 관련 법인 및 단체에 관한 사항 13. 한국아동복지협회, 한국아동그룹홈협의회에 관한 사항
아동권리과 업무 내용	1. 아동권리증진 및 인권보호에 관한 사항 2. 아동권리 관련 국제협약 및 국제협력에 관한 사항 3. 아동학대 예방 및 보호에 관한 사항 4. 아동 건강관리에 관한 사항 5. 결식아동 급식에 관한 사항 6. 실종아동보호 및 지원에 관한 사항 7. 실종아동 등의 보호 및 지원에 관한 법령 제정·개정에 관한 사항 8. 아동에 대한 맞춤형 통합서비스 제공에 관한 사항 9. 지역아동센터, 방과 후 돌봄서비스에 관한 사항 10. 아동복지교사 파견 및 관리에 관한 사항 11. 어린이날, 어린이 주간 등 아동행사에 관한 사항 12. 아동안전에 관한 사항

출처: 보건복지부 홈페이지(www.mohw.go.kr). 2018년 2월 20일 발췌.

2) 민간 아동복지서비스 전달체계

민간기관이 운영하는 복지서비스를 의미한다. 개인이나 비영리사회단체 및 기업이 주체가 되어 행하는 복지서비스 활동이다. 자선사업, 민간 사회복지기관, 민간 사회복지시설, 기업복지 등이 있다(예: 한국사회복지사협의회, 초록우산 어린이재단, 홀트아동복지회, 사회복지공동모금회 사랑의 열매, 국내 세이브더칠드런 코리아, 국내 월드비전 등).

생각 나누기

입양 발목 잡는 「입양특례법」 친부모 출생신고 의무화 … 미혼모들 기피

「입양특례법」은 입양아가 친부모를 찾기 쉽게 하고, 양부모의 자격 요건을 까다롭게 해 학대를 막고자 2012년 8월 개정되었다. 친부모의 출생신고를 의무화하고 입양절차를 강화한 것이다. 법 개정으로 법원이 양부모의부양능력 등을 심사한 뒤 입양여부를 결정하게 됐다.

개정 취지는 좋지만, 보건복지부에 따르면 2011년 1548명이었던 국내 입양아 수는 2015년 683명으로 큰 폭으로 감소했다. 개정된 「입양특례법」으로 인해 아이들이 새 부모를 만나기가 더 어려워졌다는 지적이 나온 것도 이 때문이다.
베이비박스에 버려지는 아이는 늘었다. 신분 노출이 두려운 미혼 부모들이 출생신고를 피하기 위해 영아유기라는 극단적 선택을 하게된 것이다.

– 중략 –

논란이 지속되자 지난해 6월 입양기관장이 입양될 아동의 가족관계를 등록할 수 있도록 하는 「입양특례법」 개정안이 발의됐다. 미혼모가 출생신고 때문에 아이를 버리는 일을 막기 위해서 이다.

- ▸ 관련기사 : 국민일보(2017)
- ▸ 생각 point
  - 아동을 보호하기 위한 법 중 개정되었거나 개정될 예정인 사례를 조사해 보세요.
  - 현재 시점에서 개선이 필요하다고 생각되는 정책이나 법이 있다면 그 이유와 어떠한 방향으로 개선되어야 할지 생각해 보세요.

CHILDREN'S RIGHT AND WELFARE

PART

02

아동권리실현을 위한 아동복지 실천영역

보육은 모든 아동들의 성장과 발달을 목적으로 하며 이를 위해 제공하는 보호와 교육으로 규정하고 있으며 이를 위한 포괄적인 서비스를 제공하는 것을 의미한다.

이번 장에서는 보육에 대한 개념과 목적에 대해 알아보며, 보육아동의 현황과 보육아동 및 가족이 겪는 어려움에 대해 살펴보고자 한다.

또한 보육사업에서 강조하고 있는 내용에 대해 알아보면서 앞으로의 보육정책 개선방안에 대해 논의해 보고자 한다.

학습목표

- 보육의 개념과 목적을 설명할 수 있다.
- 보육아동 및 가족이 겪는 어려움을 살펴보면서 보육정책에서 강조되어야 내용에 대해 생각해 본다.
- 보육정책의 발전과정과 정부가 추진하고 있는 복지서비스에 대해 알아본다.
- 보육정책에 관해 살펴보며 보육아동을 위한 복지서비스의 개선방안을 모색해 본다.

05 보육아동을 위한 복지서비스

과거에는 보육이 가정에서 정상적인 양육을 받기 어려운 아동들을 구제하기 위한 목적에서 출발하였으나, 현재는 보육의 대상이 빈곤가정 아동뿐만 아니라 일반아동까지 확대되었다. 즉, 보육은 모든 아동들의 성장과 발달을 목적으로 제공하는 보호와 교육으로 규정하고 이를 위한 포괄적인 서비스를 제공하는 것을 의미한다. 「영유아보육법」에서도 영유아의 심신 보호와 건전한 교육을 통하여 사회구성원으로 육성함과 아울러 보호자의 경제적 · 사회적 활동을 원활하게 함으로써 가정 복지 증진에 기여하는 것으로 보육에 대한 정의를 내리고 영유아를 위한 책임 등을 강조하고 있다.

이번 장에서는 보육에 대한 개념과 현황에 대해 알아보고 보육아동 및 가족이 겪는 어려움과 우리나라에서 실시하고 있는 복지서비스의 종류와 특징에 대해서 살펴보고자 한다. 또한 보육아동을 위한 복지서비스에 대해서 알아보면서 복지서비스의 개선방안에 대해 논의하고자 한다.

1. 보육의 개념 및 현황

1) 보육의 개념

과거 보육은 가정에서 정상적인 양육을 받기 어려운 경우 일정한 시간 동안 타인에 의해서 이루어지는 보호를 의미하였다. 즉, 보육은 취약계층을 대상으로 이루어졌고, 가정 내에서 양육이 어려운 아동을 대상으로 교육적인 부분이나 건강적인 욕구를 충족시켜 주기 위해 국가가 책임을 지는 사회적 서비스의 성격이 강하였다.

하지만 보육에 대한 인식이 변화하면서 보육의 공익사업적 성격이 강조되게 되었다. 저소득층 일부를 대상으로 하는 것이 아니라 필요로 하는 모든 아동으로 대상이 확대되었고, 부모의 취업 여부와 상관없이 보육을 통해 제공하는 서비스가 유익하기 때문에 이용한다는 인식이 생기게 되었다. 또한 국가만의 책임이 아니라 부모와 국가가 공동책임을 가지며 보육의 공익사업적인 측면이 부각되었다. 즉, 보육은 아동의 성장과 발달을 최종 목적으로 하며, 그 내용은 보호와 교육으로 규정하고 이에 관한 포괄적인 서비스를 제공하는 것이라고 볼 수 있다.

「영유아보육법」에서는 보육이란 영유아를 건강하고 안전하게 보호·양육하고 영유아의 발달 특성에 맞는 교육을 제공하는 어린이집 및 가정양육 지원에 관한 사회복지서비스라고 정의하고 있다. 영유아, 즉 6세 미만의 취학 전 아동들에게 연령별 특성에 맞는 신체, 언어, 인지, 정서, 사회성 등의 발달이 잘 이루어지기 위해서 어린이집에서 제공되는 교육활동, 건강과 영양을 위한 급·간식 제공, 안전하고 위생적인 환경 지원 등과 가정에서의 양육활동을 지원해 주기 위한 서비스 등이 포함되어 있다. 보육은 영유아의 이익을 최우선으로 고려하여 영유아가 안전하고 쾌적한 환경에서 건강하게 성장할 수 있도록 하여야 하며, 영유아는 자신이나 보호자의 성, 연령, 종교, 사회적 신분, 재산, 장애, 인종 및 출생지역 등에 따른 어떠한 종류의 차별도 받지 않고 보육되어야 함을 「영유아보육법」에서도 강조하고 있다.

2) 보육의 목적

보육은 현대사회가 산업화, 도시화가 되면서 여성의 사회참여가 증가하였고, 가족구조의 변화로 인해 급증하고 있는 보육수요에 능동적으로 대처하기 위한 것으로 영유아에 대한 적절한 환경과 전문적인 보육서비스를 제공하여 영유아의 건전한 육성과 보호자의 경제적·사회적 활동의 지원을 통하여 가정복지 증진을 도모하기 위한 것으로 보고 있다.

보육의 목적을 구체적으로 살펴보면 다음과 같다.

첫째, 우선 보호 측면에서 영양, 건강, 안전 등을 고려하여 충분하고 균형 있는 영양을 공급하는 것이다. 이를 통해 아동 스스로 자신의 안전을 보호할 수 있는 능력을 갖도록 함으로써 아동이 건강하고 안전하게 성장할 수 있도록 도울 수 있다.

둘째, 교육적인 측면에서는 신체적, 정서적, 인지적, 언어적 발달에 기여할 수 있는 경험을 제공하는 것이다. 이를 통해 유능하고 존중받는 사람으로서의 자아존중감을 발달시킬 수 있도록 도우며 잠재력을 개발시킬 수 있다.

정부에서는 이러한 보육의 목적을 이루기 위하여 국가적 책임을 강조하였다. 정부에서는 보육의 공공성 강화를 위하여 보육지원 대상을 저소득층에서 일반아동으로 확대하였고, 국공립 어린이집 확충을 위하여 저소득 주민 밀집 주거지역이나 농어촌 지역 등 취약 지역에 국공립 어린이집을 우선 설치하며, 신축에 따른 지자체의 재정부담 완화를 위하여 가정 어린이집과 민간 어린이집 등 기존시설을 국공립 어린이집으로 전환할 수 있는 제도를 마련하여 민간 시설의 공보육적 성격을 보강하고자 하였다. 보육서비스의 질적 수준의 향상을 위하여 종일반, 맞춤형, 시간제 보육 등 다양한 보육수요를 반영하여 어린이집이나 보육서비스를 이용할 수 있도록 하였고, 어린이집 시설 설치 기준과 운영 기준을 강화하여 시설 면적이 아동 1인당 3.63m^{2}에서 4.29m^{2}로 18%가 늘어나고 시설이나 환경에 대한 안전 기준도 강화되었다. 또한 보육 인력의 전문성을 위해 자격취득 기준을 강화하였고 보육교사의 처우개선을 위해 지원을 확대하였다.

3) 보육아동의 현황

우리나라의 보육아동 현황과 더불어 어린이집 현황을 같이 살펴보고자 한다. 어린이집의 확대는 1991년 「영유아보육법」이 제정되면서 기반을 마련하게 되었다.

표 5-1 어린이집 연도별 설치 · 운영 현황(2017.12.31. 기준)

구분	계	국 · 공립 어린이집	사회복지법인 어린이집	법인 · 단체 등 어린이집	민간 어린이집	가정 어린이집	협동 어린이집	직장 어린이집
2017	40,238	3,157	1,392	771	14,045	19,656	164	1,053
2016	41,084	2,859	1,402	804	14,316	20,598	157	948
2015	42,517	2,629	1,414	834	14,626	22,074	155	785

구분	계	국·공립 어린이집	사회복지법인 어린이집	법인·단체 등 어린이집	민간 어린이집	가정 어린이집	협동 어린이집	직장 어린이집
2014	43,742	2,489	1,420	852	14,822	23,318	149	692
2013	43,770	2,332	1,439	868	14,751	23,632	129	619
2012	42,527	2,203	1,444	869	14,440	22,935	113	523
2011	39,842	2,116	1,462	870	14,134	20,722	89	449
2010	38,021	2,034	1,468	888	13,789	19,367	74	401
2009	35,550	1,917	1,470	935	13,433	17,359	66	370
2008	33,499	1,826	1,458	969	13,306	15,525	65	350
2007	30,856	1,748	1,460	1,002	13,081	13,184	61	320
2006	29,233	1,643	1,475	1,066	12,864	11,828	59	298
2005	28,367	1,473	1,495	979	12,769	11,346	42	263
2004	26,903	1,349	1,537	966	12,225	10,583	미분류	243
2003	24,142	1,329	1,632	787	11,225	8,933	미분류	236
2002	22,147	1,330	1,633	575	10,471	7,939	미분류	199

출처: 보건복지부(2017). 보육통계.

1990년대 초에는 부족했던 어린이집이 공급 확대 정책으로 인해 점차 늘어나 2002년에는 22,147개소로 800,991명의 아동이 어린이집을 이용하였고, 시설 개소 수는 2013년까지 계속 증가하다가 2014년부터는 감소 추세다. 어린이집을 이용하는 아동의 수도 2013년에 소폭 감소하였다가 2014년에 증가하였고 다시 2015년부터는 감소 추세이다. 이는 아동 출생률이 줄어들면서 어린이집을 이용할 수 있는 대상이 줄어들었고, 국공립 확충에 대한 정부 정책으로 인해 국공립 어린이집이 증가하면서 가정 어린이집, 민간 어린이집 등 개인이나 민간이 운영하는 시설이 운영난으로 인해 폐원하거나 국공립으로 전환하는 사례가 발생하였기 때문이다. 이를 그래프로 표시하면 [그림 5-1]과 같다.

어린이집 현황과 보육아동의 현황을 살펴보면 민간, 가정 어린이집과 이를 이용하는 보육아동의 수가 대부분을 차지한다. 개인이 위탁하는 시설이 많은 부분을 차지하고 이를 이용하는 보육아동이 대다수이기 때문에 민간, 가정 어린이집이 공존하면서 정부가 추진하고 있는 국공립의 확충을 이룰 방안이 필요하다.

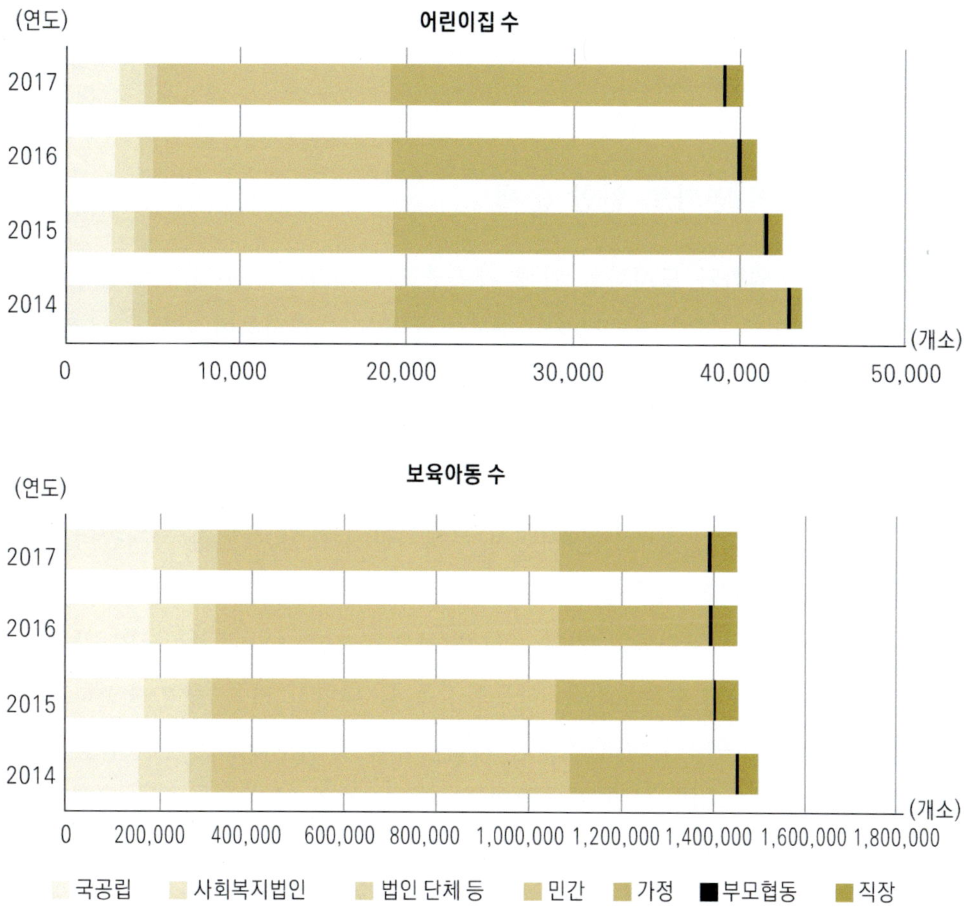

출처: 국가지표체계 홈페이지(http://www.index.go.kr). 2018년 2월 20일 발췌.

그림 5-1 어린이집 시설 수 및 보육아동 현황

2. 보육아동 및 가족이 겪는 어려움

여성의 사회적 참여가 증가하고, 가족 형태가 핵가족화되면서 부모가 자녀의 양육을 전담하거나 직접 양육하기 어려운 상황으로 인해 보육에 대한 수요가 급증하기 시작했다. 이러한 수요에 따라 많은 어린이집이 생기고 보육교사 자격 취득이 많아짐에 따라 어린이집 및 보육 인력에 대한 관리 및 전문성에 문제가 제기되면서 양적인 확대보다는 질적 향상이 중요하다는 인식이 높아지게 되었다. 보육아동 및 가족이 겪는 어려움을 살펴보면서 앞으로 나아가야 할 보육정책의 방향을 모색해 볼 수 있을 것이다.

1) 가족구조의 변화로 인한 문제

현대사회의 산업화와 도시화로 인해 가족구조가 대가족 제도에서 핵가족 제도로 변화하게 되었다. 과거 전통적 가족구조에서 부모를 대신하여 아동을 보호하거나 양육해줄 수 있는 대상이 할아버지나 할머니, 친척 등에 의해 해결할 수 있었으나 부부 중심의 핵가족 형태에서는 자녀의 양육에 대한 역할은 부모에게만 의존할 수밖에 없다. 또한 핵가족 내에서 자녀 수가 감소함에 따라 자녀에게 교육적인 혜택을 주고자 하는 욕구가 커지면서 부모역할에 대한 사회적 가치관의 변화와 더불어 보육에 대한 중요성이 증대되었다.

또한 가족구조도 다양화되고 있다. 인구변동으로 인한 1인 가족, 노인 가족 외에, 가족해체로 인하여 한부모가족, 다문화가족 등 다양한 가족 등이 출현하고 있다. 이들 다양한 가족의 삶의 만족도는 가족기능과 가족관계에 따라 상당한 편차를 보일 것으로 예상되며, 다양한 가족의 발생은 가족의 역기능이 주는 사회적 문제를 더욱 가중시킬 것으로 예상된다.

다양한 가족 중 한부모가족을 예시로 보면 이혼 및 사별에 의한(미혼 포함) 한부모가구는 2016년 인구주택총조사 전수집계 결과에 따르면 1,540천 가구이며 이 중 모+미혼자녀의 가구가 61.7%를 차지하고 있다.

표 5-2 세대구성별 한부모가구

(단위: 천 가구, %)

세대구성	막내자녀 연령구분	2015년	2016년	증감	증감률
계	소계	1,608	1,540	-68	-4.2
	18세 이하	505	446	-59	-11.7
	19세 이상	1,103	1,094	-9	-0.8
부+미혼자녀	소계	301	282	-19	-6.4
	18세 이하	109	94	-15	-13.8
	19세 이상	192	188	-4	-2.1
모+미혼자녀	소계	988	951	-37	-3.8
	18세 이하	260	230	-30	-11.6
	19세 이상	728	721	-7	-1.0

세대구성	막내자녀 연령구분	2015년	2016년	증감	증감률
부+미혼자녀 +기타가구원	소계	121	114	-7	-5.5
	18세 이하	68	60	-8	-12.0
	19세 이상	52	54	2	3.1
모+미혼자녀 +기타가구원	소계	198	193	-5	-2.5
	18세 이하	68	62	-6	-8.8
	19세 이상	130	131	1	0.7

출처: 통계청(2017). 인구주택총조사.

이러한 한부모가족 중 모자가족인 경우는 배우자의 상실로 경제적 어려움, 정서적 어려움 등을 경험하고 있으며, 부자가족인 경우 역시 가사나 자녀양육과 직장생활의 양립으로 어려움을 겪는다. 한부모가족은 공통적으로 경제적, 정서적 어려움을 경험하며, 특히 부자가족은 가사나 자녀양육 등에 대한 어려움이 크므로 이들 가족에 대한 지원이 요구되며 이는 다양한 가족에게까지 확대될 필요가 있다.

2) 여성의 사회적 참여로 인한 문제

일하는 여성의 증가는 보육이 필요한 가장 큰 원인 중 하나이다. 여성의 경제활동 참가율은 2005년 50.1%로 최초로 50%를 넘어섰으나, 2009년 경제위기로 다시 49.2% 수준으로 하락하였고, 다시 소폭의 상승세를 이어가다 2013년 다시 50%를 넘어섰으며 2016년 52.1%로 50%대 초반의 수준을 보이고 있다.

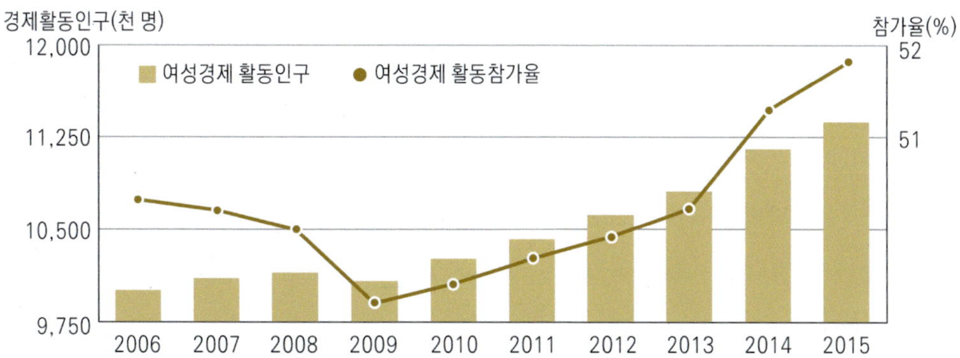

출처: 통계청(2016). 경제활동인구조사.

그림 5-2 여성경제활동인구 및 참가율

여성경제활동인구가 2010년 이후 약 1천만 명을 넘어섰으나 이 수치는 취업자와 실업자 합계로 경제활동인구의 증가가 곧바로 여성취업자의 증가를 의미하는 것은 아니며, 여성경제활동인구 증가분의 대다수가 중·장년층 이상의 노동시장 재진입자 위주로 구성되어 있다. 이는 여성의 육아 부담이 큰 것으로 판단할 수 있다.

외국의 여성경제활동참가율을 비교해보면 한국의 여성경제활동참가율은 OECD 35개 국가 중 하위권을 기록하고 있다. 한국의 여성경제활동참가율을 높이기 위해서는 여성의 경력단절을 예방하고, 경제활동 참여 및 경력을 유지하기 위한 정책을 수립하고, 육아를 담당해 줄 보육서비스가 필요하다.

표 5-3 OECD 주요 국가 여성경제활동참가율 비교

구 분	2016년	2015년	2014년	2013년	2012년	2011년	2010년	2009년
한국	58.4%	57.9%	57.0%	55.6%	55.2%	54.9%	54.5%	53.9%
일본	68.1%	66.7%	66.0%	65.0%	63.4%	63.0%	63.2%	62.9%
미국	67.3%	66.9%	67.1%	67.2%	67.6%	67.8%	68.4%	69.0%
OECD 평균	63.6%	63.0%	62.8%	62.6%	62.3%	61.8%	61.8%	61.5%

* OECD 기준은 15세~64세 기준
출처: OECD(2017). Employment Outlook 2017.

3. 보육아동을 위한 복지서비스

1) 보육정책의 변화

1920년대의 직장에 다니는 여성을 지원하기 위한 탁아사업 이래로 현재까지 보육정책의 발전과정을 살펴보고자 한다. 영유아보육법령 연혁을 중심으로 육아정책연구소에서 발간한 「2013~2017 보육 중장기 발전방향」[1]에서 다음과 같이 보고하고 있으며 이를 요약 정리한 내용은 다음과 같다.

1) 「2013~2017 보육 중장기 발전방향」은 육아정책연구소에서 2012년도에 발간한 자료로 현 우리나라의 보육정책의 현황과 발전과정을 살펴보고 보육 발전방향과 정책과제에 대한 요구를 조사한 연구이다.

(1) 탁아사업(1921~1991)

우리나라 보육사업은 1921년 서울에서 태화기독교사회관에서 시작되었다. 태화기독교사회관에서는 탁아 프로그램을 개발하였고 이를 시작으로 보고 있다. 이후 1961년에는 「아동복리법」이 제정되고 공포됨으로써 탁아사업은 아동의 복리를 증진시키기 위한 사업으로 기존의 가난한 사람들을 도와주는 사업에서 더 발전되었다. 1962부터 1981년까지는 「아동복리법」에 의해 보건복지부에서 탁아관리를 하였고, 1982년 「유아교육진흥법」이 제정되면서 어린이집, 새마을협동유아원과 농번기탁아소를 새마을유아원으로 통합하였다. 이때 법 제정과 장학지도는 교육인적자원부에서, 시설운영과 행정지도는 내무부에서, 보건의료는 보건사회부에서 담당하였으며, 1987년 노동부 「남녀고용평등법」에 따라 직장탁아제가 도입되었다.

(2) 탁아에서 보육으로 발전(1991~2004)

「영유아보육법」이 제정되면서 기존의 탁아에서 보육으로 발전하게 되었다. 1991년 1월에는 「영유아보육법」을 제정하면서 단순 '탁아'사업에서 보호와 교육을 통합한 '보육'사업으로 확대되었다. 기존의 분리된 사업 부처를 보건복지부로 사업 주관부처를 일원화하였다. 또한 「영유아보육법」 제정 목적도 보육시설의 조속한 확대, 아동의 건전한 보호 · 교육 및 보호자의 경제적 · 사회적 활동을 지원하기 위한 것이었다.

(3) 참여정부의 육아지원정책(2004. 6.~2008. 2.)

「정부조직법」이 개정되면서 2004년 6월부터 영유아 보육에 관한 업무가 보건복지부에서 여성부로 이관되었다. 2004년 1월 29일 「영유아보육법」이 시행됨에 따라 보육서비스의 질적 수준 향상과 보육의 공공성 강화를 강조하게 되었다.

2004년 6월에는 고령화 및 미래사회위원회에서 '보육 및 유아교육 지원의 공공성 확대'를 위한 참여정부의 제1차 육아지원정책이 시작되었다. 제1차 육아지원정책에는 부모의 소득수준에 따라 육아부담을 50% 경감, 1년의 육아휴직제도, 어린이집 평가인증제 도입, 보육교사 국가자격제도 시행 등이 포함되었다.

2005년 5월에는 고령화 및 미래사회위원회에서 '출산율 제고 및 여성경제활동

참가'에 대한 대책을 담은 제2차 육아지원정책이 발표되었다. 여기에는 어린이집 표준보육료 산정, 어린이집 영아 기본보조금 제도 도입에 대한 내용이 포함되었다. 2005년 12월에는 「영유아보육법」과 시행규칙의 일부 개정으로 어린이집 원장의 국가자격증제 도입과 어린이집운영위원회 설치 의무화, 어린이집 설치 사전 상담제가 실시되었다.

이후 2006년 7월에는 여성가족부에서 공보육 강화를 위해 제1차 중장기보육계획인 '새싹플랜(2006~2010)'을 발표하였다. 우리나라 최초의 보육 중장기 계획으로 국공립 어린이집을 2010년까지 어린이집 이용 아동의 30%의 수준까지 확충하고 어린이집 영아 기본 보조금 확대 지원과 어린이집 차등 보육료를 이용자의 평균소득 130% 이하까지 확대하는 내용을 담고 있다. 2006년 11월에는 「영유아보육법」 시행규칙 개정으로 표준보육과정이 마련됨으로써 국가 수준의 보육과정이 생기게 되었다.

(4) 아이사랑플랜 수립 · 시행(2009~2012)

2008년 3월 「정부조직법」 개정으로 보육에 관한 업무가 여성가족부에서 보건복지가족부로 이관되었다. 이후 보육정책의 질적 수준 향상, 수요자 중심의 보육정책으로 전환되었다. 2008년 12월에 개정된 「영유아보육법」은 양육수당의 지급을 위한 지급근거를 명확히 하였고, 보육서비스 이용권 제도 도입에 관한 규정을 마련하였다. 또한 보육료 지원 대상자 선정에 관한 규정을 정비하고 어린이집 안전공제사업의 시행근거를 마련하였다.

2009년도에는 우리나라의 제2차 중장기 보육계획인 '아이사랑플랜'이 수립되고 시행되었다. 제2차 중장기 보육계획에서는 제1차 중장기 보육계획을 수정 · 보완하여 보육에 대한 국가책임을 강화하고 수요자 중심의 보육정책으로 개편하는 보완계획이 수립 · 시행된 것이다. 여기에는 어린이집 이용자에 대한 보육료 지원의 확대, 시설을 이용하지 않는 가구에 대한 양육수당 도입, 어린이집 평가인증제도의 활성화, 보육전자바우처(아이사랑카드)의 도입, 보육서비스 품질 제고(보육프로그램, 아동의 건강 · 영양 · 안전 등), 5세 누리과정 도입, 공공형 어린이집 사업 도입 등이 포함되었다.

제2차 중장기 보육계획의 수립과 보육정책변화에 따라 여러 차례 「영유아보육법」의 개정이 이루어졌다. 2009년도 개정된 내용에는 금융정보 관련 구체적인 사항을 정하고, 보육비용의 신청방법 및 절차, 양육수당 대상자 등을 구체화하였고, 보육서비스 이용권 관련 사항을 구체화하고 놀이터 및 비상 재해 대비시설 설치기준 등을 규정하였고, 양육수당 지원 대상자 선정을 위한 소득 · 재산 항목을 표준화하였다. 또한 국공립보육 시설의 입소 우선순위 대상자에 3자녀 이상 가구 및 다문화가족의 영유아가 추가되었으며, 보육서비스 이용권 관련 지자체의 예탁 근거 마련 및 한국보육시설연합회 운영 관련 사항을 정관에 위임하도록 규정을 신설하였다.

2011년 6월 「영유아보육법」이 개정되면서 보육시설, 보육시설종사자, 시설장 등의 명칭을 각각 어린이집, 보육교직원, 원장 등으로 변경하였으며, 같은 해 9월에는 무상보육대상자를 장애아, 「다문화가족 지원법」 제2조 제1호에서 규정한 다문화가족의 자녀, 어린이집에서 5세 누리과정을 제공받는 만 5세아로 하고 이 중 만 5세아 무상보육비용은 지방교육재정교부금을 활용하도록 변경하였다. 12월에는 어린이집 원장과 보육교사 자격 기준을 강화하였고, 보육교사 자격취득을 위한 보육 관련 교과목 및 학점 기준을 강화하였다.

(5) 현재(2013년 이후)

2013년 3월부터 어린이집 이용 시 보육료와 시설을 미이용하는 가정에 지급하는 양육수당을 전 계층으로 지원을 확대하였다. 즉, 만 0~5세 전 계층 영유아에게 연령별 정부지원단가의 전액의 보육료를 지원하였고, 시설을 이용하지 않는 모든 가정에도 양육수당을 지원하였다. 또한 어린이집과 유치원의 공통 교육과정인 누리과정이 확대되어 3~5세 누리과정을 실시하게 되었다. 2013년 12월에는 제2차 중장기보육 기본계획 수립 · 시행됨으로써 부모의 보육 · 양육 부담 경감, 수요자 맞춤형 보육 · 양육 지원, 공공성 확대와 품질관리 강화, 양질의 안심보육 여건 조성, 신뢰가 있고 투명한 보육 생태계 구축, 보육서비스 재정 및 전달체계 개선 등의 정책을 시행하였다.

2014년 4월에는 어린이집 입소대기시스템이 전산화되면서 전국으로 확대 시행하게 되었다. 전산을 활용하여 어린이집을 입소 신청을 할 수 있으며 실시간 대기순번을 확인할 수 있게 됨으로써 부모의 편의가 증진되었으며 정보의 투명성도 증가할 수 있게 되었다.

2015년 12월에는 아동학대 근절을 위하여 모든 어린이집에 CCTV 설치를 의무화하였으며, 2016년 7월에는 맞춤형 보육이 시행되었다. 맞춤형 보육이 시행됨으로써 부모의 보육 필요에 맞는 종일반과 맞춤반, 시간제 보육반을 운영하도록 하였다.

2) 보육아동을 위한 복지서비스

정부는 자녀양육의 부담을 완화하기 위한 정책으로 어린이집 확충과 더불어 보육서비스의 이용비용 지원 등 다양한 정책들을 추진하고 있다. 중앙정부와 지방정부의 어린이집 지원과 영유아 양육비용의 지원 규모와 대상이 확대되었고, 지원 방법도 부모보조금, 시설보조금 등 다양화하고 있다. 또한 시간연장형 보육을 확대하거나 일시보육이나 시간제 보육 등과 같이 부모의 다양한 요구를 반영하는 수요자 중심의 정책을 펼치고 있다(이미화 외, 2012).

(1) 만 0~5세 보육료 지원 사업

만 0~5세 보육료 지원 사업이란 어린이집을 이용하는 영유아의 보육료를 지원하여 양육의 부담을 덜어주고 가정의 경제를 도와주기 위해 지원하는 사업을 말한다. 2013년 3월부터 시작된 이 지원 사업은 어린이집을 이용하는 만 0~5세 영유아의 보육료를 지원하며 연령에 따라 차등하여 보육료를 지원한다. 이때 취학유예아동도 지원을 받을 수 있으나 유치원과 어린이집 등에서 누리과정을 제공받는 유아에 대한 무상보육 기간은 3년을 초과할 수 없다.

2016년도 7월 1일부터는 맞춤형 보육이 시행되면서 부모와 영아의 필요 및 영아의 특성을 반영하여 종일반이나 맞춤반을 선택하여 이용할 수 있다. 종일반은 취업, 구직, 다자녀가정, 조손가정 등 장기간 어린이집 이용이 필요한 경우 이용할 수 있으며, 그 외에는 적정 시간 보육서비스를 제공하는 맞춤반을 이용할 수 있도록 지원하고 있다. 맞춤형을 이용하는 영아는 어린이집을 하루 6시간을 이용할 수 있으며 추가 보육서비스를 이용해야 할 경우를 대비하여 긴급 보육바우처를 월 15시간 지원해 주며, 이후 어린이집을 추가적으로 이용할 경우는 부모가 추가 보육료를 부담하게 된다. 보육료 지원신청은 주민등록지 읍·면·동 주민 센터에 방문하거나 복지로에서 온라인신청(online.bokjiro.go.kr)할 수 있다.

(2) 가정양육수당

가정양육수당은 가정에서 아이를 돌보는 가정양육 시, 부모의 자녀양육에 대한 부담을 경감하고 보육 서비스의 선택권을 보장하고자 하는 제도이다. 소득수준에 관계없이 보육료, 유아학비, 종일제 아이돌봄서비스를 받지 않고, 가정에서 영유아를 돌보는 경우에 지원된다. 만 5세 이하의 영유아가 대상이며 월령에 따라 차등하여 지급한다.

(3) 수요자 욕구에 맞는 보육서비스 제공

다양한 수요에 맞는 보육서비스를 제공하기 위해 다양한 시간 유형의 보육서비스를 제공하고 있다. 어린이집에서 실시하고 있는 다양한 시간 유형의 보육서비스는 시설유형에 따라 시간연장형 보육, 시간제 보육으로 나눌 수 있다.

시간연장형 보육은 일반 어린이집 운영시간 이후 보육서비스를 제공하는 것을 말하며, 시간연장형 보육의 이용 가능 시간은 평일 오후 7시 30분부터 자정 12시, 토요일은 오후 3시 30분부터 자정 12시까지 이용 가능하다. 야간 보육과 24시간 보육은 2010년 3월부터 24시간 지정 어린이집에서만 가능하며 야간 보육 이용 가능시간은 오후 7시 30분부터 다음 날 오전 7시 30분까지이다. 시간제 보육은 6~36개월 미만의 양육수당을 지원받는 아동을 대상으로 이루어지며 어린이집이나 유치원을 다니면서 시간제 보육을 이용하는 경우는 비용을 전액 본인이 부담해야 한다. 이용시간은 평일 오전 9시부터 오후 6시까지이며 2018년 2월 기준으로 시간당 4,000원(정부지원 3,000원 본인부담 1,000원)으로 아동 1인당 월 80시간 한도 내 정부지원이 되고 있다.

다문화가정 영유아의 보육서비스를 강화하기 위해 다문화 특성화 어린이집을 지정하고 한국어 교육 프로그램을 지원하며 보육교사를 대상으로 다문화 관련 교육을 실시하고 있다. 장애아동을 위해서는 이들이 사용하기 편리하게 보육환경을 개선하고 법적·제도적 지원을 강화하면서 지역별 균형 있는 장애아 어린이집을 확충하고, 편의시설·장비비 등을 지원하고 있다.

(4) 육아종합지원서비스 제공 및 임신육아종합포털 아이사랑 (www.childcare.go.kr) 구축

영유아와 부모를 위한 종합적인 육아종합서비스를 제공하기 위하여 정부 및 지자체에서는 육아종합지원센터를 개설하고 운영비를 지원하고 있다. 2017년 보육통계에 따르면 중앙정부에서는 중앙육아종합지원센터 1개소와 시 · 도별 육아종합지원센터 18개소를 지원하고 있고, 각 지방자치단체에서는 76개소의 시 · 군 · 구 육아종합지원센터를 지원하고 있다. 육아종합지원센터에서는 어린이집 보육 지원 및 가정양육 상담, 일시보육 서비스, 장난감 대여, 도서대여, 교재 및 교구 대여, 놀이 공간 제공 등의 서비스를 제공한다. 또한 임신, 출산, 육아, 어린이집 · 유치원 관련 종합정보제공과 복지서비스 검색 · 신청, 온라인 전문가 상담 등을 One-Stop으로 제공하는 종합포털을 2015년 8월부터 구축하였다.

(5) 아이행복카드(구, 아이사랑카드)를 통한 지원방식 개선

무상교육이 실시되면서 2009년 9월부터 정부가 지원하는 보육료를 바우처 형태로 전자카드(아이행복카드)에 담아 부모가 직접 결제하도록 보육료 납부방식을 변경하였다. 이를 통해 정부지원금에 대한 수요자 체감도를 제고하며, 부모가 직접 보육료를 결제함으로써 어린이집에 대한 관심과 신뢰도를 높이고자 하였고, 어린이집 및 지자체는 보육료 지원 관련 행정업무 전산화 및 절차 간소화로 행정부담을 경감시키고자 하였다.

(6) 정부지원 어린이집 확충

보육에 대한 국가의 책임을 강화하고 영유아의 교육권을 보장하기 위해 저소득 밀집 지역이나, 국공립 어린이집 미설치 지역 등 취약지역에 국공립 어린이집을 확충하고 있다. 보육의 공공적인 역할을 강화하기 위해 평가인증을 유지하고 있는 어린이집에 교재교구비를 지원하고 있으며 농어촌 소재 사회복지법인 어린이집에 급간식비, 교직원 인건비 등의 운영비 일부를 지원하고 농어촌 소재 어린이집, 정부지원 장애전담 어린이집에 차량운영비를 지원하면서 보육취약 지역에 지원을 확대하였다.

국공립 어린이집을 새로 확충하기에는 비용의 부담이 크기 때문에 기존 시설을 활용하여 보육의 공공성을 높이기 위한 노력을 하고 있다. 정부지원을 받는 공공형 어린이집은 평가인증 점수가 90점 이상인 민간, 가정 어린이집 중 최근 2년 이내에 행정처분을 받은 이력이 없고, 각종 기본요건을 충족한 어린이집을 대상으로 선정하고 있다. 공공형 어린이집으로 인증받는 시설은 유아반에 부과되는 추가보육료 미수납으로 부모의 비용부담을 경감시킬 수 있으며, 영유아와 부모를 위한 시간연장, 장애아통합, 휴일보육 등 맞춤형 보육서비스를 제공한다.

4. 보육아동을 위한 복지서비스 개선방안

현재 보육정책은 무상보육 확대와 더불어 보육에 대한 예산이 확대되고 있다. 보육 예산은 2009년도 대비 3배 증가하였고, 2017년도에는 10.5조 원으로 전체 복지예산의 8.1%를 차지한다(보건복지부, 2018). 그러나 저출산에 따른 영유아 인구가 감소하면서 어린이집의 시설 수도 감소 추세이다.

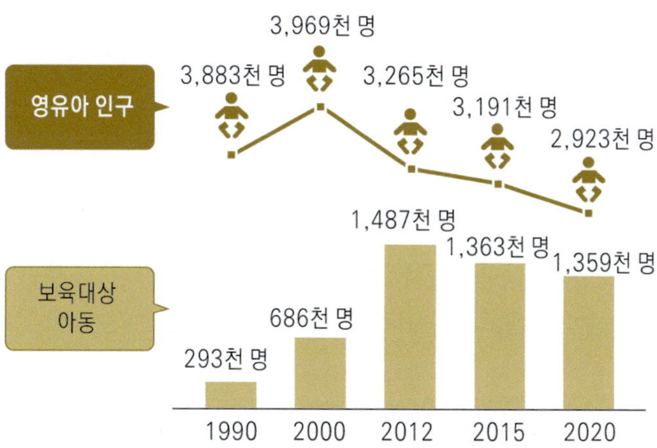

출처: 보건복지부(2018). 2018 보육정책.

그림 5-3 영유아 인구 감소 전망

또한 어린이집 아동학대 대책 수립 이후 믿고 맡길 수 있는 어린이집의 요구가 증가하고 열린 어린이집, 어린이집 참관 등 보호자의 어린이집 참여를 활성화할 수 있는 보육의 질에 대한 관심이 증가하였다. 이와 함께 보육의 질을 높이기 위해서는 아동을 양육하는 보육교사의 처우가 높아져야 한다는 의견이 높아지면서 교사 임금, 보조교사, 대체교사의 지원이 확대되고 있는 상황이다.

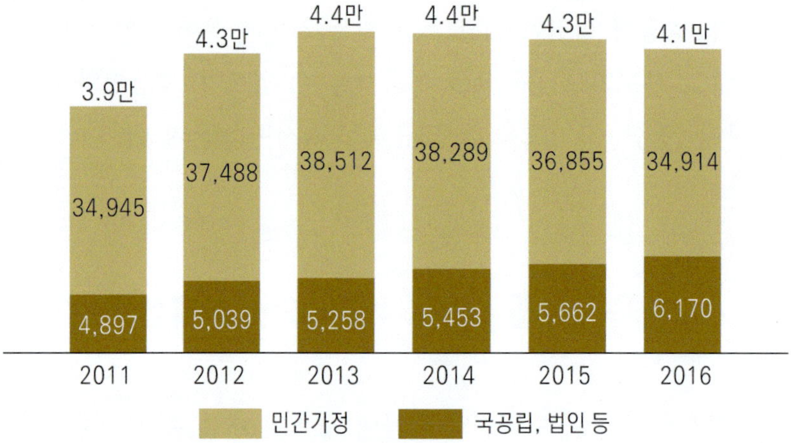

출처: 보건복지부(2018). 2018 보육정책.

그림 5-4 어린이집 시설 수 감소 추세

정부가 추진하고 있는 보육정책을 현재 시점을 기준으로 살펴보면서 개선방안에 대해 알아보고자 한다.

1) 영유아보육료 지원 방식의 다양화

아이와 부모가 다양한 보육서비스 요구 상황에 맞게 지원을 다양화하고자 2016년 7월부터 맞춤형 보육이 실시되었다. 이에 따라 필요한 만큼 충분한 보육서비스를 제공받을 수 있도록 제도를 시행하면서 지원 방식을 변경하였다.

표 5-4 연령 및 보육서비스에 따른 차등 지원

(2018년 2월 20일 기준)

만 0세 아동	(종일반) 44만 1,000원 / (맞춤반) 34만 4,000원
만 1세 아동	(종일반) 38만 8,000원 / (맞춤반) 30만 2,000원
만 2세 아동	(종일반) 32만 원 / (맞춤반) 25만 원
만 3~5세 아동	22만 원

주: 만 0~2세 맞춤반 아동은 월 15시간의 긴급보육바우처 지원(매월 미사용분은 익년도 2월까지 이월 사용 가능)

이러한 지원방식의 다양화는 수요자를 고려한 보육서비스 제공을 취지로 만들어지게 되었다. 다만 맞벌이 부모의 아이들을 위한 종일반 보육서비스가 역차별을 주는 것은 아닌지 검토를 해 볼 필요가 있다.

앞으로도 사회적 계층이나 부모의 특성에 관계없이 모든 영유아에게 수요에 맞는 보육서비스가 제공될 수 있도록 영유아보육료 지원 사업을 확대한 공보육정책이 추진되어야 한다.

2) 평가제를 통한 보육의 질 제고

보육서비스의 수준 향상을 위한 효과적인 질적 관리 시스템을 마련하고 부모에게 어린이집 선택의 합리적 기준을 제공하기 위해 평가인증제도를 실시하여 왔다. 평가인증은 전체 어린이집 40,238개소 중 32,630개소가 평가인증을 받고 이를 유지(81.1%)(2017.12월 기준)하고 있다.

평가인증 내실화를 추진하기 위해 평가인증 세부 결과를 공개함으로써 부모의 어린이집 선택 시 기준 정보를 제공하고 있다. 아이사랑보육포털을 통해 평가를 받는 모든 어린이집의 결과를 공개하고 있다. 또한 사후관리 강화를 통한 인증제 실효성 제고를 위해 2012년도에는 400개소, 2013년도 1,000개소, 2014년도 2,000개소, 2015년 2,800개소, 2016년도 2,800개소로 확대하여 인증어린이집의 확인점검을 실시하고 있다.

2018년 12월 11일 영유아보육법 개정안이 공포됨에 따라 2019년 6월 12일부터 어린이집 평가제가 시행된다. 평가제 시행은 과거 평가인증을 신청한 어린이집을 대상으로 평가가 진행되어 어린이집 질 관리가 이루어진 것에 비해 전국 모든 어린이집에 의무적으로 이루어지게 된다는 점에서 의미가 크다. 평가제는 단지 등급을 매기면서 순위를 평가하는 것이 아니라 평가제를 통해 모든 보육교직원이 어린이집을 점검해 보며, 조력 및 컨설팅을 통해 평가 항목은 개선할 수 있도록 도와주는 방향으로 이루어져야 한다.

3) 영유아의 건강 · 안전을 위한 보육환경 강화

어린이집 환경 개선과 영유아의 건강증진을 위하여 건강 · 영양 · 안전관리를 강화하고 있다. 특히 어린이집 건강관리 효율화를 위하여 영유아의 예방접종 및 건강검진 정보를 보육통합정보시스템과 연계하여 어린이집에서 아동의 체계적인 건강관리 지원을 할 수 있도록 하였다.

아동학대 근절과 예방을 위하여 「영유아보육법」 개정을 통해 어린이집 CCTV 설치 의무화에 대한 내용을 추가하였고 모든 어린이집에 CCTV를 설치(2015.12.18.)하였다. 또한 어린이집 통학 차량 안전관리를 강화하였는데, 통학 차량을 운행할 경우 「도로교통법」에 의한 어린이통학버스 신고를 2014년부터 의무화하였다. 통학 차량 운행 간 안전관리 강화를 위해 보육교직원 동승의무 위반에 대한 행정처분을 강화(2015년)하였고, 보육교직원 동승 없이 어린이 통학버스 운행 중 발생한 교통사고로 영유아 중상해 이상 시 시설폐쇄가 가능하도록 법안을 개정하였다. 어린이집 시설 설치 기준과 운영 기준을 강화하여 보육시설 면적이 아동 1인당 3.63m²에서 4.29m²로 18%가 늘어나고 안전기준도 강화되었다.

이와 더불어 어린이집 보육교직원에 대한 아동학대 및 안전교육을 강화하였다. 보육교직원의 보수교육과 연계하여 과거 2012년부터 2013년까지 육아종합지원센터와 어린이집안전공제회가 주관하는 아동학대 예방 및 안전교육을 실시하였다. 2014년부터는 교육을 세분화하여 아동학대 예방교육은 중앙육아종합지원센터에서, 안전교육은 어린이집 내 사고와 안전관리의 내용으로 어린이집안전공제회에서 운영하고 있다. 앞으로도 영유아의 건강증진을 위하여 영유아 발달단계를 고려한 건강·영양·안전교육과 보육교직원을 위한 교육을 강화하고 다양한 재교육이 이루어질 수 있도록 해야 한다. 특히 어린이 통학버스 운행시 운전자 및 동승자의 실수가 큰 사고로 이어질 수 있는 만큼 어린이집에서 일어나는 안전사례 교육도 강화될 필요가 있다.

4) 정부지원시설 어린이집 확충

국공립 어린이집을 확충하는 것도 중요하지만 기존의 시설을 활용하는 것도 필요하다. 또한 우수한 민간, 가정 어린이집을 선정하여 운영비를 지원하고 지속적인 품질관리를 실시하여 수준 높은 보육서비스를 제공하는 공공형 어린이집을 계속적으로 확충해야 한다.

보육 취약 지역에 국공립 보육시설을 우선 설치하며, 일정 수준 이상인 가정 어린이집과 민간 어린이집 등 기존시설을 국공립 어린이집으로 전환할 수 있는 제도를 마련하여 민간 시설의 공보육적 성격을 보강하도록 해야 한다. 또한 보육서비스의 질적 수준 향상을 위하여 종일반, 맞춤형, 시간제 보육 등 다양한 보육수요를 반영하여 보육시설이나 보육서비스를 이용할 수 있도록 다양화하며, 보육인력의 전문성을 위해 자격취득 기준을 강화하였고, 보육교사의 처우개선을 위해 지원을 확대할 필요가 있다. 앞으로도 정부지원시설 어린이집을 미지원시설과 공존하면서 확충하고 질적 강화를 위한 지원과 품질관리에 대한 노력을 계속해야 한다.

5) 보육교사 전문성 강화 및 처우 개선

보건복지부는 인성과 전문성을 갖춘 보육교사를 양성하기 위해 「영유아보육법 시행규칙」(2016. 1. 12 공포)을 통해 보육교사 자격 기준을 강화하는 방안을 마련하였다. 강화된 보육교사 자격 기준에는 대면교육 강화, 현장실습기간 확대에 대한 내용이 포함되어 있다. 대면교육의 강화는 온라인 강좌를 통해 보육교사 자격을 취득하는 문제점을 해소하기 위해 보육교사 자격취득 17개 이수교과목 중 9개 과목을 지정하였고 대면교과목의 경우는 8시간 출석 수업 및 1회 이상의 출석 수업을 의무화했다. 지정된 대면교과목은 다음과 같다.

표 5-5 대면교육 9개 교과목

보육교사(인성)론	아동권리와 복지
놀이지도, 언어지도	아동 음악(또는 아동 동작, 아동 미술)
아동 수학지도(또는 아동 과학지도)	아동안전관리(아동 생활지도)
아동관찰 및 행동연구, 보육실습	

현장실습기간의 확대는 보육교사의 보육현장 적응력을 높이기 위한 방안으로 실습기간을 현행 4주 160시간에서 6주 240시간으로 확대하였고, 평가인증을 유지하는 우수 어린이집에서 실습을 받도록 강화하였다(이미화 외, 2006).

또한 보육교사의 근무환경 개선을 위하여 서울시에서는 2008년도부터 보육도우미 지원 사업을 시작으로 2012년부터는 비담임교사 및 보육도우미 중 1명을 자율 선택하여 운영할 수 있도록 하였다. 2016년부터는 비담임교사를 보조교사로 통합하여 운영하였으며 어린이집에서는 보조교사나 보육도우미 중 1명을 선택하여 채용할 수 있도록 하였다.

정부는 「어린이집 아동학대 근절대책(2015.1.27)」을 통해 CCTV 설치 의무화, 보육교사 처우개선 강화 등을 대책으로 발표하였으며 2015년 9월부터 0~2세반 담임교사들의 보육·놀이 및 급식 등을 지원하는 보조교사 배치를 지원해주었다. 이러한 정부의 노력은 보육교사의 근무환경을 개선해주고 아동학대를 예방하면서 부모와 아동이 안심할 수 있는 보육환경을 조성할 수 있는 데 큰 역할을 할 것으로 예상된다.

이와 같은 보육교사의 전문성 강화와 처우개선에 대한 노력은 영유아의 건전한 육성으로 인해 영유아기 발달과 가정의 경제적·사회적 활동을 지원하는 데 도움이 될 것이다. 앞으로도 보육교직원의 전문성을 높이기 위한 체계적인 교육지원이 요구된다.

생각 나누기

EBS 다큐프라임-행복의 조건, 복지국가를 가다 4부 보육

'행복의 조건, 복지국가를 가다 4부 보육' 동영상을 보고 우리나라 보육의 방향이 어떻게 나아가야 할지 같이 생각해 보세요.

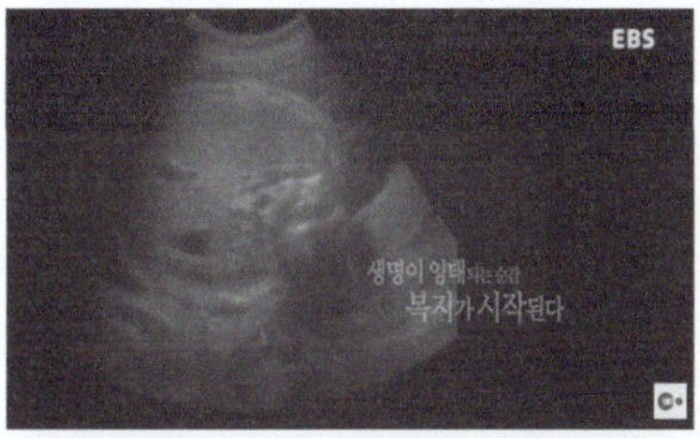

- 관련 미디어 : EBS 다큐프라임 - 행복의 조건, 복지국가를 가다 4부 보육
- 미디어 보기 : https://www.youtube.com/watch?v=zypzWMP-Qx0
- 생각 point:
  - '행복의 조건, 복지국가를 가다 4부 보육' 동영상을 보고 어떠한 생각이 들었는지 이야기 나누어 보세요.
  - 다른 복지국가에서는 어떤 보육지원이 있었나요?, 우리나라에는 어떤 지원이 있으면 좋을지 이야기 나누어 보세요.

'한 아이를 키우려면 한 마을이 필요하다'라는 말이 있듯이 빈곤아동의 문제는 더 이상 가정에서 발생하는 개인만의 문제가 아니고 사회적인 문제로 모두의 도움이 필요하다. 이에 따라 빈곤아동에 대한 개념을 알아보고, 빈곤아동의 현황과 지원 사업을 살펴봄으로써 모든 아동에게 공평한 출발기회를 보장하기 위해 빈곤아동을 지원해줄 수 있는 방안에 대해서 논의해 보고자 한다.

똥파리(2009)

제작: 한국
감독: 양익준
주연: 양익준, 김꽃비, 이환
러닝타임: 130분
'똥파리'는 가까이 가고 싶지 않은, 더러운 존재들을 부르는 말이다. 이 영화에 등장하는 모든 인물은 보통의 사람들이 보기에 '똥파리'같은 존재일지도 모른다. 우리가 하찮게 보는 사람들에게도 그들만의 세상이 있고, 인생이 있다. 가정으로부터 사회로부터 상처를 입고 마음의 벽을 쌓은 채 살아온 그들을 영화에 담은 이야기이다.

플로리다 프로젝트(2017)

제작: 미국
감독: 션 베이커
주연: 윌렘 데포, 브루클린 프린스, 브리아 비나이트
러닝타임: 111분
'플로리다 프로젝트'는 디즈니가 테마파크 '디즈니월드'를 건설하기 위해 플로리다주 지역의 부동산을 매입하는 계획에 붙인 가칭이다. '프로젝트(project)'라는 단어는 주거복지를 위한 정책이라는 뜻도 갖고 있다. 플로리다 '디즈니월드' 주변에는 2008년 경기침체 이후 안정된 주거를 확보하지 못한 사람들의 거주지로 쓰이고 있는 모텔들이 즐비하다. 관광객을 위해 지어졌을 모텔에는 주(week) 단위로 투숙하는 소위 '숨은 홈리스(Hidden Homeless)'들이 살아가는 모습을 담고 있는 영화이다.

학습목표

- 빈곤과 빈곤아동의 개념에 대해 설명할 수 있다.
- 빈곤아동의 현황을 파악해 본다.
- 빈곤아동과 가족이 겪는 어려움을 아동건강, 아동발달. 부모의 양육특성을 통해 알아본다.
- 빈곤아동을 위한 복지서비스와 개선방안을 함께 제시해 본다.

06 빈곤아동을 위한 복지서비스

1. 빈곤의 개념 및 현황

1) 빈곤의 개념

빈곤이란 일반적인 부족, 결핍을 말하거나 일정량의 물질적 소유물이나 돈을 잃게 되는 것을 말한다. 빈곤은 그 개념에 대해 명확히 정의하기는 어려우며 각 국가와 사회, 개인이 가지고 있는 가치와 그 기준에 따라 달라질 수 있다(이태진 외, 2011). 빈곤은 만성적이거나 일시적인 개념으로 생각될 수 있고 대부분 불평등과 관련되어 있다. 빈곤의 정의에 비추어 보면 빈곤아동은 가정에서 절대적인 빈곤이나 상대적인 빈곤으로 인해 양육 시 어려움을 갖게 되는 아동으로 빈곤가정에서 생활하는 18세 미만의 아동을 말한다. 우리나라의 경우 「국민기초생활 보장법」에 따라 국가로부터 보호를 받는 가정에서 생활하는 아동으로 정의될 수 있다.

절대적인 빈곤은 일반적으로 음식이나 물, 위생시설, 옷, 주거시설과 건강관리를 포함하고 있는 기초적인 생활품이 부족한 것을 말한다. 즉, 신체적 생존을 위해 기본적인 욕구로서 의식주 상에서의 결핍의 문제에 무게를 둔다. 인간으로서 생활하는 데 필요한 최저생계비가 있다. 최저생계비란 법적으로 '국민의 건강하고 문화적인 생활을 유지하기 위하여 소요되는 최소한의 비용(「국민기초생활 보장법」 제2조의5)'을 의미하며 최저생활이라고 생각되는 수준의 삶을 살기 위해 반드시 지출해야 한다고 생각되는 비용을 말한다. 이러한 최저생계비에 미치지 못한 가계의 수입으로 인해 비용이 부족하여 아동을 양육하는 데 있어서 어려움을 가질 수 있다. 그러나 신체적 생존을 위한 기본적인 요구는 시대적이나 개인적 상황에 따라 달라질 수 있으므로 절대적 빈곤 개념만으로는 빈곤을 정확히 정의하기 어렵다.

이에 따라 신체적 생존을 위한 기본적 욕구뿐만 아니라 사회 전체 차원에서의 생활 수준 등을 비교하며 빈곤층의 상대적인 위치를 염두에 두고 빈곤의 개념을 살펴봐야 한다는 의견이 제시되면서 상대적 빈곤의 개념이 등장하게 되었다(재인용 정은희 외, 2013; 김기환, 1997).

상대적인 빈곤은 사회에 같이 사는 사람들과 비교했을 때 평균소득에 대비하여 상대적으로 소득이 낮은 빈곤을 말한다. 자신이 부족함을 느끼고 빈곤한 상태에 있지만 그 상태가 일반적인 생활이나 건강을 위협할 만한 상태는 아니다. 상대적인 빈곤을 알아보기 위한 방법으로는 평균소득이나 중위소득의 비율로 보는 방법과 한 사회의 소득분배상의 일정 비율 이하를 빈곤선으로 보는 방법이 있다(정은희 외, 2013).

절대적 빈곤이나 상대적 빈곤은 어느 정도 객관적인 수준을 갖고 빈곤에 대한 정의를 내리는 반면에 주관적 빈곤은 당사자가 체감하는 수준에서 빈곤의 정의를 내린다. 상대적 박탈감, 행복 등은 개개인의 욕구에 따라 다르게 나타날 수 있으므로 소득 수준만으로 빈곤을 정의하기 어렵지만, 개인이 느끼는 주관적인 빈곤도 중요하다고 볼 수 있다.

2) 빈곤아동의 현황

우리나라는 전반적인 경제 규모가 성장하면서 빈곤문제가 조금씩 개선되기 시작했으나 1997년 외환위기를 겪으면서 10년간 호황경기 시절 동안 쌓았던 자본이 사라지고 대규모 실직과 무더기 부동산 매각으로 인해 중산층의 비율이 줄어들면서 빈곤층이 늘어나게 되었다. 실업 및 장기실업은 가구소득의 단절을 의미하며 이는 가구의 빈곤 위험성을 증가시키게 되고, 빈곤은 가족 해체의 요인이 될 수 있기 때문에 우리나라 빈곤율을 알아보고 대비할 필요가 있다.

2016년 빈곤통계연보에 따르면 2015년 최저생계비 기준 시장소득 빈곤율[1)]은 12.5%로 전년 대비 0.3% 상승하였다. 최저생계비 기준 시장소득 빈곤율은 2010년 이후 2012년까지 감소하였다가 2013년 이후 증가 추세를 보이고 있다. 시장소득

1) 최저생계비 기준 시장소득 빈곤율이란 「국민기초생활 보장법」에 따라 지원자 선정과 지원 기준으로 활용되어 온 '최저생계비'를 기준으로 시장소득을 반영한 것으로 시장 소득에는 근로소득, 사업·부업 소득, 재산 소득 등이 포함되어 있다.

적용 상대적 빈곤율도 2008년 이후 등락을 반복하다가 2012년 이후 증가하였다. 최저생계비 기준 빈곤율 및 상대적 빈곤율은 다음과 같다.

표 6-1 최저생계비 기준 빈곤율 및 상대적 빈곤율

(단위: %)

구분		2013년	2014년	2015년	증감률 (2014년 대비)
최저생계비 기준 빈곤율	시장소득	11.7	12.2	12.5	2.5
상대적 빈곤율	시장소득	16.7	16.7	17.3	3.6

주: 농어가 제외 전 가구, 1인 가구 포함
출처: 통계청. 가계동향조사 원자료, 각 연도.

인구 유형별 빈곤율 중 아동 빈곤율을 살펴보면 2015년 최저생계비 시장소득 기준으로 5.0%로 전년 대비 0.3% 상승하였으며 상대적 빈곤율은 시장소득 기준 8.1%로 전년 대비 0.4% 상승하였다. 다시 빈곤율이 상승하는 것으로 보아 정부의 탈빈곤 정책이 강화될 필요가 있다.

표 6-2 아동 빈곤율

(단위: %)

구분			2014년	2015년	증감률 (2014년 대비)
아동	최저생계비 기준 빈곤율	시장소득	4.7	5.0	6.4
		가처분소득[주)]	4.0	4.5	12.5
	상대적 빈곤율 (중위 50% 기준)	시장소득	7.7	8.1	5.2
		가처분소득	7.0	6.9	-1.4

주: 가처분소득이란 개인 소득에서 개인의 세금과 세 외 부담, 즉 이자지급 등 비소비지출을 공제하고 이전소득(사회보장금, 연금 등)을 합한 것으로 개인 소득 중 소비, 저축을 자유롭게 할 수 있는 소득을 의미한다.
출처: 한국보건사회연구원(2016). 2016년 빈곤통계연보.

2. 빈곤아동 및 가족이 겪는 어려움

빈곤이 아동에게 직접 혹은 간접적으로 영향을 미칠 수 있다. 빈곤은 아동에게 부정적인 영향을 미칠 수 있고 영유아기 발달에 있어서 결손이 생길 수 있기 때문에 빈곤아동을 줄이기 위한 노력이 필요하다. 이 책에서는 빈곤아동 및 가족이 겪는 어려움을 빈곤과 아동건강, 빈곤과 아동발달, 빈곤아동 부모의 양육특성과 아동발달을 통해 살펴보고자 한다.

1) 빈곤과 아동건강

아동기의 건강은 성장과 발달과 직접적으로 관계가 있을 뿐만 아니라 성인기의 건강으로까지 이어질 수 있다는 점에서 중요하기 때문에 건강상태를 잘 살펴서 발달단계에 맞는 성장을 할 수 있도록 도와줄 필요가 있다. 빈곤이 아동의 건강상태에 미치는 영향은 가정의 사회경제적 지위와 아동의 건강 관련성 연구를 통해 검증되고 있다. 아동의 빈곤 예방을 위한 실태연구에 따르면 식생활과 의료 및 건강 서비스에서 결핍이 발생하는 가구들이 있으며 이들은 평균적으로 일주일에 1회 이상 고기와 생선, 신선한 과일을 섭취하는 것이 필요하지만 그렇게 하고 있지 못하다고 응답한 비율이 11~18%였다. 자라나는 아동에게 충분한 영양의 섭취는 필요하지만 금전적인 문제로 이를 실천하고 있지 못하는 것으로 나타났다. 특히 건강과 관련하여 빈곤아동 가구의 경우 단백질과 비타민의 주 공급원인 육류와 과일 등의 섭취가 확연히 결핍되어 있는 것으로 나타났다. 하지만 빈곤아동의 결식 비율은 매우 낮았고, 대신 직접 끼니를 챙겨 먹는 아동의 비율이 확연히 높았다 (여유진 외, 2016).

2) 빈곤과 아동발달

인적자본투자이론에 따르면 소득수준이 낮은 부모는 의식주를 해결해야 하는 필수생활비의 부담이 높게 차지하기 때문에 아동에게 들어가는 교육비용이 적을 수밖에 없다. 그렇기 때문에 빈곤 가족은 자녀의 학비나 사교육비에 대한 투자가 적게 되고 이는 아동의 학업성취를 포함하여 인지발달을 저해하는 요인으로 작용할 수 있다. 다른 아동들이 접하게 되는 다양한 교재교구, 장난감, 체험활동 등이 상대적으로 제한되기 때문에 인지발달을 자극할 수 있는 경험이 제한되게 된다.

또한 빈곤이 아동의 사회·정서 발달에 부정적인 영향을 끼친다는 것은 가족과정모델에서 주장하고 있다. 가정 내의 정서적인 상호작용에 기초하여 빈곤가정의 아동들이 부모와 다른 형제자매, 이웃 등과 정서적 상호작용이 적대적일 가능성이 높기 때문에 문제행동을 야기할 수 있다고 보았다(Conger, 1997). 긍정적 사회정서 발달 지표라고 볼 수 있는 자아존중감에 있어서도 빈곤이 부정적인 영향을 미칠 수 있음을 보여준다.

3) 빈곤 가정 부모의 양육특성과 아동발달

가족과정모델에 따르면 취약계층의 부모들은 경제적 스트레스를 비롯하여 많은 스트레스 상황에 노출되는데 이러한 스트레스가 부부관계나 양육 태도에 부정적인 영향을 미치고 있으며 이것이 아동에게도 부정적인 영향을 미치고 있다(정은희 외, 2013)고 주장한다. 빈곤이나 경제적 어려움은 양육자인 부모에게 스트레스나 부부간의 갈등을 야기하기 때문에 이로 인해 부모는 비일관적이고 부정적인 양육행동을 하게 된다는 것이다. 즉 가족의 소득수준이 아동의 인지, 언어, 신체, 정서, 사회성 발달 등에 직접적인 영향을 미치기보다는 빈곤으로 인한 스트레스가 부모의 정신건강과 행동에 영향을 미치기 때문에 이는 아동의 발달을 저해하는 요인으로 나타난다. 스트레스가 많은 부모는 양육 태도에 있어서 강압적인 훈육방식을 더 많이 사용하기 때문에 따뜻하고 지지적인 반응보다는 적대적인 태도를 보이는 경향이 높다(곽금주 외, 2007).

낮은 소득의 원인인 실업과 불안정한 고용이 부모와 자녀 간 갈등의 원인이 되고 이로 인해 청소년의 정서와 학업성취에 부정적인 영향을 준다고 밝힌 연구도 있다(김미숙 외, 2007).

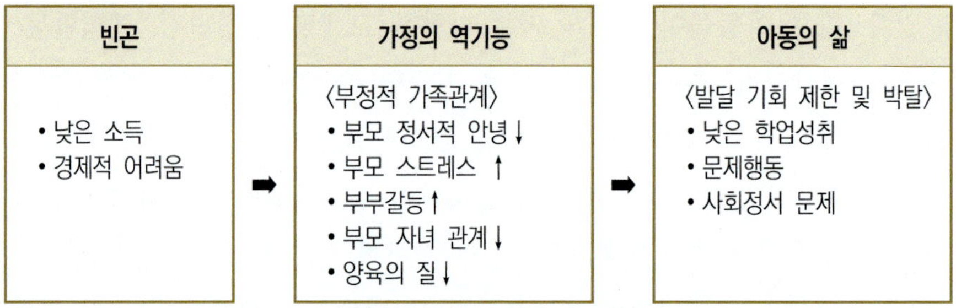

출처: 김미숙 외(2007). 한국의 아동빈곤실태와 빈곤아동지원방안.

그림 6-1 가족과정 모델

이처럼 빈곤이 아동에게 미치는 영향 중 대부분은 부정적인 것으로 대개 가족을 매개로 하여 간접적으로 이루어지고 있다. 특히 가족 내에서 아동에게 가장 중요한 존재인 부모의 특성 또는 부모와의 관계를 통해 나타난다. 빈곤으로 인해 가족 내 역기능을 고찰하고 있는 연구들은 주로 비일관적이고 부적절한 양육, 재정적 갈등으로 인한 부모의 정서적 불안정의 문제점을 지적하고 있다(Brody, Stoneman, Flor, McGray, Hastings, and Conyers, 1994). 이들 연구들에서는 빈곤이나 경제적 불이익은 부정적 부모-자녀 상호작용, 일관적이지 못한 양육 태도, 낮은 부모의 자녀교육 관여 및 기대, 부부갈등, 부모의 심리적 스트레스에 영향을 미치고 이는 다시 자녀의 학업 실패 및 문제행동에 영향을 미치는 것으로 나타났다. 보다 심각한 역기능 상황인 아동학대나 가정폭력에 아동이 노출된 경우에는 아동의 심리사회적 적응에 더욱 부정적인 영향을 미치게 되기 때문에(김미숙 외, 2007), 아동빈곤율을 낮추기 위한 노력이 요구된다.

3. 빈곤아동을 위한 복지서비스

1) 국민기초생활 보장법에 의한 지원

우리나라의 빈곤아동에 대한 지원은 「국민기초생활 보장법」에 의한 경제적 지원이 중심이었다. 그런데 IMF 이후로 가족해체의 증가 및 아동빈곤율의 증가가 사회적 문제로 대두되면서 국민기초생활보장사업의 수급권자는 아니지만 빈곤층인 차상위계층과 빈곤아동에 대한 관심이 증가하면서 정책의 변화가 이루어졌다.

이에 빈곤아동을 도와주기 위한 정책으로 기초생활보장제도를 실시하고 있다. 기초생활보장제도란 생활이 어려운 사람에게 필요한 급여를 제공하여 이들의 최저생활을 보장하고 자활을 돕고자 실시되는 제도를 말한다(「국민기초생활 보장법」 제1조). 이를 지원받는 대상자는 수급권자로 수급권자란 기초생활보장을 위한 급여를 받을 수 있는 자격을 가진 사람을 말하며(「국민기초생활 보장법」 제2조 제1호), "수급자"란 기초생활보장을 위한 급여를 실제 받는 사람을 말한다(「국민기초생활 보장법」 제2조 제2호). 기초생활 보장 대상자에 대한 지원 내용은 다음 표와 같다.

표 6-3 기초생활보장 대상자에 대한 지원 내용

지원제도	내용
감면제도	• 주민세, TV 수신료, 자동차검사수수료, 주민등록증 발급 수수료 등이 면제 • 상·하수도 요금, 전화요금, 전기요금, 자동차 보험료 등의 감면
생계급여	• 수급자의 생계를 유지하기 위해 일상생활에 기본적으로 필요한 의복비, 음식물비 및 연료비 등이 포함된 금액을 지급 • 부양의무자가 없거나, 부양의무자가 있어도 부양 능력이 없거나 부양을 받을 수 없는 사람으로서 그 소득인정액이 생계급여 선정기준(중앙생활 보장위원회의 심의·의결을 거쳐 결정하는 금액) 이하인 사람을 대상으로 하며, 생계급여 선정기준은 기준 중위소득의 100분의 30 이상으로 함
주거급여	• 수급자의 주거 안정에 필요한 임차료, 수선유지비 등의 지급 • 부양의무자가 없거나 부양의무자가 있어도 부양 능력이 없거나 부양을 받을 수 없는 사람으로서 소득인정액이 주거급여 선정기준(중앙생활 보장위원회의 심의·의결을 거쳐 결정하는 금액) 이하인 사람을 대상으로 하며, 주거급여 선정기준은 기준 중위소득의 100분의 43 이상으로 함
교육급여	• 수급자에게 입학금, 수업료, 학용품비, 그 밖의 수급품 등의 지급 • 부양의무자가 없거나, 부양의무자가 있어도 부양 능력이 없거나 부양을 받을 수 없는 사람으로서 그 소득인정액이 교육급여 선정기준(「국민기초생활 보장법」 제20조 제2항에 따른 중앙생활 보장위원회의 심의·의결을 거쳐 결정하는 금액) 이하인 사람을 대상으로 하며, 교육급여 선정기준은 기준 중위소득 100분의 50 이상으로 함
의료급여	• 수급자에게 건강한 생활을 유지하는 데 필요한 각종 검사 및 치료 등을 하는 비용의 지급 • 부양의무자가 없거나, 부양의무자가 있어도 부양 능력이 없거나 부양을 받을 수 없는 사람으로서 그 소득인정액이 교육급여 선정기준(「국민기초생활 보장법」 제20조 제2항에 따른 중앙생활 보장위원회의 심의·의결을 거쳐 결정하는 금액) 이하인 사람을 대상으로 하며, 의료급여 선정기준은 기준 중위소득의 100분의 40 이상으로 함

지원제도	내용
해산급여	• 조산을 했거나 분만하기 전후로 조치와 보호가 필요한 수급자에게 지급 • 해산급여 수급권자는 생계급여, 주거급여 및 의료급여 중 하나 이상의 급여를 받는 사람이 대상임
장제급여	• 수급자가 사망한 경우 사체의 검안(檢案) · 운반 · 화장 또는 매장, 그 밖의 장제 조치 등에 필요한 비용의 지급 • 장제급여 수급권자는 생계급여, 주거급여 및 의료급여 중 하나 이상의 급여를 받는 사람이 대상임
자활급여	• 수급자의 자활을 돕기 위해 필요한 각종 비용이 지급

출처: 복지로 홈페이지(http://www.bokjiro.go.kr). 2018년 2월 20일 발췌.

2) 지역아동센터 지원사업

지역아동센터는 방과 후 돌봄이 필요한 지역사회 아동의 건전육성을 위하여 보호 · 교육, 건전한 놀이와 오락의 제공, 보호자와 지역사회의 연계 등 종합적인 복지서비스 제공을 목적으로 설치된 아동복지시설이다.

방과 후 돌봄이 필요한 만 18세 미만의 아동을 보호하고 급식을 제공하는 등 지역사회 자원과 연계하여 아동에게 보호와 교육을 실시하고 있다. 대상은 가정 소득 기준이 중위소득 100% 이하이며, 지역 사회의 방과 후 돌봄을 필요로 하는 아동에게 지원한다. 아래에 해당하면 지원대상아동에 해당된다.

- 교육급여 대상 가정의 아동
- 3명 이상의 다자녀 가정의 아동
- 맞벌이 가정의 아동
- 보호대상 한부모가정
- 조손 가정의 아동
- 다문화 가정 아동
- 장애 아동 또는 장애 가정의 아동

위에 해당하는 아동은 지역아동센터를 통해 다음과 같은 기본프로그램을 제공받을 수 있다.

표 6-4 지역아동센터 프로그램

영역	세부 영역	세부 프로그램	프로그램 예시(시설별 선택 운영)
보호	생활	일상생활 관리	센터생활적응지도, 일상생활지도, 일상예절교육, 부적응아동지도 등
		위생 건강관리	위생지도, 건강지도 등
		급식지도	급식지도, 식사예절교육 등
	안전	생활안전지도	저녁돌봄 등
		안전귀가지도	안전귀가지도, 생활안전지도 등
		5대 안전의무교육	교통안전, 실종유괴 예방, 약물오남용 예방, 재난대비, 성폭력예방 등
교육	학습	숙제지도	숙제지도, 학교생활관리 등
		교과학습지도	수준별 학습지도, 온라인교육(IPTV 학습 등), 학습부진아 특별지도 등
	특기적성	예체능 활동	미술, 음악, 체육지도 등
		적성교육	진로지도, 적성교육(독서, 요리, 과학 등) 등
	성장과 권리	인성 · 사회성 교육	인성교육, 사회성교육 등
		자치회의 및 동아리 활동	자치회의, 동아리 활동 등
문화	체험활동	관람 · 견학	공연 및 연극 관람, 박물관 등 견학 등
		캠프 · 여행	체험활동, 캠프 및 여행 등
	참여활동	공연	공연 등
		행사(문화/체육 등)	전시회, 체육대회 등
정서지원	상담	연고자 상담	부모 및 가족상담, 연고자 상담 등
		아동 상담	아동상담 등
	가족지원	보호자교육	보호자교육 등
		행사 · 모임	부모소모임, 가정방문 등
지역사회 연계	홍보	기관홍보	기관홍보 등
	연계	인적연계	자원봉사활동, 인적결연후원, 후원자관리 등
		기관연계	지역조사와 탐방, 전문기관 연계, 복지단체 연계 등

출처: 지역아동센터서울시지원단 홈페이지(http://sosc.or.kr). 2018년 2월 20일 발췌.

3) 드림스타트 사업

가족 해체와 사회 양극화로 인해 아동빈곤 문제의 심각성이 대두되면서 빈곤아동에 대한 사회 투자 가치의 중요성이 강조되기 시작했다. 빈곤아동에 대한 사회적 투자는 취업률, 소득수준, 교육성취, 복지수급 측면에서 적은 비용을 투자해도 많은 효과를 미치기 때문에 아동과 가족에 초점을 둔 통합사례관리를 통해 모든 아동에게 공평한 출발기회를 보장하기 위해서 드림스타트 사업을 시작하였다.

드림스타트는 취약계층 아동에게 맞춤형 통합서비스를 제공하여 아동의 건강한 성장과 발달을 도모하고 공평한 출발기회를 보장함으로써 건강하고 행복한 사회 구성원으로 성장할 수 있도록 지원하는 사업으로 0세~만 12세(초등학생 이하)의 아동 및 가족을 대상으로 국민기초수급 및 차상위계층 가정, 법정 한부모가정(조손가정 포함), 학대 및 성폭력피해아동 등에 대해 우선 지원한다. 전담공무원 및 아동통합사례관리사로 인력을 구성하여 가정방문을 통해 인적조사, 욕구조사, 양육환경 및 아동발달에 대한 실태조사를 실시하고 사례관리 대상 아동과 그 가족에게 지역자원과 연계한 맞춤형 서비스 지원, 주기적 재사정 및 지속적인 모니터링 등 통합사례관리를 지원해주고 있다.

그림 6-2 드림스타트 사업의 지원과정

드림스타트에서는 양육환경 및 아동발달 영역별 서비스를 제공하고 있으며 서비스의 내용은 다음과 같다.

표 6-5 서비스 내용

서비스 구분	서비스 내용	프로그램(예시)
신체 · 건강	• 아동의 건강한 성장과 신체발달 증진 • 건강한 생활을 위한 건강검진 및 예방, 치료 • 아동 발달에 필요한 신체/건강 정보 제공	• 건강검진, 예방접종, 건강교육, 영양교육 등
인지 · 언어	• 아동의 의사소통 및 기초학습 능력 강화 • 맞춤형 인지/언어 서비스를 통한 아동의 강점 개발	• 기초학력검사, 기초학력배양, 경제교육, 독서지도 등
정서 · 행동	• 자아존중감 및 긍정적 성격 형성을 위한 정서발달 서비스 제공 • 사회성 발달 및 아동권리 신장을 위한 교육	• 사회성발달프로그램, 아동학대예방, 심리상담 및 치료, 돌봄기관 연계 등
부모 · 가족	• 부모 자녀 상호작용 및 적합한 교육환경을 위한 부모 역량 강화 • 부모의 유능감 및 자존감 강화 • 부모의 양육기술 지원 • 임산부의 건강한 출산 및 양육 지원	• 부모교육, 가족상담 및 치료, 부모취업지원, 산전 · 후 관리 등

출처: 드림스타트 홈페이지(https://www.dreamstart.go.kr). 2018년 2월 20일 발췌.

4. 빈곤아동을 위한 복지서비스 개선방안

1) 기초생활보장제도를 통한 지원 확대

우리나라에서는 빈곤아동지원 정책으로 기초생활보장제도를 실시하고 있는데, 지원 대상자 선정의 적절성 및 개입의 효율성을 도모하기 위하여 아동의 위기 수준별 상담 및 모니터링을 하면서 지속적인 지원이 될 수 있도록 해야 한다. 특히 보호를 요하는 아동에 대해서는 집중사례관리 및 통합서비스를 지원해야 한다.

2) 아동복지시설과 연계한 지원 확대

지역아동센터는 2013년 12월 기준으로 4,081개소가 설치 운영 중이다. 빈곤아동에게 방과 후 보호와 급식 제공, 학습 지원 및 정서 지원서비스를 제공하기 위해 시설을 확충하여 빈곤아동들을 돌보고 이들의 발달을 도울 수 있도록 지원해야 할 필요가 있다.

지역아동센터와 더불어 지역사회 내 사회복지관, 학교, 어린이집 등 다양한 아동복지시설과 연계하여 가까운 곳에서 빈곤아동이 처한 어려움에 실질적인 도움을 받을 수 있도록 해야 한다. 앞으로도 아동복지시설과 연계한 예방적인 인적 자본 개발을 통해 공평한 출발기회를 보장하려는 정책이 지속적으로 활성화될 필요가 있다.

생각 나누기

「빈곤아동의 현장을 가다」 일본에도 빈곤아동이 있을까?

가난의 대물림을 어떻게 끊어낼 수 있을까?
이 책에는 교도통신 기자의 기획 르포와 전문가의 대안에 관한 책으로 일본의 빈곤아동의 상태와 이들을 어떻게 지원하려고 노력하는지에 관한 전문가의 인터뷰가 실려 있다.

"어머니가 만든 도시락은 아주 형편없는 것이었어요. 투명한 팩을 천으로 싸지도 않아 친구들에게는 절대로 보일 수 없었어요. 그런 것은 사람들 앞에서 펼칠 수가 없어요. 그러니깐 언제나 화장실에서 숨어서 먹든지 버려버리고, 도시락이나 빵을 사서 먹었어요. 그렇지만 '도시락은 필요 없어요. 그냥 사 먹을게요'라고 하면 돈이 들기 때문에 어머니에게는 말하지 못했어요."

▸ **도서 정보** : 호사카와타루, 이케타니 다카시 저 / 최인숙 역 / 논형
▸ **생각 point**
- '빈곤아동의 현장을 가다'의 도서를 읽고 어떠한 생각이 들었는지 이야기 나누어 보세요.
- 이 책에서는 어떠한 빈곤아동이 있었나요? 이들에게는 어떤 도움이 필요할지 생각해 보세요.

우리 사회는 고도의 경제성장과 산업화, 도시화가 이루어지면서 전통적 개념의 가족 유형뿐만 아니라 가족관계, 가족의 구조에서 큰 변화를 가져오며 다양한 가족 형태를 만들어 가고 있다. 이 중에서 계속 증가하고 사회적 관심을 필요로 하는 다문화가족을 중심으로 살펴보고자 한다.

황구(2017)

제작: 한국
감독: 박용집
주연: 지민, 권소현, 이현경
러닝타임: 87분
필리핀 아버지와 한국 어머니 사이에서 태어난 한구는 평소 밝고 활달한 성격을 가지고 있으며 국가대표 태권도 선수를 꿈꾼다. 여자친구 '미수'는 한구를 위해 열심히 응원한다. 한구는 매번 국가대표 선발전 최종 문턱에서 고배를 마시게 되는데 이것은 실력 때문만은 아닌 것 같다는 생각이 든다. 그를 응원하는 가족과 사랑하는 여자친구를 위해 국가대표 태권도 선수가 되기 위한 한구의 도전은 계속된다.

마이 리틀 히어로(2012)

제작: 한국
감독: 김성훈
주연: 김래원, 이성민, 조안
러닝타임: 135분
온갖 허세와 속물근성이 가득한 음악감독 유일한은 한 때 촉망받던 뮤지컬 감독이었지만 그가 연출한 대형 작품이 망해버린 뒤, 이제는 아무도 찾는 이 없이 아동 뮤지컬을 전전하며 재기를 꿈꾼다. 그런 그에게 브로드웨이에 진출할 수 있는 일생일대의 기회가 찾아온다. 다문화아동이 아역배우를 맡게 되어 화제가 된 영화이다.

학습목표

- 다문화가정 아동의 개념과 현황을 알아본다.
- 다문화가정과 다문화가정 아동이 겪는 어려움에 대해 살펴보고 이를 지원하기 위한 복지서비스를 알아본다.
- 다문화가정 아동을 위한 복지서비스를 알아보면서 이를 개선하기 위한 방안을 모색해본다.

07 다문화가정 아동을 위한 복지서비스

1. 다문화가정의 개념 및 현황

1) 다문화가정의 개념

다문화가정이란 결혼이민자와 대한민국 국민으로 이루어진 가족을 말한다. 또한 다문화가정은 우리와 다른 민족 또는 다른 문화적 배경을 가진 사람들이 포함된 가정을 통칭하는 용어로 2003년도 30여 개의 시민단체로 구성된 건강가정시민연대가 '국제결혼', '혼혈아' 등의 차별적 용어를 추방하고 대신 다문화가정이라는 용어로 부르기를 권장하였다.

「다문화가족지원법」에서는 다문화 가족을, 결혼이민자 등(외국인)+한국인(출생, 인지[1], 귀화 국적 취득자)으로 이루어진 가족 혹은 한국인(인지, 귀화 국적 취득자)+한국인(출생, 인지, 귀화 국적 취득자)로 이루어진 가족이라고 정의하고 있다.

> **다문화가족지원법**
>
> **제1조(목적)** 이 법은 다문화가족 구성원이 안정적인 가족생활을 영위하고 사회구성원으로서의 역할과 책임을 다할 수 있도록 함으로써 이들의 삶의 질 향상과 사회통합에 이바지함을 목적으로 한다.
>
> **제2조(정의)** 이 법에서 사용하는 용어의 뜻은 다음과 같다.
>
> 1. "다문화가족"이란 다음 각 항목 어느 하나에 해당하는 가족을 말한다.
>   가. 「재한외국인 처우 기본법」 제2조 제3호의 결혼이민자와 「국적법」 제2조부터 제4조까지의 규정에 따라 대한민국 국적을 취득한 자로 이루어진 가족

1) 인지(認知)란 혼인신고가 되어 있지 않은 법률상 부부가 아닌 남녀 관계에서 출생한 아이가 본인의 자식임을 인정하는 것을 말한다.

나. 「국적법」 제3조 및 제4조에 따라 대한민국 국적을 취득한 자와 같은 법 제2조부터 제4조까지의 규정에 따라 대한민국 국적을 취득한 자로 이루어진 가족

2. "결혼이민자 등"이란 다문화가족의 구성원으로서 다음 각 항목 어느 하나에 해당하는 자를 말한다.
가. 「재한외국인 처우 기본법」 제2조 제3호의 결혼이민자
나. 「국적법」 제4조에 따라 귀화허가를 받은 자
3. "아동 · 청소년"이란 24세 이하인 사람을 말한다.

출처: 국가법령정보센터 홈페이지(http://www.law.go.kr). 2018년 2월 20일 발췌.

2) 다문화가정 아동의 현황

국제교류증가에 따른 국제화와 외국 노동자의 국내 유입으로 국내 체류 외국인과 내국인의 결혼 증가 그리고 농어촌 총각들의 국제결혼증가로 다문화가정이 증가하고 있는 추세이다. 다문화가정은 2016년 기준 96만 명[인구주택총조사(2017년 11월, 통계청)]으로 결혼이민자 및 귀화자 31.9만 명, 자녀 20.1만 명(18세 이하), 배우자 등 기타 가구원 44만 명으로 구성되어 있다.

표 7-1 연도별 결혼이민자 및 국적취득자 현황(외국인주민현황조사, 행정안전부) (단위: 명)

연도 (2007~2015)	계			결혼이민자			혼인귀화자			기타사유 국적취득자		
	계	남	여	계	남	여	계	남	여	계	남	여
연도 (2016 이후)	계			결혼이민자			국적취득자					
	계	남	여	계	남	여	계	남		여		
2016	318,948	61,544	257,404	159,501	28,728	130,773	159,447	32,816		126,631		
2015	294,663	56,652	238,011	144,912	25,263	119,649	93,249	10,308	82,941	56,502	21,081	35,421
2014	295,842	48,787	247,055	149,764	21,953	127,811	90,439	4,261	86,178	55,639	22,573	33,066
2013	281,295	45,348	235,947	147,591	20,887	126,704	83,929	4,264	79,665	49,775	20,197	29,578
2012	267,727	42,459	225,268	144,214	19,630	124,584	76,473	4,268	72,205	47,040	18,561	28,479
2011	252,764	39,825	212,939	141,654	18,561	123,093	69,804	4,317	65,487	41,306	16,947	24,359
2010	221,548	34,144	187,404	125,087	15,876	109,211	56,584	3,796	52,788	39,877	14,472	25,405
2009	199,398	30,988	168,410	125,673	15,190	110,483	41,417	2,047	39,370	32,308	13,751	18,557
2008	168,224	26,339	141,885	102,713	13,711	89,002	41,672	2,991	38,681	23,839	9,637	14,202
2007	142,015	21,905	120,110	87,964	12,497	75,467	38,991	2,624	36,367	15,060	6,784	8,276

출처: 다문화가족정책과(2018). 연도별 다문화가족 통계.

그러나 인구 전체 혼인율도 줄고 있고, 결혼적령기 대상이 줄어들면서 다문화 혼인율은 감소 추세이다.

다문화 혼인은 2016년에는 21,709건으로 전년보다 753건(3.4%) 감소하였다. 2016년도에 전체 혼인은 28만 2천 건으로 전년보다 7.0% 감소한 데 비해, 다문화 혼인은 3.4% 감소하여 상대적으로 감소 폭이 작았다. 또한 전체 혼인에서 차지하는 비중은 7.7%로 전년 대비 0.3% 증가하였다.

표 7-2 다문화 혼인 건수 및 전체 혼인 중 다문화 비중(2014~2016)

		전체			다문화 혼인[1]			출생기준 한국인 간의 혼인[2]		
		2014	2015	2016	2014	2015	2016	2014	2015	2016
혼인 건수		305,507	302,828	281,635	24,387	22,462	**21,709**	281,120	280,366	**259,926**
(비중)		(100.0)	(100.0)	(100.0)	(8.0)	(7.4)	**(7.7)**	(92.0)	(92.6)	**(92.3)**
전년 대비	증감	-17,300	-2,679	-21,193	-2,561	-1,925	**-753**	-14,739	-754	**-20,440**
	증감률	-5.4	-0.9	-7.0	-9.5	-7.9	**-3.4**	-5.0	-0.3	**-7.3**

주: 1) 다문화 혼인 : 남녀 모두 또는 어느 한쪽이라도 외국인 또는 귀화자인 경우
2) 출생기준 한국인 간의 혼인 : 남녀 모두 출생기준 한국인인 경우

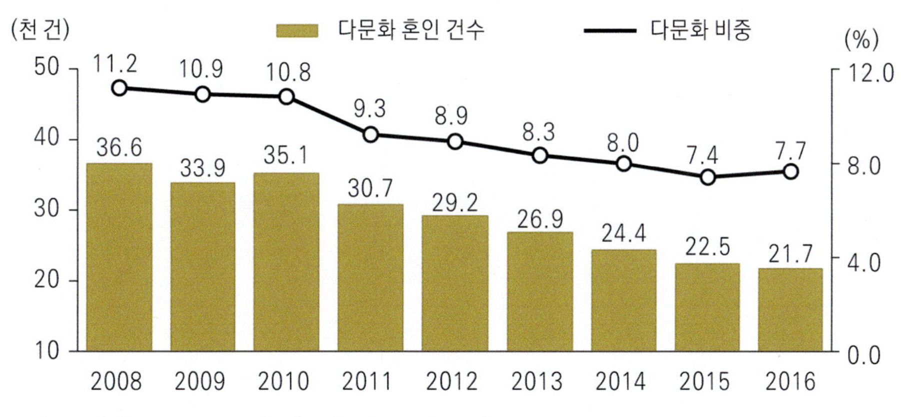

출처: 통계청(2017). 2016년 다문화 인구동태 통계.

그림 7-1 전체 혼인 중 다문화 비중 추이(2008~2016)

결혼이민자는 국적, 지역별로 볼 때 중국이 37.2%로 가장 많았으며, 그다음으로는 베트남 27.2%, 일본 8.6%, 필리핀 7.6%의 순이었다.

표 7-3 결혼이민자의 국적, 지역별

구분 \ 국적	계	중국주)	한국계	베트남	일본	필리핀	캄보디아	타이	몽골	기타
전체	**154,267**	**57,411**	**21,433**	**41,936**	**13,324**	**11,709**	**4,482**	**3,484**	**2,375**	**19,546**
	(100%)	(37.2%)		(27.2%)	(8.6%)	(7.6%)	(2.9%)	(2.3%)	(1.5%)	(12.7%)
남자	**24,779** (16.1%)	11,981	7,082	1,599	1,225	345	93	81	122	9,333
여자	**129,488** (83.9%)	45,430	14,351	40,337	12,099	11,364	4,389	3,403	2,253	10,213

주: 한국계 포함
출처: 통계청(2017). 2016년 다문화 인구동태 통계.

유형별 혼인으로 보면 2016년도 기준으로 외국인 아내의 혼인이 65.7%로 가장 많았고, 외국인 남편은 19.4%. 귀화자는 15.0%의 순이었다.

표 7-4 다문화 혼인 유형별 비중(2014~2016)

(단위: 건, %)

구분	2014	비중	2015	비중	2016	비중	전년 대비 증감	전년 대비 증감률
다문화	24,387	100.0	22,462	100.0	21.709	100.0	-753	-3.4
외국인 아내1)	15,505	63.6	14,051	62.6	14,255	65.7	204	1.5
외국인 남편2)	5,871	24.1	5,133	22.9	4,207	19.4	-926	-18.0
귀화자3)	3,011	12.3	3,278	14.6	3,247	15.0	-31	-0.9

주: 1) 외국인 아내: 출생기준 한국인 남자+외국인 여자의 혼인
2) 외국인 남편: 외국인 남자+출생기준 한국인 여자의 혼인
3) 귀화자: 남자 또는 여자 어느 한쪽이 귀화자 또는 남녀 모두 귀화자인 경우
출처: 통계청(2017). 2016년 다문화 인구동태 통계.

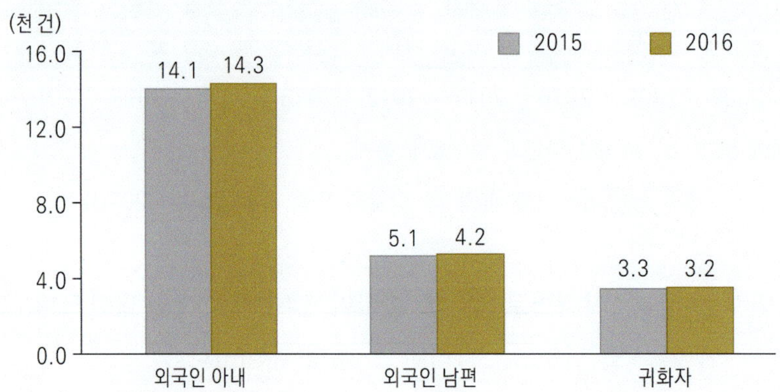

그림 7-2 다문화 혼인 유형별 비중(2015, 2016)

다문화 아동의 현황을 살펴보기 위하여 다문화 출생아를 알아보면 2016년 기준 다문화 출생아는 19,431명으로 전년도보다 1.5%로 감소하였다. 2016년도 전체 출생이 40만 6천 명으로 전년도보다 7.3% 감소한 데 비해, 다문화 부모의 출생아는 1.5%가 감소하여 상대적으로 감소 폭이 작았다. 또한 전체 출생에서 다문화 출생이 차지하는 비중은 4.8%로 전년도보다 0.3% 증가하였다. 다문화 출생아 중 남아는 9,927명, 여아는 9.504명으로 성비는 104.5명이다.

표 7-5 다문화 출생아 수 및 출생성비(2014~2016)

(단위: 명, %, 여아 100명당 남아 수)

구분		전체*			다문화 부모[1]			출생기준 한국인 부모[2]		
		2014	2015	2016	2014	2015	2016	2014	2015	2016
출생아 수		435,435	438,420	406,243	21,174	19,729	19,431	409,823	414,600	382,694
(비중)		(100.0)	(100.0)	(100.0)	(4.9)	(4.5)	(4.8)	(94.1)	(94.6)	(94.2)
전년 대비	증감	-1,020	2,985	-32,177	-116	-1,445	-298	-660	4,777	-31.906
	증감률	-0.2	0.7	-7.3	-0.5	-6.8	-1.5	-0.2	1.2	-7.7
남아		223,356	224,906	208,064	10,686	10,158	9,927	210,399	212,678	196,054
여아		212,079	213,514	198,179	10,488	9,571	9,504	199,424	201,922	186,640
출생성비		105.3	105.3	105.0	101.9	106.1	104.5	105.5	105.3	105.0

주: * 부모 국적 미상(기아, 영아 사망 등) 포함
1) 다문화 부모: 부모 모두 또는 부모 중 한쪽이 외국인 또는 귀화자인 경우
2) 출생기준 한국인 부모: 부모 모두 출생기준 한국인인 경우
출처: 통계청(2017). 2016년 다문화 인구동태 통계.

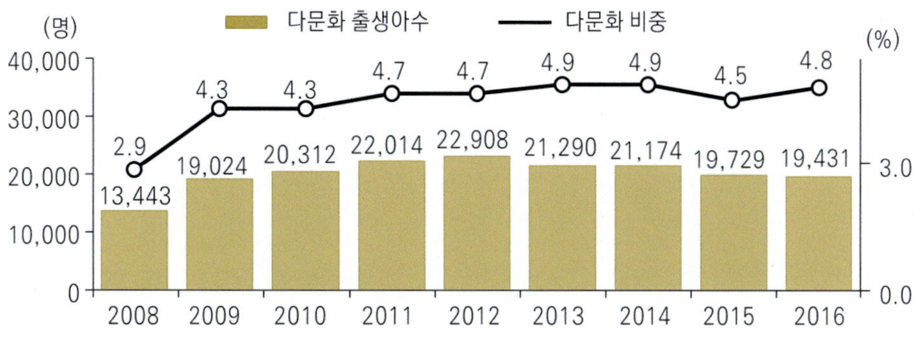

출처: 통계청(2017). 2016년 다문화 인구동태 통계.

그림 7-3 다문화 출생아 수 및 전체 출생 중 다문화 비중 추이(2008~2016)

2016년 초·중·고에 재학하는 다문화 학생은 9만 9천여 명(전체 학생 대비 1.68%)으로, 약 10만 명에 도달하였다.

표 7-6 초·중·고에 재학하는 다문화 학생

구 분	초	중	고	합계
국내 출생	59,988	11,489	7,657	79,134
중도 입국	4,583	1,627	1,208	7,418
외국인가정	9,453	1,989	1,192	12,634
합계	74,024	15,105	10,057	99,186

출처: 교육부(2017). 2017년 다문화교육 지원 계획 발표 보도자료.

우리 정부는 다문화가정이 늘어남에 따라 다문화 사회로의 원활한 이행을 위하여 2006년 5월에는 다문화가정 자녀 교육지원 대책을 마련하였고, 2007년 6월 5일에는 다문화가정 자녀 교육 지원 계획을 발표하였다. 그 결과 각 시·군에 다문화가족지원센터를 개설하여 가정방문지원, 한국어 교실 개설 등 다양한 노력을 기울이고 있다.

또한 한국건강가정진흥원에서 운영하는 다문화가족지원포털 다누리 사이트에서는 한국생활 가이드와 상담실을 운영하면서 결혼이민자를 지원해주고 있다.

출처: 다문화가족지원포털 다누리 홈페이지(www.liveinkorea.kr). 2018년 2월 10일 발췌.

그림 7-4 다문화가족지원포털 다누리 사이트

2. 다문화가정 아동 및 가족이 겪는 어려움

1) 다문화가정이 겪는 어려움

다문화가정은 단일민족국가라는 민족주의, 순혈주의로 인해 다른 국가에 비해 우리나라에서 혼혈아 등으로 불리며 차별을 받아왔다.

여성가족부가 발표한 '2015년 전국 다문화가족 실태 조사' 결과에 따르면 다문화 가족의 물질적인 생활 여건은 개선된 반면 교육이나 사회관계에 관련된 고민이 늘어난 것으로 나타났다. 조사결과 한국 생활의 어려움으로 '자녀양육과 교육'이 2012년 22.0%에서 23.2%로 늘었으며 '외로움'이 31.4%에서 33.6%로 증가하였다. '경제적 어려움'과 '언어 문제'의 비중은 2012년보다는 줄었으나 여전히 33.3%와 34%로 결혼이민자 · 귀화자가 한국 생활에서 겪는 어려움 중 많은 비중을 차지하는 것을 볼 수 있다. 이를 통해 유추해 보면 다문화가정에서는 언어적인 문제, 문화적 차이에서 오는 문제로 인한 어려움이 나타날 수 있다.

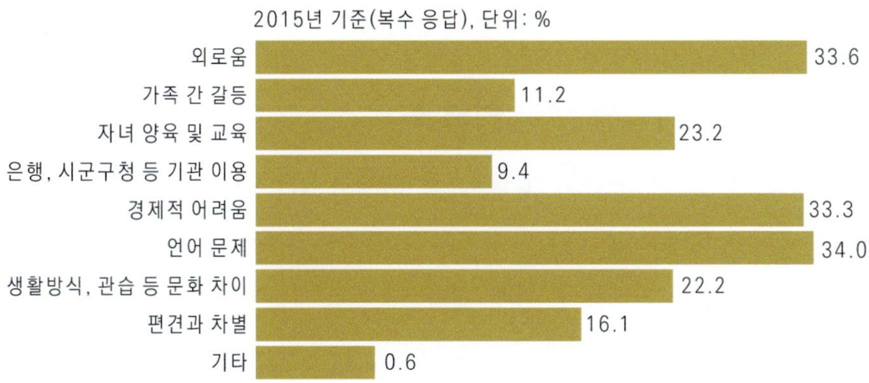

출처: 여성가족부(2016). 2015년 전국 다문화가족 실태조사 분석.

그림 7-5 결혼이민자 · 귀화자가 겪는 어려움

이들은 자국 문화와 현지 문화의 차이에 따른 문화적 적응의 어려움과 가족 간 원활한 언어소통이 이루어지지 못하는 어려움으로 인해 부부뿐만 아니라 가족 구성원 간 의사소통의 문제 등이 발생한다. 의사소통의 문제는 서로에 대한 이해 부족으로 이어지고, 갈등의 골이 깊어져 가정 내에서뿐만 아니라 사회에 적응하는 데 어려움을 준다.

다문화가정을 형성하는 비율을 살펴보면 외국인 남성과 결혼한 여성보다 외국인 여성과 혼인한 남성이 더 많은 비율을 차지하고 있다. 외국인 남성과 결혼한 여성보다 외국인 여성과 혼인한 남성이 더 많은 비율에 비추어 보면 상당수의 외국인 여성들이 육아 및 자녀 교육에서 어려움을 겪는 것으로 예상할 수 있다.

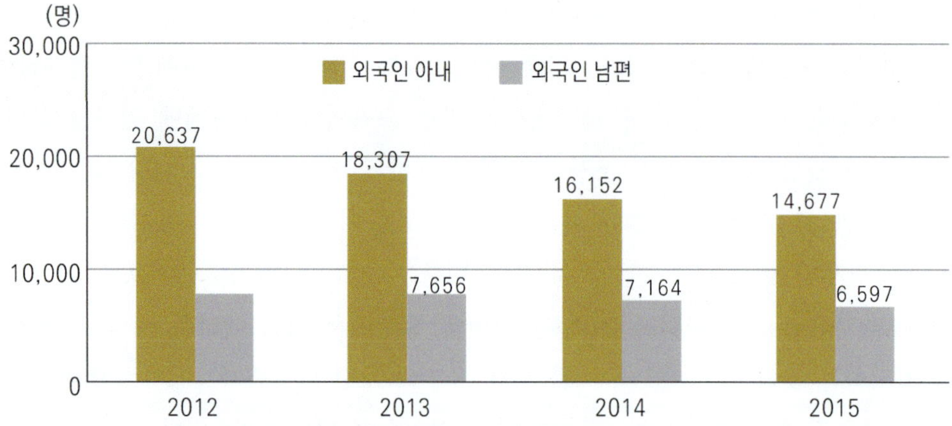

출처: 통계청(2015). 인구동태통계연보.

그림 7-6 국제결혼 현황(2012~2015)

2) 다문화가정 아동이 겪는 어려움

다문화가정 아동들은 부모가 서로 다른 언어를 사용하기 때문에 언어에 대한 혼란과 한국어가 미숙한 엄마와의 생활은 언어발달 지체, 기초학습 부진 등 기초학력 및 학교 적응에 어려움을 겪게 된다.

2015년 전국 다문화가족 실태 조사에 따르면 다문화가정 아동들이 겪는 어려움 중에서 언어 능력의 부족은 가장 큰 장벽으로 작용하는 것을 볼 수 있다. 이로 인해 학교생활에 있어 어려움이 있었고, 학습 부진을 경험하고 있는 것으로 나타났다. 세부적인 항목에서는 수업내용 이해, 전반적인 학업성취수준, 의사소통능력, 한국어 이해 능력, 수업참여, 컴퓨터 활용능력 부분에서 일반 아동에 비해 낮은 수준으로 나타났다.

이와 관련하여 교육과정에서도 이탈 현상이 나타났다. 다문화가정 아동의 학교 진학률은 초등학교는 97.6%로 가장 높았고, 중학교는 93.5%, 고등학교는 89.9%, 고등교육기관은 53.3%로 나타났다. 이는 전 국민 취학률과 비교해 보면 초등학교

취학률에서의 격차는 0.9%로 거의 없다고 할 수 있는 정도이나, 상위학교에 올라가면서 그 격차가 커져서 중학교 2.8%, 고등학교 3.6%, 고등교육기관에 이르면 14.8%로 벌어지게 되는 것을 볼 수 있다.

표 7-7 다문화가정 아동의 진학률

초등학교	중학교	고등학교	고등교육기관
97.6%	93.5%	89.9%	53.3%

출처: 여성가족부(2016). 2015년 전국 다문화가족 실태조사.

또한 학교에서의 적응에 대한 어려움과 사회적인 차별로 다문화가정 아동이 정체감의 혼란을 겪고 따돌림이나 부당한 대우를 받아 심리적으로 어려움을 겪는 경우도 발생할 수 있다.

여성가족부(2016)에서 조사한 자료에 따르면 다문화가정 아동의 84.5%는 학교에 재학 중이며, 15.5%는 졸업이나 중퇴, 혹은 비진학 등으로 학교에 다니지 않고 있다. 학교에 다니다가 그만둔 자녀들은 학교생활 및 문화가 달라서(18.3%), 학교 공부가 어려워서(18.0%), 편입학 및 유학 준비(15.3%), 돈을 벌어야 해서(14.4%), 그냥 다니기 싫어서(11.1%) 등의 이유로 학업을 중단하였다.

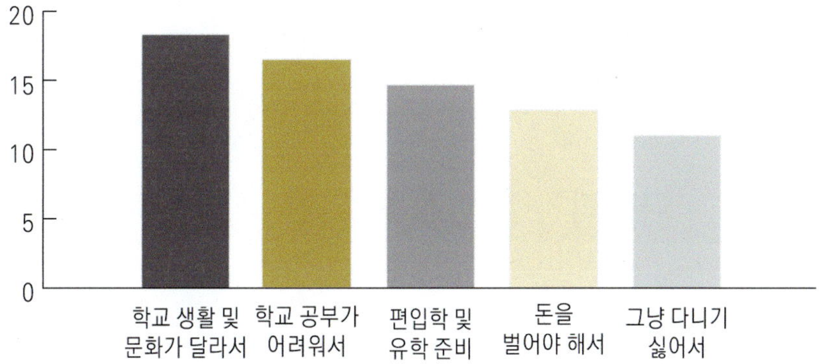

출처: 여성가족부(2016). 2015년 전국 다문화가족 실태조사.

그림 7-7 다문화가정 아동이 학교를 그만둔 이유

학교생활에 잘 적응하지 못하는 이유는 친구들과 어울리지 못 해서(64.7%)가 가장 많았고, 다음으로는 학교공부에 흥미가 없거나(45.2%), 한국어를 잘하지 못 하거나(25.5%), 부모의 관심이나 경제적 지원 부족(10.9%)으로 나타났다.

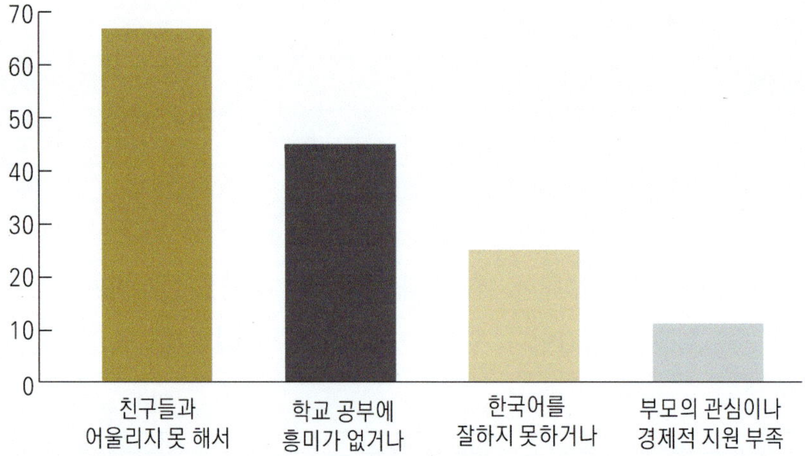

그림 7-8 다문화가정 아동이 학교생활에 잘 적응하지 못하는 이유

또한 위의 조사를 통해 상위학교에 진학할수록, 가구소득이 낮을수록 학교 공부에 어려움이 크다는 것을 알 수 있었다. 학교 수업에 있어서 만족도가 낮은 이유도 언어적인 어려움으로 인한 자신감의 저하와 자아정체성의 혼란 등으로 나타나는 현상으로 이를 해결할 수 있는 지원이 요구된다.

3. 다문화가정 아동을 위한 복지서비스

1) 건강가정지원센터 지원사업

앞서 살펴본 다문화가정과 다문화가정의 아동의 어려움을 극복하기 위해 다양한 지원이 요구된다. 현재 건강가정지원센터에서는 다문화가정과 아동을 위한 다문화 인식개선, 생활문화체험지원, 다문화가족 심리상담 및 치료서비스 등의 지원이 이루어지고 있다.

건강가정지원센터는 다문화가정 문제의 예방과 해결을 위해 다음과 같은 프로그램을 수행하고 있으며 구체적인 프로그램과 내용은 다음과 같다.

- 다양한 교육서비스: 다문화가족 구성원 간 가족 내 역할 및 상호문화에 대한 이해력을 향상시켜주고, 가족, 성 평등, 인권, 사회통합 등 서비스 영역을 세분화하여 맞춤형 교육을 제공해 준다. 이에 따라 가족 친화 증진 및 결속력 강화를 도모하고자 한다. 또한 다문화가정 내 이중언어 환경조성을 위한 사업을 실시함으로써 가족 내 이중언어 사용 활성화를 통한 소통 증진 및 다문화 정체성 함양을 지원한다.
- 개인 · 가족상담: 부부 · 부모 · 고부 관계, 자녀 관계 문제 파악 및 심리 정서 지원 상담을 통해 가족관계가 향상될 수 있도록 도와준다. 다문화가족의 심적 스트레스 완화 및 문제해결 능력을 강화시켜 주고, 다문화가정의 갈등 해소 및 가족해체를 방지할 수 있도록 서비스를 제공한다.
- 홍보 및 자원연계: 다문화가정과 지역사회 구성원이 상호 다양한 문화체험을 통해 다른 문화에 대한 수용성 및 다문화 감수성을 높일 수 있도록 지역사회 내 다문화가정에 대한 홍보 및 이들과 함께하는 프로그램을 제공하여 인식개선을 도모하고자 하는 서비스이다.
- 다문화가정 한국어 교육: 체계적인 한국어 교육을 통하여 결혼이민자들의 안정적인 초기 정착을 지원하며 사회활동 참여를 지원한다. 더불어 다문화가정 내 원활한 의사소통 증진으로 가족 내 갈등 및 어려움을 예방하고자 한다.

2) 복지로를 통한 다문화가정 지원사업

복지로란 보건복지부에서 운영하는 복지 포털 사이트로 복지 서비스 소개 및 찾기, 온라인 신청, 복지시설 검색, 복지 소식 등을 제공한다. 건강가정지원센터와 더불어 복지로에서는 다음과 같은 프로그램을 통해 다문화가정을 지원하고 있다.

- 한국어 교육(집합/방문): 생활언어를 익히고 문화를 이해할 수 있도록 체계적, 단계별 한국어 교육을 실시한다.
- 다문화가정 대상 교육(집합/방문): 다문화가정 구성원 간 가족 내 역할 및 가족문화에 대한 이해 향상교육과 언어, 문화 차이 등으로 자녀양육에 어려움을 겪고 있는 결혼이민자에게 부모교육 서비스를 제공하고 학업성취가 낮고, 자

아, 정서, 사회성 발달에서 어려움을 겪고 있는 다문화가정 자녀에게 자녀생활서비스를 제공한다.

- 상담: 다문화가정 부부, 부모와 자녀 관계 개선 및 가족갈등 등 관련 상담을 통해 다문화가정의 내부 스트레스 완화 및 가족의 건강성 증진을 위해 서비스를 제공한다.
- 다문화가정 취업연계 및 교육지원: 다문화가정의 경제활동 참여를 위해 지역특성 및 결혼이민자의 수요 등을 고려하여 취업연계 준비 프로그램을 운영한다.
- 운영지원: 다문화가정 나눔봉사단, 다문화가정 자조모임 등의 운영을 지원한다.
- 서비스 지원: 지역사회 내 다문화가정 지원 사업이 통합적이고 효율적으로 추진될 수 있도록 서비스 전달체계 구축 및 서비스 제공기관연계를 지원한다.

3) 다문화아동 맞춤형 교육 지원

다문화아동의 언어와 기초학습 지원 모델을 개발하기 위해 교육부에서는 다문화 유치원을 전국적으로 확대 운영할 예정이다. 일반 아동과 통합하여 언어 및 다문화 이해교육을 실시하되 다문화아동의 특성을 고려하여 개별적인 추가 지도를 실시한다.

또한 학교생활 적응 및 기초학습 지원을 위하여 대학생 멘토링을 지속적으로 지원하고, 기초학력 지원사업(두드림학교, 학습종합클리닉센터)과 연계하여 학습에 어려움이 있는 다문화아동의 기초학습을 지원한다.

뿐만 아니라 중도입국자녀[2]나 외국인 아동들을 위한 교육지원을 내실화하는 정책을 도입하였다. 이들을 위해 국어와 한국문화 교육 프로그램을 제공하여 중도입국·외국인 아동의 공교육 진입과 적응을 지원하는 예비학교[3]를 확대(2016년 124교 → 2017년 160학급)하고, 특별학급[(한국어(KSL) 교육과정 운영 학급)]을 다수 운영하는 예비학교의 지원을 강화하였다. 또한, 모국어로 소통할 수 있는 대학생을 다문화아동의 멘토로 선발하여 중도입국·외국인가정 자녀가 학교에 적응할 수 있도록 지원하고 있으며, 다문화아동이 다수 재학하고 있는 지역에 소재한 Wee 센터를

2) 중도입국자녀란 외국에서 태어나거나 성장하다가 부모의 재혼, 취업 등으로 부모를 따라 입국한 국제결혼 재혼 가정 자녀와 이주 노동자 가정의 자녀를 말한다.
3) 특정 학교에 입학하고자 하는 학생에게 그에 대한 예비교육을 실시하는 학교를 말한다.

'다문화 거점 Wee 센터'로 지정(2017년 10개 지역 시범)하여 다문화아동의 특성을 고려한 정서 상담이 이루어질 수 있도록 지원하고 있다.

	진입	적응	발전
국내출생 자녀	• 다문화 유치원에서 언어 및 기초학습 (2017년 17개 시도 운영)	• 대학생 멘토링 지원 • 기초학력지원 사업과 연계하여 기초학습 지원	• 롤모델과 함께 하는 진로 설정 • 언어, 수·과학 등 재능을 키우는 글로벌 브릿지 확대 • 다문화아동의 특성을 고려한 진로지도
중도입국·외국인 가정자녀	• 예비학교에서 한국어(KSL)·한국문화 학습 • 모국어를 활용한 외국어 대학생 멘토링(서울)	다문화아동이 많은 학교의 특수성을 고려한 • 연구학교운영 • 이중언어 및 외국어 교육 등 학교교육과정에 반영	

출처: 교육부(2017). 2017년 다문화교육 지원 계획 발표 보도자료.

그림 7-9 다문화아동을 위한 교육지원 내실화 정책

보건복지부에서도 어린이집을 이용하는 다문화가정의 아동에게 보육료를 지원하여 부모의 양육에 대한 부담을 덜고, 부모가 원활한 경제활동을 할 수 있도록 돕고 있다. 보육료 지원은 보호자의 소득수준에 관계없이 지원하고 있으며 다문화가정의 결혼이민자와 대한민국 국적을 취득한 자 사이에서 출생한 자녀는 동일세대 여부와 관계없이 지원을 받을 수 있다.

또한 매년 증가하고 있는 다문화가정 자녀의 사회 적응을 돕고 다양한 문화에 대한 이해와 올바른 가치관을 확립할 수 있도록 다문화 통합어린이집을 지정하여 운영하고 있다. 다문화가정 자녀의 생활 적응이 쉽도록 통합보육을 실시하도록 하고 있으며 다문화 부모 지원을 위한 프로그램을 운영하거나 지역사회 연계 프로그램을 지원하고 있다.

4) 다문화가정 취업연계 관련 사업

결혼이민여성의 자립을 위하여 여성새로일하기센터에서는 결혼이민여성을 대상으로 구직활동을 도와주고 있다. 이들을 대상으로 직업교육 및 직업교육훈련을 시키고 이들이 사회에 나가서 일할 수 있도록 지원을 하고 있다.

다문화가정 여성들을 위한 지원사업과 내용은 다음과 같다.

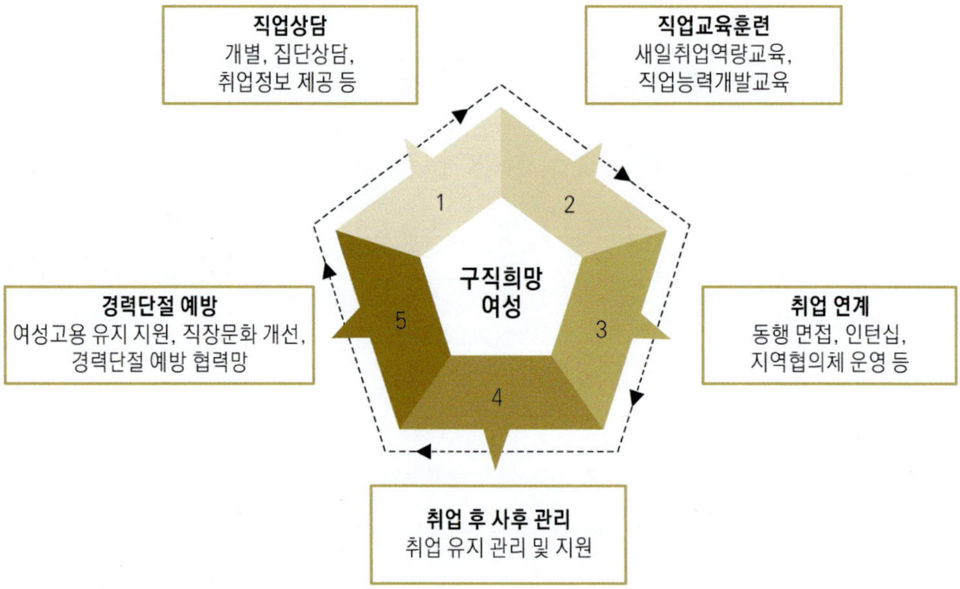

출처: 여성새로일하기 홈페이지(https://saeil.mogef.go.kr). 2018년 2월 20일 발췌.

그림 7-10 여성새로일하기센터 취업연계 지원

4. 다문화가정 아동을 위한 복지서비스 개선방안

1) 유관 부처와 협업한 다문화교육 지원방안 마련

다문화아동이 겪는 어려움을 살펴보면서 다문화아동을 위한 맞춤형 교육지원과 함께 이들을 위한 교육과정뿐만 아니라 진로교육 및 정서상담 등도 강화해야 한다는 필요성을 느낄 수 있다. 이를 지원하기 위해 다문화아동이 많이 생활하는 지역 내 학교에서는 다문화아동과 일반 아동이 함께 생활하는 데 필요한 이중언어 및 외국어 교육, 세계시민교육, 다문화 이해교육 등을 학교교육과정에 반영하여 운영할 수 있다. 또한 이들이 우리 사회의 인재로 성장할 수 있도록 유관 부처와 적극적으로 협업하여 다문화교육을 지원해야 한다. 다문화아동이 다수 재학하는 지역에 소재한 Wee 센터를 '다문화 거점 Wee 센터'로 지정하여 다문화아동의 특성을 고려한 정서 상담이 이루어질 수 있도록 지원하며 이를 널리 홍보할 필요가 있다.

2017년부터 법무부가 보유한 중도입국자녀 정보 연계가 가능해짐에 따라, 시도교육청과 함께 해당 정보를 활용하여 중도입국자녀에게 공교육 진입 안내 및 홍보를 실시하면서 각 시도교육청에서 다문화인종 및 지역 여건을 고려하여 상황에 맞는 다문화교육을 추진할 수 있도록 해야 한다.

2) 지역다문화교육지원센터 홍보 확대

여러 기관과 단체에서 다문화가정을 위한 다양한 프로그램들을 지원하고 제공하고 있지만 의사소통의 어려움 때문에 다양한 서비스에 대한 정보를 찾지 못하거나 지원을 신청하는 방법을 모를 수 있다. 이를 해결하기 위해 의사소통에 장벽이 있더라도 번역서비스를 통해 쉽게 정보를 얻을 수 있도록 접근성을 높이고 지속적인 홍보를 통해 지원을 받을 수 있도록 해야 한다. 다문화가정 중심의 지원뿐만 아니라 사회 전반적으로 다인종, 다문화에 대한 이해 증진과 함께 더불어 살아갈 수 있도록 지속적인 의식 개선을 위한 노력이 필요하다.

생각 나누기

『다른 게 나쁜 건 아니잖아요』 아름다운 공존을 위한 다문화 이야기

대한민국의 다문화 현실은 어떠한가?

SBS 스페셜 제작팀이 제작하고 반영했던 다문화 다큐멘터리를 엮은 책인 「다른 게 나쁜 건 아니잖아요」는 대한민국의 다문화가정에 대한 인식을 볼 수 있다. 다문화사회에서 한국인들의 오해와 편견을 살펴보면서 다문화아동들을 위해 어떠한 고민을 해야하는지 생각해 볼 기회를 제공한다.

- 관련서적 : 다른 게 나쁜 건 아니잖아요(출처: 인터넷 교보문고)
- 생각 point
  - '다른 게 나쁜 건 아니 잖아요' 책을 읽고 나서 어떠한 생각이 들었는지 이야기 나누어 보세요.
  - 우리가 다문화가정 아이들을 도울 수 있는 방법은 무엇이 있을지 생각해 보세요.

MEMO

우리 사회는 고도의 경제성장과 산업화, 도시화가 이루어지면서 전통적 개념의 가족 유형뿐만 아니라 가족관계, 가족의 구조에서 큰 변화를 가져오며 다양한 가족 형태를 만들어 가고 있다. 이 중에서 사회적 관심을 필요로 하는 한부모가족을 중심으로 살펴보고자 한다.

우아한 거짓말(2014)

제작: 한국
감독: 이한
주연: 김희애, 고아성, 김유정
러닝타임: 117분
마트에서 일하며 어렵게 생계를 책임지고 있지만, 언제나 당당한 엄마 현숙. 남의 일에는 관심없고, 가족 일에도 무덤덤한 언니 만지. 그런 엄마와 언니에게 언제나 착하고 살갑던 막내 천지가 어느 날 갑자기 세상을 떠나게 된다. 씩씩한 만지와 함께 천지가 없는 삶에 익숙해지기 위해 노력하며 살아가는 이야기에 관한 영화이다.

에린 브로코비치(2000)

제작: 미국
감독: 스티븐 소더버그
주연: 줄리아 로버츠
러닝타임: 132분
에린은 두 번 이혼했으며 16달러의 은행 잔고가 가진 것의 전부인 여자이다. 마땅한 일자리도 없어 당장의 생계를 걱정해야 하는 상황인데, 직업소개소에도 가봤지만 고졸에다 뚜렷한 자격증도 경력도 없는 그녀를 오라는 곳은 없다. 절망에 빠진 에린은 차 사고로 알게 된 변호사 에드를 무턱대고 찾아가 어떤 잡무라도 하겠다며 이야기가 전개된다.

학습목표

- 한부모가정의 개념과 유형을 알아보며 한부모가족의 현황을 비교해본다.
- 한부모가정과 한부모가정 아동이 겪는 어려움에 대해 알아보고 이들을 위한 복지서비스의 내용을 찾아본다.
- 한부모가정 아동을 위한 복지서비스를 알아보면서 이를 개선하기 위한 방안을 생각해본다.

08 한부모가정 아동을 위한 복지서비스

1. 한부모가정의 개념 및 현황

1) 한부모가정의 개념

한부모가정이란 배우자의 사망, 이혼, 별거, 가출, 유기 등으로 인해 배우자가 없거나 배우자가 있더라도 양육에 실제적으로 참여하지 못해서 혼자 양육을 감당해야 하는 아버지 혹은 어머니와 미혼의 자녀로 구성된 가족 형태를 의미한다. 과거에는 편부모가정이라고 불렀으나 '편(偏)'자가 부정적인 이미지를 주기에 국립국어원에서 '한부모가정'이라는 단어로 순화하였다.

「한부모가족지원법」에서는 한부모가족을 모자가족 또는 부자가족이라고 정의하고 있다. 모자가족이란 모가 세대주(세대주가 아니더라도 세대원을 사실상 부양하는 자 포함)인 가족을 말하며(제4조 제3호), 부자가족이란 부가 세대주(세대주가 아니더라도 세대원을 사실상 부양하는 자 포함)인 가족을 말한다(제4조 제4호).

한부모가족지원법에서 용어의 정의 및 지원 대상자

제4조(정의) 이 법에서 사용하는 용어의 뜻은 다음과 같다.

1. "모" 또는 "부"란 다음 각 목의 어느 하나에 해당하는 자로서 아동인 자녀를 양육하는 자를 말한다.
   가. 배우자와 사별 또는 이혼하거나 배우자로부터 유기(遺棄)된 자
   나. 정신이나 신체의 장애로 장기간 노동능력을 상실한 배우자를 가진 자
   다. 교정시설 · 치료감호시설에 입소한 배우자 또는 병역복무 중인 배우자를 가진 사람
   라. 미혼자{사실혼(事實婚) 관계에 있는 자는 제외한다}
   마. 가목부터 라목까지에 규정된 자에 준하는 자로서 여성가족부령으로 정하는 자

2. "한부모가족"이란 모자가족 또는 부자가족을 말한다.
3. "모자가족"이란 모가 세대주{세대주가 아니더라도 세대원(世代員)을 사실상 부양하는 자를 포함한다}인 가족을 말한다.
4. "부자가족"이란 부가 세대주(세대주가 아니더라도 세대원을 사실상 부양하는 자를 포함한다)인 가족을 말한다.
5. "아동"이란 18세 미만(취학 중인 경우에는 22세 미만을 말하되, 「병역법」에 따른 병역의무를 이행하고 취학 중인 경우에는 병역의무를 이행한 기간을 가산한 연령 미만을 말한다)의 자를 말한다.
6. "지원기관"이란 이 법에 따른 지원을 행하는 국가나 지방자치단체를 말한다.
7. "한부모가족복지단체"란 한부모가족의 복지 증진을 목적으로 설립된 기관이나 단체를 말한다.

출처: 국가법령정보센터 홈페이지(http://www.law.go.kr). 2018년 2월 20일 발췌.

2) 한부모가정의 유형

(1) 부나 모의 사망으로 인한 한부모가정

과거에는 전쟁으로 인해 부 또는 모의 사망으로 한부모가정이 많이 발생하였으나 현재는 질병이나 사고로 인한 사망에 따른 한부모가정이 늘고 있다.

부의 사망으로 인해 한모가정이 증가하는 원인은 여자가 남자보다는 평균 수명이 길고 상대적으로 사회 활동이 적고, 안전운전을 하거나 음주를 적게 함으로 인해 불의의 사고에 위험이 적기 때문이다. 남자의 경우에는 재혼이 여자의 경우보다 빠른 시일 안에 이루어지기 때문에 한부모가정 상태를 벗어나지만 여자의 경우 그렇지 않기 때문에 한모가정이 많은 편이다.

(2) 부모의 이혼으로 인한 한부모가정

이혼은 혼인한 남녀가 생존 중에 성립된 결합관계를 해소하는 행위를 말한다. 이혼은 부부 중 어느 일방의 사망에 의한 혼인관계 해소와 달리, 법률상 부부관계에서 일어나는 여러 가지 문제로부터 탈피하기 위한 하나의 방법으로 인위적인 부부관계 소멸을 인정하는 제도이다.

2017년 이혼은 10만 6천 건으로 전년보다 1.2%로 감소하였다. 조(粗)이혼율은 인구 1000명당 이혼 건수로 조(粗)이혼율로 국가 간의 이혼율을 비교한다. 조(粗)이혼율은 2.1건으로 최근 10년 중 최저수치를 보이고 있다. 유배우 이혼율은 배우자가 있는 이혼으로 해당 연령 인구 1,000명당 이혼 건수를 말하는데 전년도와 유사하지만 이 역시 최근 10년 중 최저수치를 나타내고 있다.

표 8-1 이혼율(2007~2017)

	2007	2008	2009	2010	2011	2012	2013	2014	2015	2016	2017
이혼 건수(천 건)	124.1	116.5	124.0	116.9	114.3	114.3	115.3	115.5	109.2	107.3	106.0
증감(천 건)	-0.5	-7.5	7.5	-7.1	-2.6	0.0	1.0	0.2	-6.4	-1.8	-1.3
증감률(%)	-0.4	-6.1	6.4	-5.8	-2.2	0.0	0.9	0.2	-5.5	-1.7	-1.2
조이혼율*	2.5	2.4	2.5	2.3	2.3	2.3	2.3	2.3	2.1	2.1	2.1
유배우 이혼율**	5.2	4.9	5.2	4.8	4.7	4.7	4.8	4.8	4.5	4.4	4.4

* 인구 1천 명당 건
** 15세 이상 유배우 인구 1천 명당 건

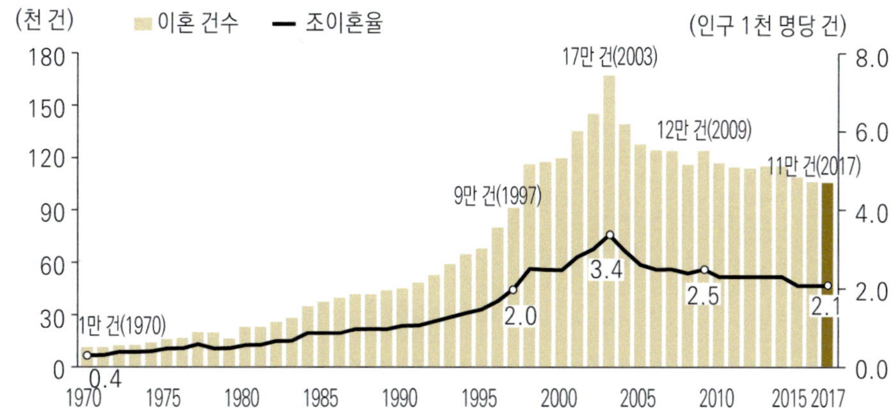

출처: 통계청(2018). 2017년 혼인 · 이혼 통계.

그림 8-1 이혼율(1970~2017)

이 중 미성년 자녀가 있는 이혼 부부의 이혼 비중은 47.2%로 지속적인 감소 추세를 보이고 있다.

자녀가 있는 가정의 이혼은 자녀의 양육권이 어느 한쪽의 부나 모에게 넘겨지게 되어 한부모가정의 형성을 초래하게 된다.

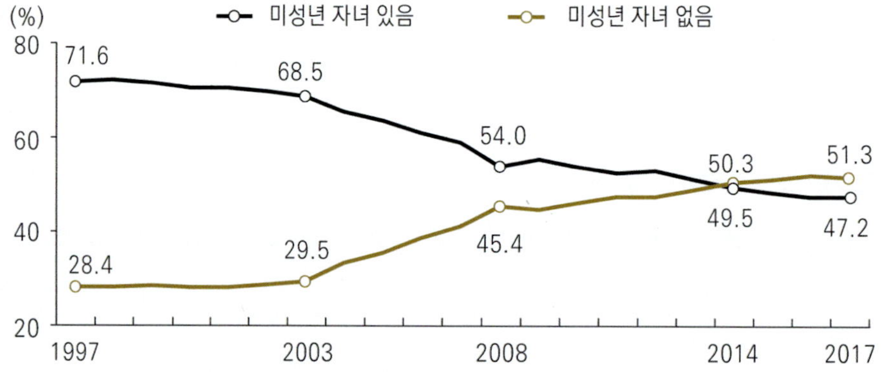

출처: 통계청(2018). 2017년 혼인·이혼 통계.

그림 8-2 미성년 자녀 유무별 이혼 구성비(1997~2017)

(3) 유기에 의한 한부모가정

유기에 의한 한부모가정은 한쪽의 배우자 유기에 의해 부부 중의 일방이 자녀를 양육하면서 가족생활을 영위하는 경우를 말한다.

(4) 미혼에 의한 한부모가정

법적으로 혼인을 하지 않은 상태에서 아이를 낳게 되어 형성되는 한부모가정의 형태를 말한다. 즉, 사실혼 관계였다가 한부모가정이 된 경우에도 미혼 한부모의 가정에 해당된다. 2013년 통계청 자료에 의하면, 한부모가정의 형성 원인 중 미혼모·부가 11.6%로 한부모가정이 형성되는 비율이 점차 높아지고 있다.

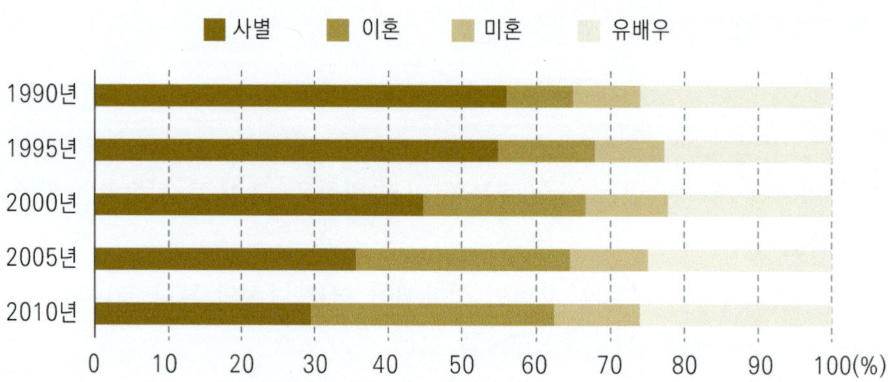

출처: 건강가정지원센터 홈페이지(https://www.familynet.or.kr). 2018년 2월 20일 발췌.

그림 8-3 연도별 한부모가정 형성 사유

3) 한부모가정 아동의 현황

한부모가정의 수는 1995년 96만 가구, 2000년 112만 가구, 2005년 137만 가구, 2014년 175만 가구로 매년 증가하고 있는 추세이다. 총가구 수에서 한부모가정이 차지하는 비율도 꾸준히 증가하고 있다.

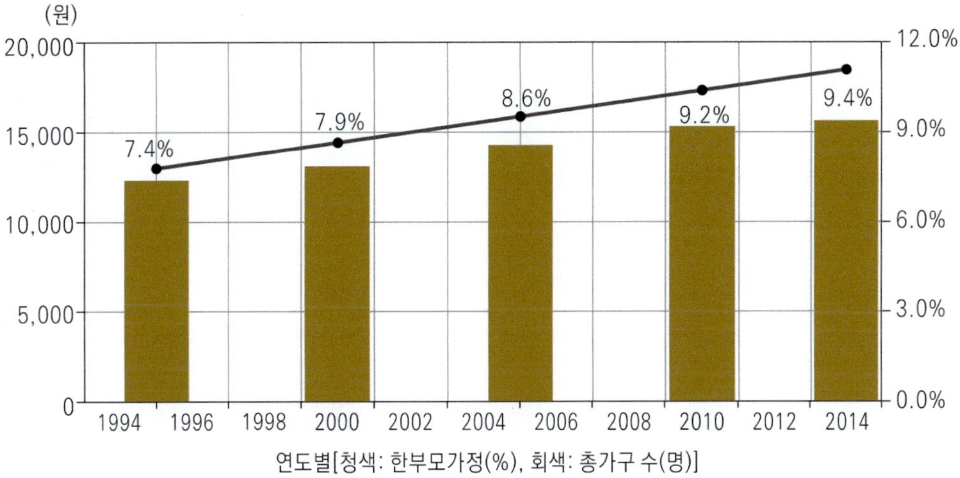

출처: 건강가정지원센터 홈페이지(https://www.familynet.or.kr). 2018년 2월 20일 발췌.

그림 8-4 한부모가정 현황

2014년 이후로도 한부모가정의 수는 매년 증가하고 있으며, 2017년도에는 전체 가구에서 한부모가정이 차지하는 비율은 10.9%이다.

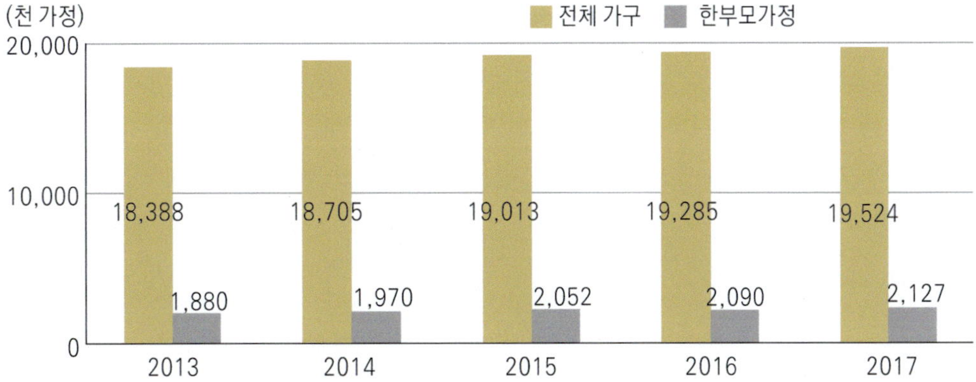

출처: 통계청(2017). 장래가구추계: 2015~2045.

그림 8-5 전체 가구와 한부모가정

표 8-2 한부모가정 현황

(단위: 천 가구, %)

구분		2013	2014	2015	2016	2017
한부모가정 현황	전체 가정	18,388	18,705	19,013	19,285	19,524
	한부모가정	1,880	1,970	2,052	2,090	2,127
	한부모가구 비율	10.2	10.5	10.8	10.8	10.9

출처: 통계청(2017). 장래가구추계: 2015~2045.

특히 한부모가정 구성은 대부분 모+자녀 구성이 대다수를 차지하는데, 부+자녀는 2015년 23.2%, 모+자녀는 76.9%였으나 2045년에는 모+자녀의 구성 비율이 더 늘 것으로 예상하고 있다(통계청, 2017).

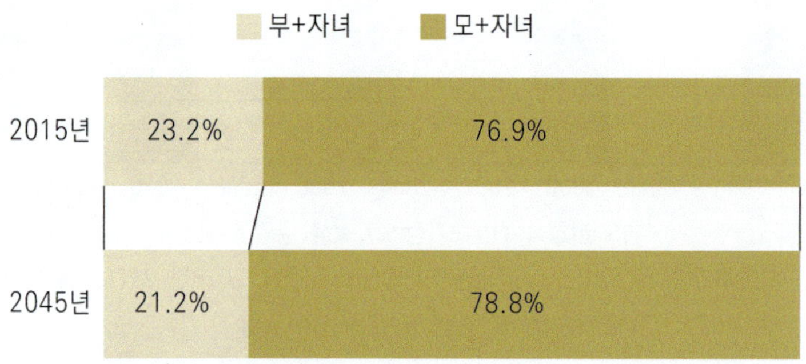

출처: 통계청(2017). 장래가구추계: 2015~2045.

그림 8-6 한부모가정 구성 비율, 2015, 2045

또한 한부모가정과 더불어 미성년 자녀를 키우는 한부모가정의 비율을 살펴보면 2016년을 기준으로 기타가구원이 없는 한부모가정은 즉, 혼자 아이를 양육해야 하는 가정은 전체 한부모가정의 72.7%이며, 기타가구원과 함께 거주하는 한부모가정은 27.4%를 차지하고 있다. 또한 한부모의 성별을 기준으로 할 때, 여성 한부모가정은 65.5%, 남성 한부모가정은 34.5%로 여성 한부모가정의 비율이 과반수를 훨씬 넘기는 하지만 남성 한부모가정의 비율도 상당한 숫자에 달하고 있는 것으로 나타나고 있다.

표 8-3 미성년 자녀를 키우는 한부모가정(2015, 2016)

(단위: 천 가구, %)

가구 유형	2015년		2016년	
	가구 수	비율(%)	가구 수	비율(%)
계	505	100.0	446	100.0
모+미혼자녀	260	51.5	230	51.6
부+미혼자녀	109	21.6	94	21.1
모+미혼자녀+기타가구원	68	13.5	62	13.9
부+미혼자녀+기타가구원	68	13.5	60	13.5

출처: 여성가족부(2017). 2018년 한부모가족 실태조사 사전연구.

위와 같은 이혼이나 미혼가정 증가 추세에 따라 가족정책의 방향도 이들에 대한 지원정책에 초점을 맞출 필요가 있으며, 특히 한부모가정 중 모자가정이 많은 비율을 차지하고 있기 때문에 이를 위한 지원과 이혼 및 미혼가정의 경제적 자립이나 자녀양육 및 교육지원 등에 대한 대책 마련이 요구된다.

2. 한부모가정 아동 및 가족이 겪는 어려움

1) 한부모가정이 겪는 어려움

한부모가정의 한부모들은 자녀양육 및 교육, 사회적 편견 등으로 인해 심리적, 정서적으로 어려움을 겪고 있다. 배우자와의 결별로 상실감, 배신감, 분노감, 우울감, 좌절감 등 심리적으로 혼란을 겪는데 3~5년이 지나도록 적응에 어려움을 겪기도 한다. 적절한 상담 및 치료를 받지 않으면 심리적 혼란이 심해져 많은 문제를 나타내게 된다. 또한 한부모들은 정서적으로 안정되지 않은 상태에서 어린 자녀를 양육하게 되는 경우가 많은데 한부모 자신이 정서적으로 문제를 갖고 있는 경우 인내심을 가지기 어려워 자녀에게 언어적, 신체적 학대를 가하게 될 가능성이 커진다.

한부모가정이 겪는 또 다른 어려움은 경제적인 어려움이다. 사별가정의 경우에는 배우자의 재산을 상속하게 되지만 저소득층의 경우에는 배우자의 상속을 기대하기 어렵고, 이혼가정의 경우도 재산분할을 했지만 양육비를 받을 수 없는 상황에서 경제적인 어려움이 가중될 수 있다. 특히 소득이 낮은 한부모가정인 경우 고충은 더 크다. 한부모가정의 한부모가 자립하기 어려운 것 중 하나는 취업이 쉽지 않다는 것이다(황은숙, 2005). 한쪽 부모는 생계를 책임져야 하고 자녀의 양육 또한 오로지 혼자서 책임져야 하기 때문에 일을 할 수 있는 시간이 제한될 수밖에 없다. 근로시간의 단축은 저임금을 받게 되며 이는 가정 내의 소득이 줄어들게 되어 경제적인 어려움이 생기게 된다. 또한 취업을 한다고 해도 가사와 직장을 병행하기 쉽지 않다. 긴 노동시간과 적은 급여는 한부모의 자립의지를 약화시키게 된다(황은숙, 2007). 또한 온전한 부모역할을 하지 못하기 때문에 한쪽 부모에 대한 역할 부재로 인해 가족생활에 있어서 문제가 발생할 수 있다. 이는 심리사회적으로도 영향을 미칠 수 있는데 학교생활이나 사회생활을 할 때도 위축되는 현상이 나타날 수 있다.

2) 한부모가정 아동이 겪는 어려움

한부모가정의 부모는 경제활동에 참여하면서 가정을 돌보는 데 어려움을 느끼게 되는데, 이는 한부모가정 아동이 겪는 어려움에 해당된다. 부나 모가 노동을 해야 하기 때문에 어린 나이의 자녀인 경우에는 부나 모와 떨어지지 않으려 하고 부나 모도 어린 자녀를 두고 집을 나서기 어려운 상황이다. 한부모와 깊은 애정을 나눌 수 없는 자녀들은 성장하면서 문제행동을 일으키거나 학습 성취력이 낮아지기도 한다. 함께 있지 못하고 뒷바라지를 제대로 해주지 못하는 한부모의 불만으로 인해 부모-자녀 관계에 문제가 발생하기도 하고, 한부모가정에 대한 사회적 편견으로 인해 또래 관계에 부정적 영향을 준다(황은숙, 2005).

한부모가정의 아동의 겪을 수 있는 구체적인 어려움은 다음과 같다(이용주 외, 2016).

첫째, 일상생활에서 한쪽 부모를 잃거나 한쪽 부모의 보호를 받지 못하는 상황이기 때문에 분노, 좌절, 우울 등의 다양한 정서적인 어려움이 나타날 수 있다.

둘째, 가정 내에서 부모를 통해 남녀 관계를 경험할 기회가 없기 때문에 이에 대한 모델이 없는 상태로 성장하기 때문에 남녀 관계에 대해 왜곡되게 배울 수 있다.

셋째, 형제, 자매 관계에 있어 문제가 생길 수 있다. 한쪽 부모의 역할을 형제, 자매 등이 대신하게 되면서 형제나 자매 관계가 수직적인 관계가 될 수 있다.

넷째, 한부모가정의 자녀라는 이유 때문에 학교에서 적응이 어려우면 또래 관계에서 자신감이 상실될 수 있다.

다섯째, 한쪽 부모가 없는 상태에서 자녀를 양육해야 하기 때문에 양육을 책임지는 한부모는 주변 사람들의 눈을 의식하여 아이들의 행동을 많이 통제하는 경향으로 인해 한부모가정의 아동은 위축될 수 있다.

3. 한부모가정 아동을 위한 복지서비스

1) 정부의 한부모가정 지원 사업

우리나라에서는 한부모가정의 기능을 유지하고 안정된 생활을 할 수 있도록 여러 가지 지원을 하고 있다. 경제적 지원 중 복지급여에서 아동 양육비 지원의 대상 및 선정기준을 살펴보면 소득인정액을 기준으로 기준 중위소득 52% 이하의 한부모가정을 지원한다. 지원내용은 아동양육비, 추가 아동양육비, 학용품비, 생활보조금으로 나눌 수 있는데, 아동양육비는 지원 대상자로 결정된 저소득 한부모가정의 만 13세 미만의 아동을 지원하며 2018년 기준 자녀 1인당 월 12만 원을 지원하고 있다. 추가 아동양육비는 만 25세 이상 미혼 한부모가정의 만 5세 이하 자녀를 지원하는 것으로 자녀 1인당 월 5만 원을 지원한다. 지원신청 방법은 거주지 관할 읍·면·동 주민센터로 방문하거나 우편으로 신청할 수 있으며 복지로에서 온라인신청(online.bokjiro.go.kr)할 수 있다.

한부모가정을 위한 지원은 경제적 지원, 주거지원, 법률지원, 상담 및 정서지원으로 나눌 수 있으며 세부 지원 사항은 〈표 8-4〉와 같다.

표 8-4 한부모가정을 위한 지원 내역 및 세부 사항

경제적 지원	복지급여	• 소득인정액이 기준 중위소득의 52% 이하인 저소득 한부모가정에게 아동양육비 · 추가 아동양육비 · 아동교육지원비 · 생활보조금 등의 복지 급여 지원. • 한부모가정은 소득인정액이 기준 중위소득의 52% 이하인 경우에 복지급여가 지급되지만 한부모가정의 부 또는 모가 만 24세 이하인 경우에는 청소년 한부모가정으로 소득인정액이 기준 중위소득의 60% 이하까지 지원. • 청소년 한부모의 경우에는 아동양육비 외에도 부 또는 모를 위한 검정고시 학습비 · 학교 교육비가 지원.
	복지자금 대여	• 저소득 한부모가정의 생활안정과 자립을 위하여 사업운영 등에 필요한 자금 대여.
	기타 지원	• 이동통신 요금 감면, 민원서류 발급 수수료 면제, 과태료 경감, 문화이용권 지급 등 지원
주거지원	주택분양 · 임대	• 한부모가정은 국민주택을 분양할 때 우선 분양받음 • 지원대상 한부모가정은 영구임대아파트의 분양 시 해당 분양 공고의 조건에 따라 우선순위로 입주 가능.
	한부모가정 복지시설	• 일정 기간 주거와 생계를 지원해주는 한부모가정복지시설을 이용할 수 있으며, 입소대상별로 모자가정복지시설, 부자가정복지시설, 미혼모자가정복지시설에 입소할 수 있음.
법률지원	법률구조서비스	• 아동을 양육하고 있는 이혼가정, 별거가정, 미혼모 · 미혼부 가정 등 한부모가정 및 조손가정은 인지청구 및 자녀양육비 청구 등을 위한 법률상담, 소송대리 등 법률구조서비스를 지원.
상담 및 정서지원	가정지원서비스	• 한부모가정의 가족기능 회복과 정서적 자립 강화를 위한 다음과 같은 가정지원서비스 제공. –아동의 양육 및 교육 서비스 –장애인, 노인, 만성질환자 등의 부양 서비스 –취사, 청소, 세탁 등 가사 서비스 –교육 · 상담 등 가족 관계 증진 서비스 –한부모가정에 대한 상담 · 심리치료

출처: 복지로 홈페이지(online.bokjiro.go.kr). 2018년 2월 20일 발췌.

2) 건강가정지원센터의 한부모가정 지원사업

건강가정지원센터에서도 한부모가정을 지원하기 위해 다양한 지원사업을 실시하고 있다. 매년 증가하는 한부모가정의 정서적 지원과 부모-자녀 관계 증진, 가족 간의 역량강화를 위해 상담, 교육, 문화사업을 통합적으로 지원하고 있으며, 한부모가정이면 누구나 이용이 가능하다.

한부모가정지원 프로그램의 내용은 다음과 같다.

(1) 부모 프로그램

부모교육 혹은 집단상담으로 한부모들이 겪는 어려움을 함께 공유함으로써 한부모들이 겪게 되는 분노, 슬픔, 우울감 등을 덜어낼 수 있도록 정서적인 부분을 지원한다. 이 프로그램을 통해 자녀들에 대해 이해를 하며 더 가까워질 수 있다. 또한 자녀와의 관계에서 발생할 수 있는 부모-자녀 문제를 예방하고 당당하게 부모 역할을 수행할 수 있도록 다양한 내용으로 구성된다.

(2) 자녀 프로그램

한부모가정의 자녀들이 자기 자신과 가족의 현재 상황을 긍정적으로 수용할 수 있도록 도와주는 프로그램이다. 자신이 가지고 있는 장점은 무엇인지 탐색을 해보며 이를 통해 자신의 소중함에 대해 인식할 수 있도록 교육이나 문화, 상담 프로그램을 제공한다.

(3) 가족문화 프로그램

다른 한부모가정들과 함께 가족문화 프로그램을 체험하면서 다른 가족들이 겪은 경험을 공유하고, 부모-자녀 간의 신뢰와 상호지지, 친밀감 증진, 가족공동체 의식을 가질 수 있도록 부모와 자녀들을 지원해 주는 프로그램이다. 가족문화 프로그램 중 자조집단 운영 프로그램은 한부모들 간에 위로와 지지, 격려를 받으며 스스로의 역량을 강화할 수 있도록 지역별로 운영하고 있다. 이 프로그램을 통해 서로 경험을 공유할 수 있는 기회가 제공된다.

4. 한부모가정 아동을 위한 복지서비스 개선방안

1) 한부모가정의 맞춤형 지원 확대

지금까지 살펴본 한부모가정을 위한 지원사업은 저소득층 한부모가정의 경제적인 지원을 중심으로 이루어지고 있다. 이들이 겪는 어려움은 경제적인 부분도 있지만 정서적이고 심리적인 부분도 있다.

2015년 한부모가족 실태조사에 따르면 한부모가정이 필요하다고 느끼는 지원은 생계비와 양육비 등 현금지원이 가장 필요하다고 하였고, 시설 및 임대주택 등 주거지원 등 경제적인 부분을 원하였다. 이외에도 아이와 부모 건강을 위한 의료지원과 아이돌봄 관련 서비스 지원 등 자녀양육을 위한 지원이 필요하다는 것도 알 수 있다.

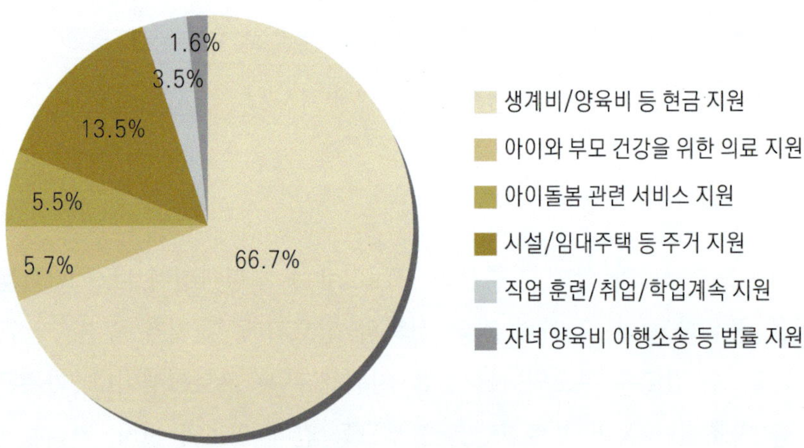

출처: 여성가족부(2015). 2015 한부모가족 실태조사.

그림 8-7 한부모가정 지원 요구

위의 연구결과를 토대로 다양한 한부모가정이 증가되고 있는 시점에서 경제적 지원과 더불어 심리사회적 지원과 자립능력을 키울 수 있는 프로그램도 활성화될 필요성이 있다.

2) 한부모가정지원센터 설립을 통한 서비스 확충

2006년 연구에서 한부모들은 정부와 민간단체로부터 어느 정도 지원을 받고 있느냐는 질문에 개인 심리상담, 한부모가정 이해교육, 집단상담, 건강정보, 취업 알선, 부모교육, 저축지도, 직업훈련, 법률상담 등에서 적절한 지원을 받지 못하고 있는 것으로 나타났다. 또한 정부지원을 받으면서 번거로운 행정절차와 한부모가정 지원정책의 홍보 부족으로 인해 불편함을 가지고 있었다(황은숙, 2006).

이를 보완하고자 노력했음에도 불구하고 2015년 한부모가족 실태조사에서도 한부모가정 관련 서비스를 이용하면서 불편했던 점으로 '서비스에 대한 구체적인 정보를 찾기 어렵다'(30.5%), '내야 하는 행정 서류가 너무 많음'(27.3%) '똑같은 이야기를 여러 번 해야 함'(18.2%), '공개된 공간에서 개인 정보를 밝혀야 하는 부담'(14.1%) 등으로 어려움이 계속되는 것으로 나타났다.

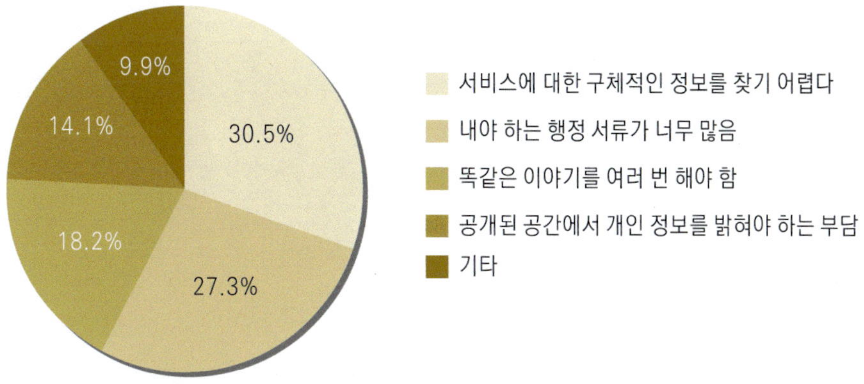

출처: 여성가족부(2015). 2015 한부모가족 실태조사.

그림 8-8 한부모가정 관련 서비스를 이용하면서 불편했던 점

이러한 결과를 볼 때, 한부모가정을 위한 지원은 번거로운 지원 절차를 줄이고 한부모가정의 지원정책에 대한 정보 공유를 확대할 수 있도록 해야 한다. 지금까지는 건강가정지원센터의 한부모가정지원사업을 통해서 지원을 받았으나 한부모가정이 처한 어려움과 지원받고 싶어 하는 서비스가 다양하기 때문에 한부모가정을 위한 전담지원센터를 설립하여 이를 통한 서비스를 제공받는 방안이 필요하다.

생각 나누기

‘어린 부모’에게 닿기 힘든 부모 교육

영아 유기나 잔혹한 아동학대 사건이 벌어질 때마다 ‘부모교육’이 필요하다는 목소리가 높아진다. ‘준비되지 않은 부모들’에게 정부가 교육 프로그램을 제공해 비극을 막아야 한다는 것이다.

- 중략 -

교육을 통해 세상과 손잡기 위한 기본적인 정보를 알려준다 해도 그것만으로 문제가 해결되지는 않는다. 부모와 아이들을 당당하게 세상 속으로 나오게 할 정책과 인식 개선이 필요하다. 정부도 정답은 알고 있다. 대통령 직속 저출산고령사회위원회는 ‘가족 다양성 태스크포스(TF)’ 출범을 발표하면서 “혼자 아이를 낳더라도 아이를 키우는 데 어려움이 없도록 획기적인 지원과 함께 인식 개선을 위해 노력해 나가겠다.”고 말했다.

- 후략 -

▸ 관련기사 : 경향신문(2018)

▸ 생각 point

- 〈‘어린 부모’에게 닿기 힘든 부모 교육〉 기사를 보고 어떠한 생각이 들었는지 이야기 나누어 보세요.
- 이들은 어떠한 도움이 필요할까요?, 또한 지원이 활성화될 수 있는 방법에는 무엇이 있을지 생각해 보세요.

MEMO

우리 사회는 고도의 경제성장과 산업화, 도시화가 이루어지면서 전통적 개념의 가족 유형뿐만 아니라 가족관계, 가족의 구조에서 큰 변화를 가져오며 다양한 가족 형태를 만들어 가고 있다. 이 중에서 아동양육에 대한 정보 부족 등으로 어려움을 겪고 있는 사회적 관심을 필요로 하는 조손가정을 중심으로 살펴보고자 한다.

덕구(2017)

제작: 한국
감독: 방수인
주연: 이순재, 정지훈
러닝타임: 91분
어린 손자와 사는 일흔 살 덕구 할배는 자신에게 주어진 시간이 얼마 남지 않음을 알게 된다. 세상에 남겨질 두 아이를 위해 할배는 자신을 대신할 사람을 찾아주기로 하고, 홀로 먼 길을 떠나 특별한 선물을 준비한다.

집으로(2002)

제작: 한국
감독: 이정향
주연: 김을분, 유승호
러닝타임: 87분
기차를 타고, 버스를 타고, 시골길을 한참 걸어, 엄마와 상우가 할머니의 집으로 간다. 형편이 어려워진 상우 엄마는 잠시 상우를 외할머니댁에 맡긴다. 말도 못 하고 글도 못 읽는 할머니가 혼자 살고 계신 시골 외딴집에 남겨진 상우는 시골 가게와 사방이 돌투성이인 시골집 마당과 깜깜한 뒷간을 만나게 되면서 여러 가지 시련을 겪게 된다.

학습목표

- 조손가정의 개념과 현황을 통해 발생 원인에 대해 알아본다.
- 조손가정과 조손가정 아동이 경험하는 어려움에 대해 살펴본다.
- 조손가정을 지원할 수 있는 복지서비스를 알아보고 더 필요한 대안은 무엇인지 함께 생각해 본다.

09 조손가정 아동을 위한 복지서비스

1. 조손가정의 개념 및 현황

1) 조손가정의 개념

조손가정은 책임 있는 부모로서, 자녀를 돌볼 수 있는 능력을 상실한 2세대 성인 자녀가 부재하여 1세대인 조부모가 3세대인 손자녀를 전담하여 돌보면서 성인 자녀 대신 부모 역할을 수행하는 가정을 말한다(Fuller-Thompson, Minkler & Driver, 1997).

최근 급격한 이혼의 증가, 부모의 사망, 경제적 파탄, 장애나 정신적 문제 등으로 인해 부모의 양육 및 보호 기능이 취약해지면서 조부모들이 부모의 역할을 대신하는 조손가정이 늘어나고 있다.

동서고금을 막론하고 조부모는 성인 자녀 가족이 어려움을 겪거나 위기에 당면하였을 때 일차적인 안전망으로서 가족의 문제를 완화시키기 위한 주요 역할을 담당하여 왔다. 서구에서는 1990년대 이후 조부모-손자녀 가정이 겪는 경제적, 신체적, 심리적 어려움이 사회문제로 인식되고 있으며, 우리나라의 경우 IMF 경제 위기 이후 이혼율 증가와 경제 파탄으로 인한 가족해체 현상이 뚜렷해지면서 조손가정이 새로운 가족 형태의 하나로 자리 잡아 가고 있다(박화옥, 2013; Baker & Mutchler, 2010).

2) 조손가정 아동의 현황

여성가족부에서 실시한 조손가정 실태조사에 의하면, 조손가정의 발생원인은 부모의 이혼 및 재혼(53.2%), 부모의 경제적 이유(14.3%), 부모의 질병 및 사망(11.4%) 순으로 나타났다. 이러한 조사결과에 비추어 보면, 우리 사회에서 이혼한 부모나 경제적으로 어려운 가정의 부모들이 경제활동을 위해 자녀양육을 조부모에게 맡김으로 인해 조손가정이 증가되고 있음을 알 수 있다.

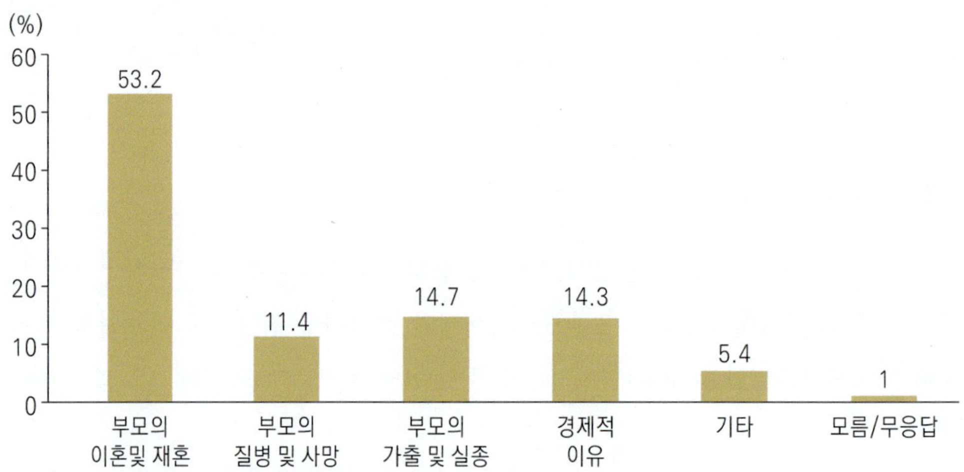

출처: 여성가족부(2010). 조손가정 실태조사.

그림 9-1 조손가정의 발생원인

이는 통계청에서 조사한 조손가정 현황에서도 나타나고 있다. 조손가정은 1995년 3만 5,364가구에서 계속 증가하여 2013년도에는 13만 9,346가구가 되었다. 조손가정이 증가하면서 조손가정이 갖는 특징과 경험하게 되는 어려움이 부각되었고 이를 관심을 가지고 지원할 필요성이 대두되었다.

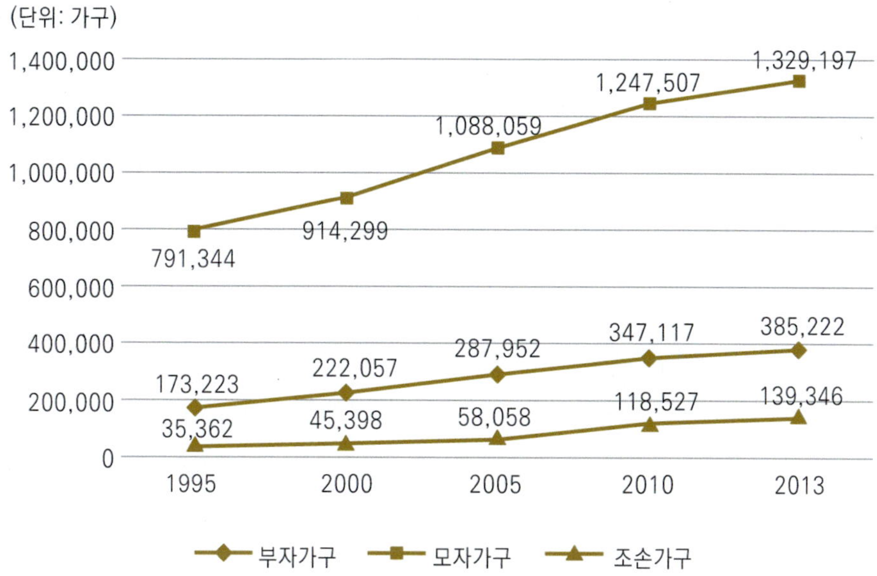

출처: 통계청(2014). 2014년 인구주택총조사.

그림 9-2 조손가정 현황

2. 조손가정 아동 및 가족이 겪는 어려움

1) 조손가정이 겪는 어려움

조손가정의 조부모는 체력이 약화되고 신체기능이 노화되어도 손자녀를 양육하면서 긍정적인 심리 · 정서적 변화를 경험한다(Jendrek, 1994). 또한 손자녀를 잘 양육해야 한다는 사명감으로 인해 새로운 삶의 의미와 목적을 발견하고, 열심히 살아야 한다는 목표가 생겨 건강하게 오래 살아야겠다는 생각을 갖게 된다. 양육과정에서 본인의 자녀를 키웠을 때와는 달리 손자녀를 키우면서 손자녀와의 친밀감, 사랑, 유대감, 즐거움 등을 통해 노년의 외로움을 줄일 수 있다. 손자녀 또한 조부모와의 생활을 통해 긍정적인 경험을 하게 되는데 부모의 역할을 대신하는 조부모에게 강한 정서적 애착을 보인다(김미영 · 윤혜미, 2015). 이는 사회적응력을 향상시켜 원만한 대인관계를 형성할 수 있다.

위와 같은 긍정적인 경험을 하는 경우와 달리 양육하는 데 있어 어려움도 발생한다. 조부모는 경제활동이 어렵거나 경제활동을 할 신체적 건강 등이 뒷받침이

되지 않아서 가계수입의 부족으로 경제적인 문제가 가장 크다. 손자녀를 양육하는 데 있어서 교육비 등 양육비가 요구되는데 이에 대한 부담이 크다. 여성가족부가 조사한 자료에 따르면 손자녀양육 시 문제점으로 양육에 따른 경제적 문제가 66.2%로 제일 큰 부분을 차지하였다. 또한 손자녀의 생활 및 학습지도 문제, 아이의 장래 준비 문제 등에 부담으로 인한 어려움이 있는 것으로 나타났다.

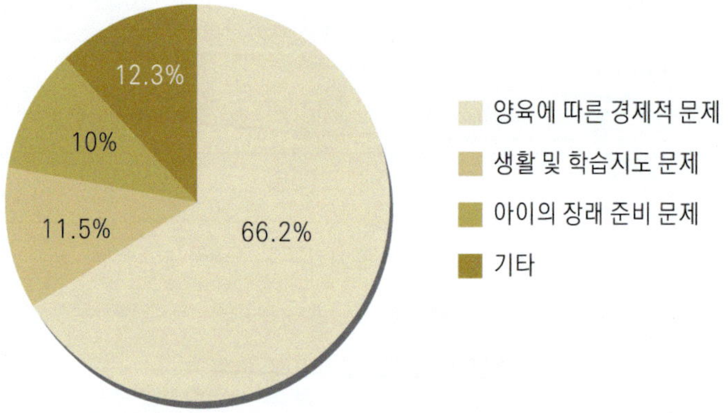

출처: 여성가족부(2010). 2010년 조손가족 실태조사.

그림 9-3 손자녀양육 시 문제점

조손가정에서는 조부모와 손자녀 모두 자신의 생애주기와 맞지 않는 역할을 수행해야 함으로써 '발달적 불일치' 상황을 경험하게 되는데, 이는 인간의 생애에서 상당한 스트레스를 야기한다(전보영, 2010; Jendrek, 1994). 조부모들은 손자녀양육으로 인해 신체적, 심리적, 사회적, 경제적 부담을 지니게 되며, 양육 스트레스로 인한 우울, 고립감, 소외감을 경험하기도 한다.

조손가정 내에서 조부모와 손자녀의 관계로 인한 어려움도 발생할 수 있다. 조부모와 손자녀의 관계에 영향을 미치는 요인으로는 손자녀 행동상의 문제가 주목되었다. 문제가 있는 손자녀를 양육하는 조부모는 문제가 없는 손자녀를 양육하는 조부모와 비교해 역기능적 상호작용이 많이 나타났다(최혜지, 2006).

2) 조손가정 아동이 겪는 어려움

손자녀들 또한 부모의 보호와 양육이 필요한 시기에 1차 양육자의 사망이나 결손을 경험함으로 인해 신체적, 심리적 건강의 저하, 사회적응 및 학교적응의 어려움 등 다양한 문제가 나타난다.

조손가정 아동들은 부모의 부재로 인한 허탈감, 불안, 분노, 스트레스와 같은 정서상의 문제와 낮은 자존감, 높은 공격성, 성인 아이 성향, 또래관계에서의 어려움, 학습능력 저하와 같은 부적응이 나타났다(황미영, 2011).

하지만 모든 조손가정 손자녀들이 발달상의 어려움이나 사회적인 적응 문제를 경험하는 것은 아니다. 오히려 조부모들이 부모로부터 가족해체나 학대 및 방임을 경험한 손자녀들에게 개입함으로써 손자녀의 심리적인 안녕과 사회적 적응에 긍정적인 영향을 미치는 것을 볼 수 있었다(이홍직, 2007).

조부모와 손자녀의 관계는 간접적이나 이차적이기보다는 부모와 자녀관계에 준하는 직접적 관계의 특성을 갖는다. 아동 발달이나 적응은 부모-자녀 관계에 의해 영향을 받기 때문에 조손가정의 양육자인 조부모가 신체적, 정신적으로 건강하지 못하고 과도한 역할로 인한 혼란을 경험하게 되면 고립감을 느끼게 되고(이현주, 2007), 이는 손자녀의 정서적인 불안감을 높이고 문제 행동 발생을 높이게 된다.

3. 조손가정 아동을 위한 복지서비스

1) 조손가정 아동 지원

우리나라에서는 한부모가정과 동일하게 조손가정의 기능을 유지하고 안정된 생활을 할 수 있도록 아동 양육비를 지원하고 있다. 지원대상 및 선정기준을 살펴보면 소득인정액을 기준으로 중위소득 52% 이하의 조손가정을 지원하고 있으며, 지원내용은 추가 아동양육비, 학용품비, 생활보조금이 있다.

추가 아동양육비는 조손가정의 만 5세 이하 자녀를 지원하는 것으로 2018년도 기준으로 자녀 1인당 월 5만 원을 지원하며, 조손가정의 중학생 및 고등학생 자녀를 위한 학용품비로 2018년도 기준으로 자녀 1인당 연 5만 4,100원의 학용품비를 지원한다. 생활보조금은 복지시설에 입소한 저소득 조손가정을 대상으로 가구당 월 5만 원을 지원한다.

지원신청 방법은 거주지 관할 읍·면·동 주민센터로 방문하거나 우편으로 신청할 수 있으며 복지로 홈페이지(online.bokjiro.go.kr)에서 온라인 신청을 할 수 있다.

2) 조손가정통합지원서비스

조손가정을 통합적으로 지원하기 위해 조손가정통합지원서비스를 제공하고 있다.

조손가정의 열악한 생활환경 및 빈곤으로 인해 조부모는 손자녀의 교육과 건강관리에 소홀해지고, 아동의 경우 학습능력 저하, 정서적 문제 등이 야기될 수 있다. 국가에서는 손자녀의 양육 부담 경감 및 조손가정의 건강관리 지원을 위해 통합적 지원체계 마련함으로써 조손가정의 삶의 질 향상을 추구하기 위한 조손가정통합지원서비스를 제공하고 있다.

지원대상은 65세 이상 가구주 또는 그의 배우자와 만 18세 미만 손자녀가 생계, 주거를 함께 하는 저소득 조손가정이다. 단, 가구주의 연령이 55세 이상 65세 미만이거나, 가구소득 기준을 초과하더라도 지방자치단체장, 학교장 등이 지원이 필요하다고 인정하면 지원할 수 있다.

※ 우선지원 대상

① 최저생계비 180% 이하 가정(기초생활수급자, 차상위계층 포함)

② 상급학교진학 예정자(초6, 중3, 고3)

③ 최저생계비 180% 이상으로서 선정 대상 지원기준을 초과해도 지방자치단체장, 학교장, 건강가정지원센터장이 특별한 보호와 지원이 필요하다고 인정하여 추천한 가정

조손가정통합지원서비스를 통해 배움지도사를 가정에 파견하여 손자녀의 학습동기와 목표 점검, 기초학습과 자기주도학습 등 학습지원과 멘토-멘티서비스를 지원하고 있으며, 조부모의 건강문제로 일상생활이 어려운 가정을 대상으로 조부모의 외출 및 병원 진료 등의 활동 보조 및 손자녀의 긴급 일시돌봄을 제공하고 있다. 그 외에도 유관기관과의 연계를 통한 지원, 문화프로그램 지원, 주거환경 개선지원 등 다양한 서비스를 지원받을 수 있다. 구체적인 지원 내용은 다음과 같다.

표 9-1 지원제도

학습 정서 지원 (배움지도사 파견)	초, 중 고등학교 재학 또는 이에 상응하는 연령대의 손자녀가 대상이고, 배움지도사를 파견하여 학습지도 및 정서지원을 한다.
생활가사 지원 (키움보듬이 파견)	조부모의 건강 악화 등으로 일상생활이 어려운 가구가 대상이고, 키움보듬이를 가정에 파견하여 거동불편 조부모의 외출 및 병원 진료 등 활동보조, 조부모의 건강상태 악화로 인한 손자녀의 긴급 일시돌봄 등 전반적인 생활가사 지원한다.
주거환경개선 지원	도배 및 장판 교체 등을 위한 비용을 지원한다.
유관기관 연계 지원	심리상담, 의료기관, 보건소, 장학재단 등 유관기관과 연계하여 지원한다.
교육 · 상담 · 문화프로그램 및 자조모임 운영 지원	아동의 자존감 향상, 사회성 향상 및 조부모의 손자녀양육부담 경감 등을 위한 교육, 문화, 상담 멘토링 프로그램을 진행하고, 가족 유대감 형성 및 이해도 증대를 위한 조부모 자조모임 운영 및 가족캠프 등 문화체험 프로그램을 지원한다.

4. 조손가정 아동을 위한 복지서비스 개선방안

1) 조손가정 아동 양육을 위한 교육적 지원 확대

조부모는 손자녀들과의 세대 차이와 사고의 차이로 양육하는 데 있어 의사소통의 어려움을 많이 겪는다. 이러한 의사소통의 어려움은 양육기술 부족과 다양한 정보 부족으로 이어지기 때문에 조부모를 위한 대리부모 교육이 필요한 실정이다.

조부모의 대리부모 교육은 부모의 역할, 아동의 특성에 대한 교육, 급변하는 사회에 대처능력 및 의사소통 방법 교육과 더불어 조손가정에 대한 지원 가능 혜택에 대한 정보 제공이 이루어져야 한다.

2) 민간기관의 조손가정 지원 서비스 확대

지역사회와 비영리민간단체에서 조손가정의 아동 및 청소년의 교육활동 프로그램과 공부방, 방과 후 프로그램 등 교육적 서비스의 확대 시행이 요구되며, 이를 위해 조손가정의 직접적, 경제적 후원과 민간 기관의 후원을 통한 지원 및 멘토링 서비스가 추가로 필요하다.

멘토링 서비스는 대리부모 교육과 함께 조손가정의 조부모와 아동 사이의 세대 차이를 줄여줄 수 있는 유익한 서비스이다. 멘토링 서비스를 한 지역에만 국한되지 않고 지역자치제를 비롯한 지역사회복지관, 지역아동센터 및 건강가정지원센터 등을 통해 폭넓게 지원받을 수 있도록 조손가정에 대한 지원이 확대될 필요가 있다.

3) 독립된 조손가족지원법 재정을 통한 지원

우리 사회는 조손가정에 대한 이해와 관심이 부족하여 조손가정의 조부모와 손자녀에 대한 법적 · 사회적 권한에 대해 충분한 관심을 두지 못하는 실정이다. 현재 조손가정지원 관련 정책이 「한부모가족지원법」 체계 내에서 운영되고 있는데 효과적인 조손가정의 지원을 위해서는 별도의 법체계에 따라 지원할 필요성이 제기된다.

「한부모가족지원법」은 한부모가정의 자활능력 배양을 위한 서비스 제공으로 초점이 맞춰지지만 조손가정은 특별한 요구를 갖고 있으므로 조손가정 특성에 맞는 조손가족지원법 제정이 필요하다.

또한 조손가정을 위한 다양한 프로그램이 제공되고 있지만, 여성가족부에서 실시한 '2010년 전국 조손가정 실태조사 보고서'에 의하면 양육하고 있는 손자녀의 친부가 살아있다고 응답한 비율이 74%, 친모가 살아있다는 응답이 61.9%로 나왔으며, 친부와 친모 모두가 살아있다는 응답은 50.6%로 나타났다. 이러한 결과를 통해 부모가 생존하는 가운데 조손가정을 이루는 경우가 다수이므로 부모와 재결합을 유도할 수 있는 좀 더 체계적이고 종합적인 조손가정지원사업의 마련이 요구된다.

생각 나누기

「할머니와 수상한 그림자」

황선미 작가의 『할머니와 수상한 그림자』는 조손가정의 아픔을 다루고 있다.

할아버지가 돌아가시고 할머니와 단둘이 생활하는 기훈이는 요즘 무언가 자신만 모르는 일들이 벌어지고 있는 듯한 느낌 때문에 혼란스럽다. 할머니가 누군가와 몰래 통화를 하는가 하면, 집에는 낯선 손님이 찾아오기도 한다. 아파트 주차장에는 보이지 않던 차도 세워져 있어 신경 쓰인다. 게다가 어느 날부터 집에 잘못 배달된 물건들이 쌓이기 시작했다.
이 책은 기훈이와 비밀을 간직한 할머니가 여러 가지 사건을 겪으면서 서로를 이해하는 과정을 담은 이야기이다. 이야기를 통해 조부모와 손주와의 관계의 의미에 대해 다시 생각해 볼 수 있다.

- 도서 정보 : 황선미 글/ 노인경 그림/ 스콜라
- 생각 point
  - 『할머니와 수상한 그림자』 책을 읽어보고 어떠한 생각이 들었는지 이야기 나누어 보세요.
  - 할머니와 기훈이는 어떤 어려움을 가지고 있었나요?, 이들을 도와줄 수 있는 방법에는 무엇이 있을지 생각해 보세요.

우리 사회는 고도의 경제성장과 산업화, 도시화가 이루어지면서 전통적 개념의 가족 유형뿐만 아니라 가족관계, 가족의 구조에서 큰 변화를 가져오며 다양한 가족 형태를 만들어 가고 있다. 이 중에서 사회적 관심을 필요로 하는 북한이탈주민가족을 중심으로 살펴보고자 한다.

붉은 가족(2012)

제작: 한국
감독: 이주형
주연: 김유미, 정우, 손병호
러닝타임: 99분
조국을 위해 가족으로 뭉친 '진달래'는 공화국의 뛰어난 혁명전사들이다. 철저한 계급 서열을 중요하게 여기는 그들에게 자본주의 불청객이 등장한다. '진달래'는 늘 싸움이 끊이지 않는 '창수' 가족을 적대시하지만, 그들의 소란스러운 일상에 서서히 물들어 가게 된다.

신이 보낸 사람(2014)

제작: 한국
감독: 김진무
주연: 김인권
러닝타임: 112분
1급 정치범으로 아내와 함께 수용소에 끌려갔던 철호는 자신의 목숨은 건졌지만 아내를 잃게 되면서 혼자 살아남은 것에 대한 죄의식을 떨쳐 내지 못한다. 고향 땅으로 돌아온 철호는 죽은 아내와의 마지막 약속을 지키기 위해 마을 사람들을 데리고 남조선으로의 탈북을 결심한다. 하지만 탈북을 준비하던 중 철호는 여러 가지 장벽에 막혀 두려움에 떨게 된다.

학습목표

- 북한이탈주민가족의 개념과 현황을 알아본다.
- 북한이탈주민가족이 생활하면서 경험하는 어려움에 대해 살펴본다.
- 북한이탈주민가족을 위한 복지서비스를 찾아보고 발전 방안을 제시해 본다.

10 북한이탈주민가정 아동을 위한 복지서비스

1. 북한이탈주민가정의 개념 및 현황

1) 북한이탈주민가정의 개념

「북한이탈주민의 보호 및 정착지원에 관한 법률」 제2조에 따르면 '북한이탈주민이라 함은 군사분계선 이북지역에 주소, 직계가족, 배우자, 직장 등을 두고 있는 사람으로서 북한을 벗어난 후 외국의 국적을 취득하지 않은 사람'을 말한다. 북한이탈주민가정은 이들로 구성된 가족 형태를 의미한다. 북한이탈주민과 유사하게 사용되는 용어로는 2005년 통일부에서 권장하여 사용되는 새터민이 있는데 이는 '새로운 터전에서 삶을 시작하는 사람'이라는 뜻으로 북한이탈주민이라는 용어를 대신하기도 한다.

2) 북한이탈주민가정 아동의 현황

북한이탈주민가정은 우리나라 국민이지만 다른 나라에서 이주한 점과 다른 문화에 적응하여야 하는 점 등에서 외국가족 못지않게 사회적응에 어려움을 겪고 있다.

통일부에서 발표한 북한이탈주민 관련 추이를 살펴보면 2005년 이후 지속적으로 증가추세를 유지하다 2012년 이후부터 1,500명대로 입국 인원이 축소되었다. 하지만 여성의 입국 비율은 1989년 이전에는 7%에 불과하였으나, 꾸준히 증가하다가 2002년을 기점으로 남성 비율을 넘어섰으며, 2015년 83%로 증가하였다. 이와 같이 북한이탈주민의 대다수가 여성이라는 점을 볼 때 자녀출산, 자녀양육과 관련 문제를 예상할 수 있어 이 부분에 대한 지원이 요구된다.

표 10-1 북한이탈주민 수

(단위: 명)

구분	2005	2006	2007	2008	2009	2010	2011	2012	2013	2014	2015	2016
인원	1,384	2,028	2,554	2,803	2,914	2,402	2,706	1,502	1,514	1,397	1,276	1,418
남	424	515	573	608	662	591	795	404	369	305	251	299
여	960	1,513	1,981	2,195	2,252	1,811	1,911	1,098	1,145	1,092	1,025	1,119

출처: e-나라지표 홈페이지(http://www.index.go.kr). 2018년 2월 20일 발췌.

북한이탈주민가정 아동은 10대 미만은 남자 622명, 여자 619명 총 1,241명으로 전체 북한이탈주민 현황에서 4.2%에 해당된다. 또한 10대는 남자 2,378명, 여자 5,972명 총 3,459명으로 전체 북한이탈주민 현황에서 11.7%에 해당된다. 이를 종합해 보면 북한이탈주민가정 아동은 총 4,700명으로 전체 북한이탈주민의 15.9%를 차지하고 있다.

표 10-2 북한이탈주민 연령별 남녀 비율

(단위: 명)

구분	0~9세	10~19세	20~29세	30~39세	40~49세	50~59세	60세 이상	계
남	622	1,558	2,378	2,017	1,269	476	323	8,643
여	619	1,901	5,972	6,858	3,701	1,127	916	20,821
전체	1,241	3,459	8,350	8,602	4,970	1,603	1,239	29,464
비율	4.2%	11.7%	28.3%	29.2%	16.9%	5.4%	4.2%	100.0%

출처: e-나라지표 홈페이지(http://www.index.go.kr). 2018년 2월 20일 발췌.

2. 북한이탈주민가정 아동 및 가족이 겪는 어려움

1) 북한이탈주민가정이 겪는 어려움

남북하나재단에서 실시한 2016 북한이탈주민 정착실태조사를 보면 고용률에서 일반 국민에 비해 낮은 수준으로 나타났고, 실업률에서는 일반 국민에 비해 높게 나타났으며, 월평균 임금은 162.9만 원으로 일반 국민 236.8만 원의 69% 수준을 보여 경제적 어려움을 겪는 경우가 많은 것으로 나타났다.

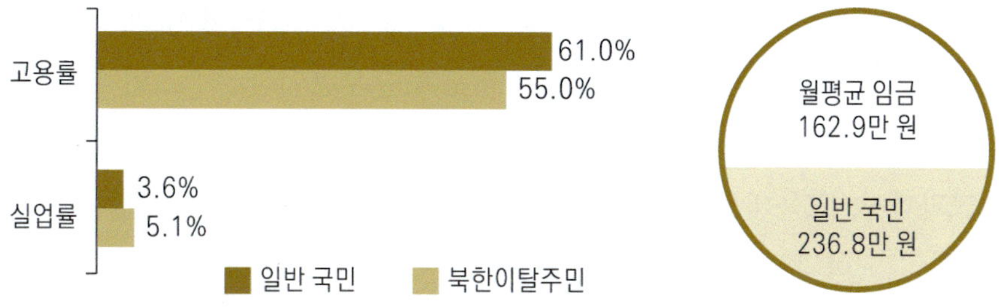

출처: 남북하나재단(2017). 2016 북한이탈주민 정착실태조사.

그림 10-1 북한이탈주민자의 고용률 및 실업률과 월평균 임금

빈곤 탈출을 위하여 직업취득을 위한 노력을 하나 북한이탈주민이라는 선입견, 장애·질병, 육아 등의 이유로 성공적인 취업을 하는 경우가 거의 없는 것으로 나타났다(이윤진, 이정림, 김경미, 2014).

문화적 차이로 인한 가치관 및 도덕성을 평가하는 척도, 자본주의에 대한 가치관의 미정립, 대인관계에서의 차별 또한 사회생활을 할 때 겪는 어려움으로 이어질 수 있다.

남한에 정착하면서 가장 큰 어려움 중 하나는 언어문제이다. 남북한에서 쓰는 용어 자체가 다른 것도 있지만 특히 많은 외래어로 인해 의사소통을 어려워한다. 통일부가 외부 연구기관에 의뢰해 최근 10년 동안 입국한 20~60세 탈북자 322명을 대상으로 설문 조사한 결과를 보면, 국내에서 겪는 가장 큰 어려움으로 '외래어로 인한 의사소통 문제'(41.4%, 115명)를 가장 많이 꼽았다. 다음으로 '북한 사투리에 대한 남한 사회 편견'이라고 답한 응답자가 23%를 차지했고, '과다한 자녀 교육비 지출'(12.9%), '자녀의 학교 부적응'(8.6%), '경제활동 및 생계유지'(8.3%) 순이었다. 외래어 의사소통 문제는 정착 3년 이하 탈북자 사이에서 상대적으로 높게(46.1%) 나타났지만, 국내 거주 기간이 길어지면 점차 완화(정착 7년 이상 32.3%)되는 것으로 나타났다.

2) 북한이탈주민가정 아동이 겪는 어려움

남한에 정착한 탈북자들은 자녀에 대해 교육열이 높은데, 낯선 땅에서 자녀들이 교육을 잘 받아야 잘 살 수 있을 거라는 생각 때문이다. 그러나 자녀들이 언어의 차이에서 겪는 어려움 때문에 남한의 학교에 잘 적응하지 못하는 경우가 많다.

북한이탈주민가정의 자녀들은 탈북과정에서 중국 및 제3국에서 체류 기간 동안 학업 공백으로 인해 교육 기회를 놓치는 경우가 대부분이다. 이로 인해 남한 학교에 편입하는 과정에서 자신의 연령보다 아래 학년에 편입하게 되는 경우가 다수이며, 교과과정, 교육내용, 교육체계, 가치관, 언어의 차이 등 학업활동의 이질성으로 남한의 교육과정에 적응하기가 쉽지 않다.

이는 학업활동뿐 아니라 또래와의 관계 형성에도 걸림돌로 작용하게 되어 친구를 사귀는 데 어려움을 겪게 되고 이는 학업부진으로 이어져 학교생활뿐 아니라 사회적응을 하는 데도 어려움을 겪게 된다.

남북하나재단에서 2016년도에 실시한 북한이탈주민가정의 청소년을 대상으로 하는 실태조사에 따르면 현재 학교에 다니는 북한이탈주민가정의 청소년 중 학교생활에서 가장 어려워하는 문제는 '학교 수업을 따라가기'가 48.5%로 가장 높게 나타났으며, 다음으로는 '친구관계(친구를 사귀기 어려움)'가 8.1%, '문화, 언어적응'이 7.6%, '선생님들과의 관계'가 2.2% 순으로 나타났다. 위 조사를 통해 학교 수업을 따라가기 위한 지원이 필요하다는 것을 알 수 있다.

(N=재학생 856명, 단위: %)

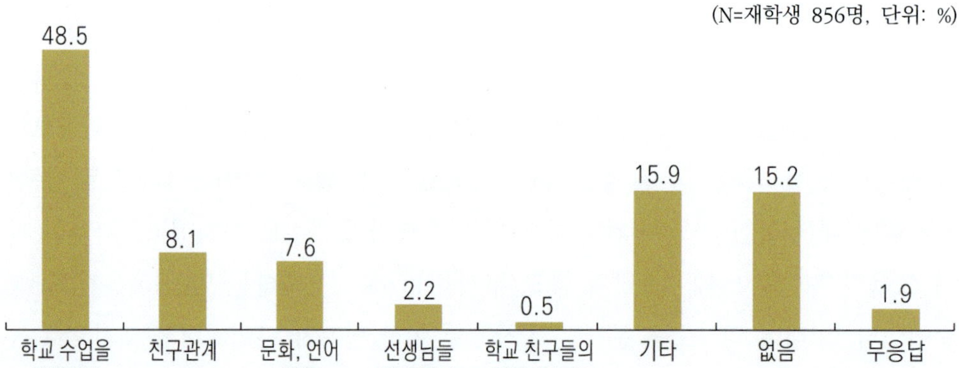

출처: 남북하나재단(2017). 2016 북한이탈주민 정착실태조사.

그림 10-2 북한이탈주민가정의 청소년이 학교생활에서 가장 어려워하는 문제

3. 북한이탈주민가정 아동을 위한 복지서비스

1) 통일부의 지원

앞에서 살펴본 바와 같이 북한이탈주민가정의 아동기부터 어려움이 발생하기 때문에 지속적인 관심과 지원이 이루어져야 할 것이다. 이에 통일부는 새로운 생활과 문화에 적응할 수 있도록 북한이탈주민가정에게 다양한 지원 활동을 하고 있다. 우선 하나원에서 정착 준비와 문화적 차이 해소를 위한 교육, 취업을 돕기 위한 직업훈련, 교육을 위한 등록금 지원 및 특례 편입학을 지원하고 있다.

2) 민간분야 지원

민간분야에서는 정부예산 지원을 통해 북한이탈주민지원재단을 설립하여 한국에 온 북한이탈주민가정의 초기정착부터 생활 보호, 취업 및 교육지원, 국민 인식개선 캠페인까지 다양한 사업을 통해 북한이탈주민가정들의 경제적 자립과 사회적 통합을 돕고 있다.

출처: 남북하나재단 홈페이지(https://www.koreahana.or.kr). 2018년 2월 20일 발췌.

그림 10-3 남북하나재단의 주요사업

3) 건강가정지원센터를 통한 지원

건강가정지원센터에서는 자녀를 동반한 북한이탈주민가정들이 늘어남에 따라 이들이 우리 사회에 안착하여 다른 가족들과 함께 잘 생활할 수 있도록 가족서비스를 제공한다. 탈북하는 과정에서 겪었던 심리적인 스트레스와 불안감을 정서적으로 위로해 주고, 남한에 정착하면서 경험하게 되는 부적응 문제를 해결할 수 있도록 도와주고 있다. 언어생활, 문화생활 등 북한이탈주민가정이 고민하는 여러 가지 문제에 관련하여 서비스를 제공함으로써 안정적인 정착 및 사회·경제적인 자립지원을 도모하는 사업을 추진하고 있다.

건강가족지원센터에서 지원하고 있는 북한이탈주민가정 지원 프로그램의 내용은 다음과 같다.

- 북한이탈주민 상담 프로그램: 자녀교육, 경제적 어려움 등 남한 정착과정에서 발생하는 다양한 고민에 대해서 내방 또는 찾아가는 서비스로 상담을 실시하고 있다.
- 북한이탈주민 부모교육 프로그램: 북한이탈주민을 대상으로 자녀양육의 어려움을 해소하고, 북한이탈주민의 자녀양육에 대한 의식 개선을 통해 실질적인 자녀양육이 가능하도록 지원하는 프로그램을 제공한다.
- 북한이탈주민 자조모임: 북한이탈주민들 간의 자조모임을 구성하고, 이들이 서로 지지하고 살아갈 수 있도록 모임 서비스를 구축해 준다.
- 북한이탈주민 자녀학습 멘토링: 자녀들의 경우, 새로운 환경, 또래, 언어 등 다양한 부분에서 새로운 환경에 적응해야 하고, 이 과정에서 학습부진으로 어려움을 겪는 경우에 이들을 대상으로 학습 멘토링 등의 서비스를 제공하고 있다.

4. 북한이탈주민가정 아동을 위한 복지서비스 개선방안

1) 자녀양육지원 강화

북한이탈주민가정의 자녀양육을 위해서는 부모교육이 확대·강화되어야 한다. 우선 가장 큰 지원 단체인 남북하나재단에서부터 부모교육을 실시하고 참여도와 실효성을 위해 다른 교육과 연계하여 실시할 수 있을 것이다. 이와 더불어 북한이탈주민 부모를 위해서 한국사회의 부모의 역할, 양육문화, 아동의 특성에 대한 교육, 의사소통 방법 교육 등의 내용이 이루어져야 한다.

현재 학교에 다니는 북한이탈주민가정의 아동에게 향후 필요한 지원 중 '학습 및 학업(공부) 지원'이 65.5%로 가장 높게 나타났다. 이를 지원하기 위한 학습과 학업 지원을 위한 방안도 확대되어야 한다.

북한이탈주민가정의 아동이 북한과는 다른 남한의 교육방식에 적응하는 과정에서 어려움이 생길 수 있다. 위와 같은 적응에 관한 어려움을 상담 프로그램을 통해 심리적인 어려움을 해소할 수 있도록 지원할 필요가 있다. 이를 직접적으로 해결하기 위해 통합교육의 틀을 마련할 수 있는 전문 지도자 양성이 요구된다. 또한 사회적인 지원과 인식 개선을 통해 문화적 이질감으로 인한 갈등이 생기지 않도록 지속적인 지원과 서비스를 확대해야 할 필요가 있다.

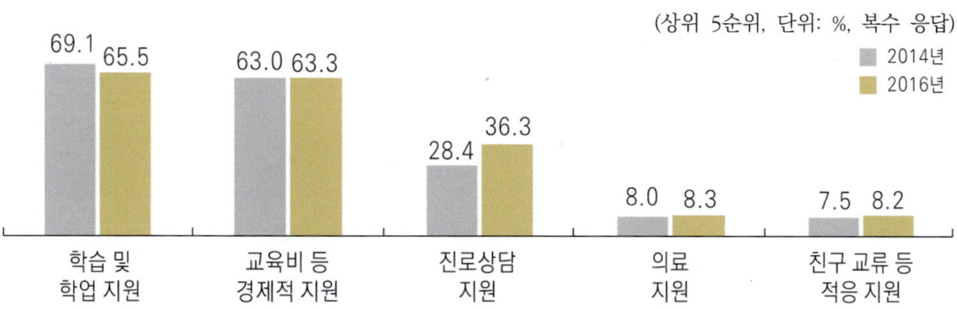

출처: 남북하나재단(2017). 2016 북한이탈주민 정착실태조사.

그림 10-4 북한이탈주민가정의 아동에게 향후 필요한 지원

2) 지역사회 연계 지원방안

북한이탈주민가정이 경제적 어려움을 겪는 경우가 많이 있으므로 저소득층 아동지원사업과 연계를 통한 지원 강화가 요구된다. 드림스타트는 북한이탈주민 거주 밀집 지역에 대부분 설치되어 있기 때문에 주민자치센터와 연계하여 지원하고, 가정에 직접 찾아가는 서비스를 실시하여야 한다. 대부분의 북한이탈주민가정에서는 정보를 알지 못하는 경우가 많거나 정보 접근이 어렵기 때문에 남북하나재단에서 정보를 제공할 수 있는 방안과 홍보 등이 요구된다.

생각 나누기

"앞만 보고 달려왔기에 찾을 수 있었던 오늘"

"한국은 참으로 하고 싶은 것이 많은 나라였다. 공부도 하고 싶고, 여러 자격증도 취득하고 싶고, 취직하여 내가 좋아하고 잘하는 일도 하고 싶었다. 그런 모든 것을 이뤄가기 위해 밤낮없이 노력했다. 비록 이곳에 올 때는 빈손으로 왔지만, 통일되어 고향에 갈 때는 양손에 무언가를 들고 가려고 나의 삶에 한 점의 부끄럼 없이 최선을 다해 달려왔다."

임○○(52) 씨는 2011년 4월 15일부터 현재까지 광주광역시의 한 기업부설 연구소 구내식당 총괄 요리사로 근무하고 있는 성실 근면한 북한이탈주민이다.

– 중략 –

임 씨가 후배들에게 해주고 싶은 말이 있다. "본인이 노력을 하고 모든 일에서 남한 사람들보다 더 잘하면 그들에게 무시당할 일도 없고, 오히려 존경을 받는다. 그러니 우리가 이 땅에 올 때는 비록 빈손으로 왔어도 통일이 돼 고향으로 돌아갈 때 양손에 무엇인가를 들고 가려면, 자신의 삶에 있어서 최선을 다하는 삶을 살아야 한다."

– 후략 –

- 관련기사 : 남북하나재단 정착사례
- 생각 point
  - 남북하나재단의 정착 사례를 보면서 어떠한 생각이 들었는지 이야기 나누어 보세요.
  - 임 씨가 처한 어려움은 무엇이었나요?, 임○○ 씨에게는 어떠한 도움이 필요했을지 생각해 보세요.

MEMO

Children's Right and Welfare

4월 20일은 장애인의 날로 국민의 장애인에 대한 이해를 깊게 하고, 장애인의 재활 의욕을 고취하기 위한 목적으로 제정되었다. 이와 더불어 장애아동이 건강하고 행복하며 인간다운 생활을 위한 권리를 보장하고 개별적 특수성으로 차별받지 않도록 법적으로 장애아동의 권리를 명시하고 있다. 장애아동의 개념과 현황에 대해 살펴보며 이들이 겪는 어려움에 대해 알아보고자 한다. 또한 장애아동을 위한 복지서비스와 이를 개선할 수 있는 방안에 대해서 논의해 보고자 한다.

채비(2017)

제작: 한국
감독: 조영준
주연: 고두심, 김성균
러닝타임: 115분
일곱 살 같은 서른 살 아들 인규를 24시간 특별 케어하느라 어느새 30년 프로 잔소리꾼이 된 엄마 애순 씨는 앞으로 아들과 함께할 시간이 많지 않음을 알게 됩니다.
자신이 떠난 후 남겨질 아들을 생각하니 걱정만 한가득인 애순 씨는 세상과 어울리며 홀로 살아갈 인규를 위한 그녀만의 특별한 체크리스트를 작성하고, 잠시 소원했던 첫째 딸 문경과 동네 사람들의 도움을 받으며 빈칸을 하나씩 채워나가기 시작한다.

말아톤(2005)

제작: 한국
감독: 정윤철
주연: 조승우, 김미숙
러닝타임: 117분
《말아톤》은 자폐성장애를 가진 청년이 마라톤을 통해 사회와 소통해 나가는 과정을 그린 영화로 2005년에 개봉되었다.
이 영화는 KBS 《인간극장》에서 다큐멘터리로도 소개된 자폐성장애 환자와 그의 어머니 이야기를 바탕으로 각색되었고, 주인공 배형진(극 중 윤초원)은 2001년 춘천 마라톤 대회에서 서브스리(3시간 이내 완주)를 기록하게 된다.

학습목표

- 장애아동의 개념과 유형에 대해 설명할 수 있다.
- 장애아동의 현황을 찾아본다.
- 장애아동을 지원하기 위한 복지서비스에 대해 살펴보고 개선방안을 논의해 본다.

11 장애아동을 위한 복지서비스

1. 장애의 개념 및 현황

1) 장애의 개념

장애아동을 이해하기 위해서는 장애에 대한 개념에 대해서 알아야 한다. 장애는 국가마다 사회적인 관념의 차이마다 정의하는 내용이 달라질 수 있기 때문에 보편적인 개념에서 정의를 내리기에는 어려움이 따른다.

국제사회에서는 오랫동안 세계보건기구(WHO)의 국제장애분류(ICIDH: International Classification of Impairments, Disabilities, and Handicaps)에 의해 장애의 정의와 기준을 제시해 왔다. 국제장애분류는 1980년대 처음으로 WHO에 의해 공인되었는데, 그동안 장애를 질병이나 신체 이상과 같은 의학적 관점에서 바라보던 것에서 그로 인한 기능적·구조적 손상, 신체의 기능적·구조적 손상의 결과로 발생하는 활동이나 행동 패턴의 제약, 활동의 제약으로 인해 야기되는 사회적인 불이익까지 사회적 관점에서 장애를 총체적으로 이해하고자 하는 의도를 반영하였다. 그동안 세계보건기구가 정의한 장애의 기준을 2001년에 새로 도입한 국제장애분류(ICF) 체계는 사회정책의 문맥에서 장애 개념을 재정립하고자 한 것으로 볼 수 있다(황수경, 2004).

우리나라의 경우 모든 정책적 고려에서 장애의 기준을 「장애인복지법」에 준하고 있다. 「장애인복지법」에서 장애인은 포괄적으로 "신체적·정신적 장애로 인하여 장기간에 걸쳐 일상생활 또는 사회생활에 상당한 제약을 받는 자(제2조 제1항)"로 정의하며, 1989년 제정 당시에는 주로 신체·정신상의 일차적 장애에만 국한하다가 최근 신장, 심장, 간질환 등 내부기관의 장애와 중증 간질장애, 안면기형 등을 추가하면서 사회적 활동까지의 장애까지 포함하는 개념으로 장애의 범주를 확대하고 있다.

이 장에서는 장애에 대해 세계보건기구의 국제장애분류와 「장애인복지법」에 명시된 정의를 살펴보면서 이해하고자 한다.

(1) 세계보건기구의 국제장애분류에 의한 정의

국제장애분류(ICIDH)는 장애의 판정이 각 나라에서 지정한 사회적 서비스의 수혜자격을 부여하기 위한 판단에서 이루어지는 것이라는 점을 분명히 한 것으로, 대부분의 국가에서 장애의 판단체계에 결정적인 영향을 미치게 되었다. 이때 사회적 서비스의 주요 내용은 기능적·구조적 손상으로 인한 소득상실을 복지시스템에 의해 보조하거나 사회적 불이익으로 인한 불평등을 해소하기 위해 차별금지 수단의 지원을 받는 것이다.

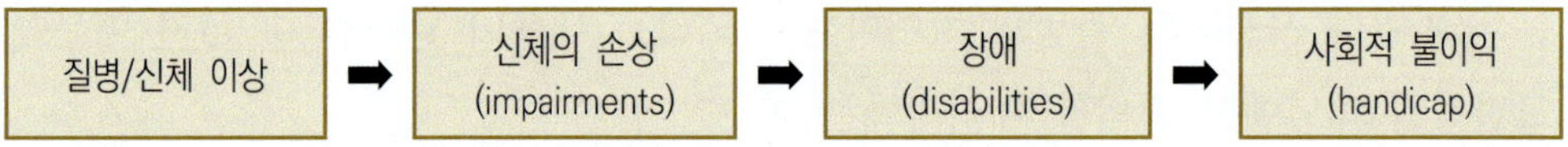

출처: 황수경(2004). WHO의 새로운 국제장애분류(ICF)에 대한 이해와 기능적 장애 개념의 필요성.

그림 11-1 1980년의 국제장애분류의 장애 개념의 구조

1980년 세계보건기구는 국제질병 기준을 근간으로 장애를 기능장애, 능력장애, 사회적 불리의 개념으로 구분하고 있다.

① 기능장애

기능장애(impairments)는 '심리적, 생리적 또는 해부학적 구조나 기능의 상실 또는 비정상'을 의미한다. 일시적 혹은 영구적인 손실이나 비정상이 특징이며 정신적인 기능체계를 포함한 신체의 다른 구조의 비정상, 결손 등도 포함된다. 기능장애에는 지적장애, 언어장애, 청각장애, 시각장애, 내과적 장애, 골격계 장애, 신체기형, 정신적 장애 등이 포함된다.

② 능력장애

능력장애(disabilities)는 '신체의 손상으로부터 야기된 것으로 인간에게 정상적인

것으로 간주되는 범위 내에서 또는 그러한 방식으로써 활동을 수행하는 능력이 제약되거나 결여'되는 것을 뜻한다. 즉, 기능장애의 직접적 결과로서 개인의 활동상의 능력 제한이 발생되는 것을 말한다. 여기서 말하는 장애에는 태도장애, 의사소통 장애, 개인 일상생활 동작장애, 운동장애, 가사활동 장애, 상황적 장애 등이 포함된다.

③ 사회적 불리

사회적 불리(handicaps)는 사회적 차원의 장애에 대한 개념으로 '신체의 손상이나 장애로 인해 정상적인 역할 수행이 어렵거나 방해하는 개인에 대한 불이익'을 말한다. 이는 기능장애나 능력장애가 사회화된 것으로 일반적인 사회생활에 대한 참여가 제한을 받거나 지장을 초래하는 것을 말한다. 사회적 불리에는 신체적 자립 불리, 이동성 불리, 직업상 불리, 사회통합 불리 등이 포함된다.

1990년대가 되면서 장애인 정책의 기조는 변화했다. 전반적인 복지정책의 기조 변화와 맞물리면서 장애인 정책도 과거 소득보조를 지원하는 위주로 한 정책 대신에, 소득 능력의 회복 및 고용을 통한 복지를 추구하려는 방향으로 변화하게 되었다(OECD, 2003). 즉, 장애의 개념을 신체적 장애에서 기능적 장애로 무게 중심이 이동하였고, 장애인은 장애를 가진 사람이 아니라 다양한 형태로 정책적 도움을 필요로 하는 사람으로 구체화되었으며, 장애 개념을 이해하는 방식도 특수한 문제가 아니라 건강의 축에서 바라보는 보편적인 문제로 전환되었다(황수경, 2004).

2001년의 국제기능장애 건강분류(ICF; International Classification of Functioning, Disability and Health)는 이러한 문제의식들이 반영된 결과로 만들어졌다. 국제기능장애 건강분류에서는 신체 기능 및 구조, 활동, 참여라는 세 가지 측면에 의해 장애에 대한 포괄적인 개념으로 변화하였다.

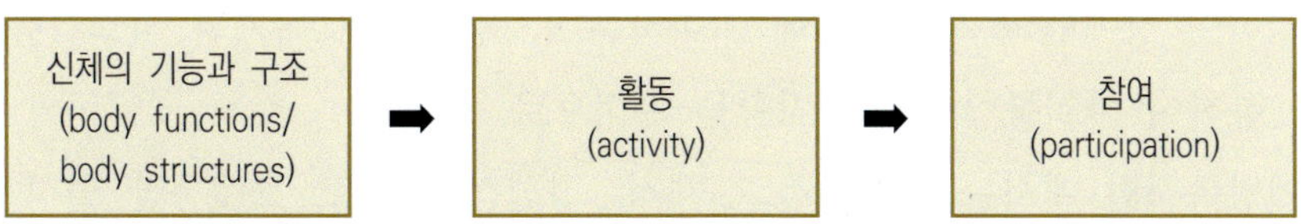

출처: 세계보건기구(2001). 국제기능장애 건강분류.

그림 11-2 2001년의 국제기능장애 건강분류에 의한 장애 개념의 구조

국제기능장애 건강분류의 전반적인 목적은 건강과 건강 관련 상태를 표현하기 위해 통일되고 표준화된 언어와 체계를 제공하는 것으로 건강영역과 건강 관련 영역을 포함하고 있다. 이 영역들은 ① 신체의 기능과 구조(body functions/body structures) ② 활동(activity)과 참여(participation)의 두 가지 기본 목록에서 신체적 관점 및 개인과 사회적 관점으로 나누어 볼 수 있다.

① **신체의 기능과 구조**(body functions/body structures)

신체 요소는 두 가지 분류, 즉 신체 계통의 기능과 신체 구조로 구성된다. 건강의 맥락에서 보면 신체 기능은 심리적 기능을 포함한 신체 계통의 생리적 기능을 의미한다. 또한 신체 구조는 기관, 팔다리 및 그 구성 요소들과 같은 신체의 해부학적 부위를 말하며, 이러한 신체의 기능과 구조가 손상되었다는 것은 현저한 변형이나 손실에 의한 신체 기능 또는 구조에서의 문제가 생기는 것을 말한다.

② **활동**(activity)**과 참여**(participation)

활동과 참여 요소는 개인 및 사회적 관점에서 기능수행의 측면을 나타내는 모든 영역을 포함한다. 활동은 개인이 과제나 행위를 실행하는 것이며, 참여는 생활상황에 관여하는 것으로 이러한 활동에 제한이 생기는 것은 개인이 활동을 실행하는 동안 겪을 수 있는 어려움을 말한다.

(2) 장애인복지법에 의한 정의

「장애인복지법」은 장애인의 인간다운 삶과 권리보장을 위한 법으로 국가와 지방자치단체 등의 책임을 명백히 밝히고 있다. 장애 발생 예방과 장애인의 의료·교육·직업 재활·생활환경개선 등에 관한 사업을 정하여 장애인 복지대책을 종합적으로 추진하며, 장애인의 자립생활·보호 및 수당지급 등에 관하여 필요한 사항을 정하여 장애인의 생활안정에 기여하는 등 장애인의 복지와 사회활동 참여증진을 통하여 사회통합에 이바지함을 목적으로 한다.

「장애인복지법」에서는 장애인을 신체적·정신적 장애로 오랫동안 일상생활이나 사회생활에서 상당한 제약을 받는 자로 정의하였다. 이 법을 적용받는 장애인은 제1항에 따른 장애인 중 다음의 어느 하나에 해당하는 장애가 있는 자로서 대통령령으로 정하는 장애의 종류 및 기준에 해당하는 자를 말한다.

표 11-1 대통령령이 정하는 장애 종류 및 기준

신체적 장애	주요 외부 신체 기능의 장애, 내부 기관의 장애
정신적 장애	발달장애 또는 정신 질환으로 발생하는 장애

표 11-2 장애인복지법에 따른 장애 유형 분류

대분류	중분류	소분류	세분류
신체적 장애	외부 신체 기능의 장애	지체장애	절단장애, 관절장애, 지체기능장애, 변형 등의 장애
		뇌병변장애	중추신경의 손상으로 인한 복합적인 장애
		시각장애	시력장애, 시야결손장애
		청각장애	청력장애, 평형기능장애
		언어장애	언어장애, 음성장애, 구어장애
		안면장애	안면부의 추상, 함몰, 비후 등 변형으로 인한 장애
	내부 기관의 장애	신장장애	투석치료 중이거나 신장을 이식받는 경우
		심장장애	일상생활이 현저히 제한되는 심장기능 이상
		간장애	일상생활이 현저히 제한되는 만성·중증의 간 기능 이상
		호흡기장애	일상생활이 현저히 제한되는 만성·중증의 호흡기기능 이상
		장루·요루장애	일상생활이 현저히 제한되는 장루·요루
		간질장애	일상생활이 현저히 제한되는 만성·중증의 간질
정신적 장애	지적장애		지능지수가 70 이하인 경우
	정신장애		조현병, 분열형 정동장애, 양극성 정동장애, 반복성 우울장애
	자폐성장애		소아자폐 등 자폐성장애

출처: 국가법령정보센터 홈페이지(www.law.go.kr). 2018년 2월 20일 발췌.

2) 장애아동의 현황

우리나라에서는 「장애인복지법」 제31조에 의해 장애인 실태조사를 주기적으로 실시하고 있다. 1990년 1차 조사 이후 5년마다 실시되었으며, 2007년 법이 개정되면서 3년마다 실시하는 것으로 변경되었다. 1990년, 1995년, 2000년, 2005년, 2008년, 2011년, 2014년, 2017년 총 8차례 실시되었다.

우리나라 장애아동의 현황을 2017년 장애인 실태조사의 주요 결과를 통해 살펴보고자 한다.

(1) 장애 추정 인구 및 출현율 등

우리나라의 장애 추정 인구수는 약 267만 명이며, 장애 출현율은 5.39%로 인구 10,000명 중 539명이 장애인인 것으로 나타났다. 장애 추정 인구 중 등록 장애인구는 251만 명(2016. 12월 기준)으로 장애인 등록률은 94.1%로 2011년 이후 90% 이상의 높은 수준을 유지하고 있다.

표 11-3 장애 추정 인구수와 장애 출현율

(단위: 명, %)

구분		재가장애인	시설장애인	전체
2017년	장애인 수	2,580,340	88,071	2,668,411
	출현율	(5.21)	-	(5.39)
2014년	장애인 수	2,646,064	80,846	2,726,910
	출현율	(5.43)	-	(5.59)
2011년	장애인 수	2,611,126	72,351	2,683,477
	출현율	(5.47)	-	(5.61)

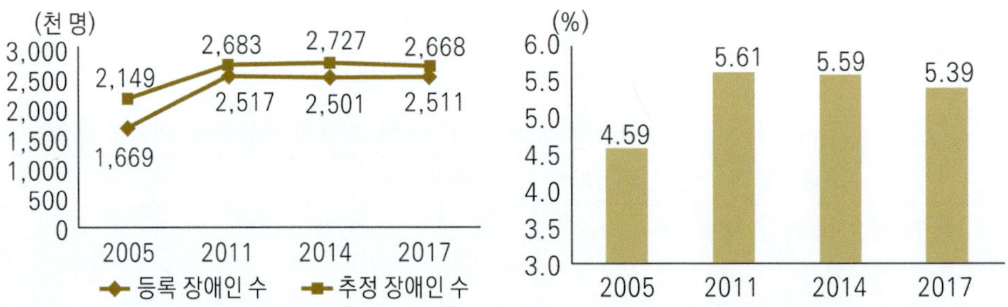

등록 장애인 수와 추정 장애인 수 변화 추이

장애 출현율

출처: 보건복지부(2017). 2017년 장애인실태조사.

그림 11-3 장애 추정 인구수와 장애 출현율

또한 장애아동은 전체 장애인의 4% 미만으로 집계되고 있는데, 아동의 연령이 낮을수록 그 비율이 더 낮게 나타나는 경향을 보이고 있다. 또한 장애인구 중 65세 이상 노인의 비율이 46.6%로 우리 사회가 고령화 사회로 접어듦에 따라서 장애노인의 인구도 지속적인 증가 경향을 보여주고 있다.

표 11-4 장애인 연령분포

(단위: %)

구분	2005년	2011년	2014년	2017년
만 0~17세	3.9	3.5	2.7	3.3
만 18~29세	5.8	4.2	4.1	4.6
만 30~39세	9.7	7.2	6.7	4.8
만 40~49세	18.2	14.2	12.5	10.4
만 50~64세	29.9	32.1	30.7	30.3
만 65세 이상	32.5	38.8	43.3	46.6
계	100.0	100.0	100.0	100.0

출처: 보건복지부(2017). 2017년 장애인실태조사.

장애 발생원인은 사고 혹은 질환 등 후천적 원인에 의해 발생하는 비율이 크며 이는 88.1%를 차지하고 있다.

표 11-5 장애 발생원인

(단위: %)

구분	2005년	2011년	2014년	2017년
선천적 원인	4.0	4.6	4.7	5.1
출산 시 원인	0.7	0.9	1.3	1.4
후천적 원인	89.0	90.5	88.9	88.1
(질환)	52.4	55.1	56.2	56.0
(사고)	36.6	35.4	32.7	32.1
원인불명	6.3	4.0	5.1	5.4
계	100.00	100.0	100.0	100.0

출처: 보건복지부(2017). 2017년 장애인실태조사.

(2) 특수교육대상자 현황

교육부에서 조사한 2017 특수교육통계의 연도별 특수교육 대상자 현황에 따르면, 특수교육대상자가 일반학교를 다니고 있는 비율이 높게 나타났다.

표 11-6 연도별 특수교육대상자 배치 현황

(단위: 명, %)

연도	특수학교 및 특수교육지원센터	일반학교	전체
2013	25,522 (29.5)	61,111 (70.5)	86,633 (100.0)
2014	25,827 (29.6)	61,451 (70.4)	87,278 (100.0)
2015	26,094 (29.6)	61,973 (70.4)	88,067 (100.0)
2016	25,961 (29.5)	61.989 (70.5)	87,950 (100.0)
2017	**26,199 (29.3)**	**63,154 (70.7)**	**89,353 (100.0)**

출처: 교육부(2017). 2017 특수교육통계.

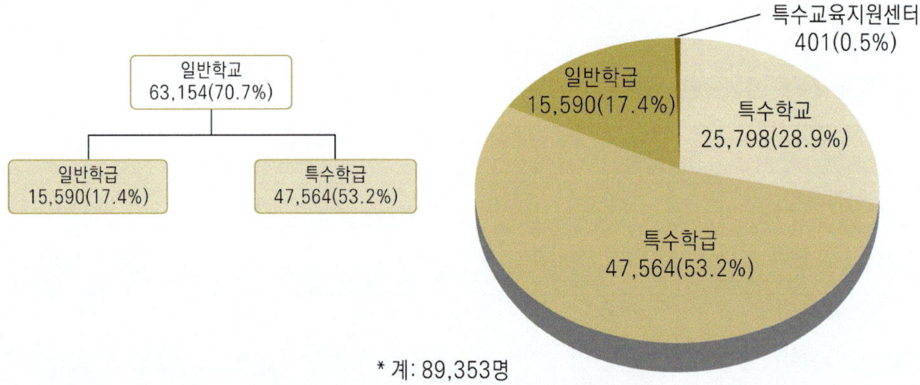

출처: 교육부(2017). 2017 특수교육통계.

그림 11-4 2017년 특수교육 대상자 현황

특수학급의 현황은 초등학교에 많은 인원과 학급 수가 배치되었는데, 상대적으로 유아기에 해당하는 유치원의 학급 수와 학생 수는 적은 것으로 나타났다.

표 11-7 특수학급 현황

(단위: 명)

과정별	학교 수	학급 수	학생 수	교원 수
계	7,799	10,325	47,564	10,658
유 치 원	714	731	2,763	742
초등학교	4,192	5,281	22,400	5,286
중 학 교	1,811	2,364	10,256	2,378
고등학교	1,065	1,916	11,928	2,192
전 공 과	17	33	217	60

출처: 교육부(2017). 2017 특수교육통계.

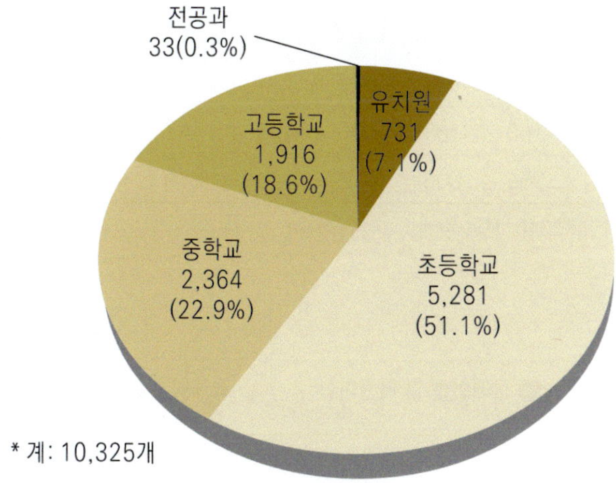

출처: 교육부(2017). 2017 특수교육통계.

그림 11-5 2017년 특수학습 현황

또한 일반학급에서 통합교육을 실시하고 있는 곳에서도 특수학급이 있는 곳과 유사하게 초등학교에서 많은 인원의 장애학생들이 통합학급 반에서 일반아동들과 함께 교육을 받고 있음을 알 수 있다. 유아기에 장애를 가진 아이들이 다니는 일반 유치원의 학급 수와 유아 수는 적은 것으로 나타났다.

보건복지부에서도 취약아동의 보육서비스 이용을 위하여 장애아 전문 어린이집과 장애아 통합 어린이집을 지원하고 확대하는 방안을 정부지원시설을 중심으로 추진하고 있다.

장애아 전문 어린이집은 「장애아동 복지지원법」 제32조에 따라 이에 준한 요건을 갖추고, 상시 12명 이상 장애아(단, 미취학 장애아 9명 이상 포함)를 보육하는 시설 중 지방자치단체가 지정한 시설을 말한다. 장애아 통합 어린이집은 장애아 전담교사를 배치하고 정원의 20% 이내에서 장애아 종일반을 편성하여 운영하거나 미취학 장애아를 3명 이상 통합보육하고 있는 어린이집으로 시·군·구가 지정한 시설을 말한다. 장애아 전문 어린이집이 꾸준히 증가하고 있으며 장애아 통합시설의 경우 2004년 이후 756개소가 증가하는 등 장애아 통합보육이 활성화되고 있다.

표 11-8 장애아 전문 어린이집, 장애아 통합 어린이집 현황

(단위: 개소)

	2008	2009	2010	2011	2012	2013	2014	2015	2016
계	916	974	976	984	1,007	1,039	1,046	1,074	1,088
장애아 전문 어린이집	160	168	166	169	171	172	174	175	177
장애아 통합 어린이집	756	806	810	815	836	867	872	899	911

출처: 보건복지부(2017). 2016 보육통계.

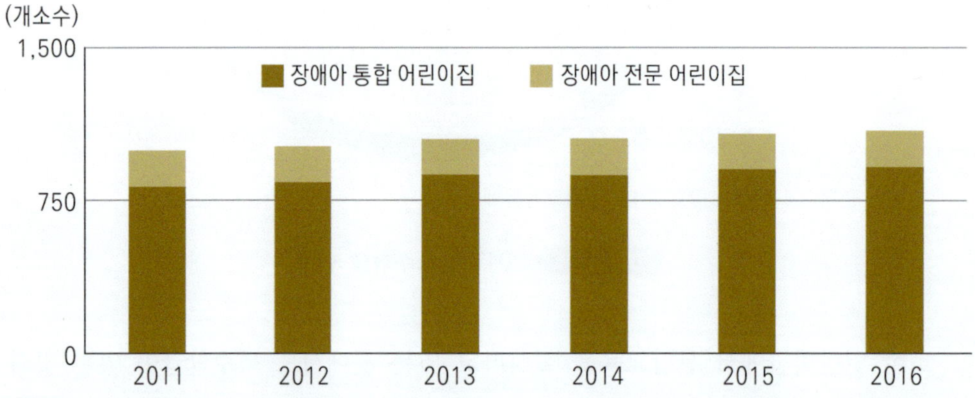

출처: 보건복지부(2017). 2016 보육통계.

그림 11-6 2016년 장애아 통합/전문 어린이집 현황

장애아 전문 및 통합시설 증가 원인을 살펴보면 매년 신축비 지원을 통한 장애아 전문시설 신축 및 지정을 확대하였고, 장애아 통합시설에서는 장애아 3명 이상을 통합하는 경우 통합교사 인건비를 지원하고 있다. 장애아의 경우 통합보육의 중요성이 부각됨에 따라 장애아 통합시설 지정을 확대하고 있어 장애아동이 어린이집을 이용하는 것이 앞으로도 늘어날 전망이다. 교육부에서도 장애아동이 이용할 수 있도록 환경 개선 및 인식 개선을 위한 노력이 요구된다.

2. 장애아동 및 가족이 겪는 어려움

1) 장애가정이 겪는 어려움

2017년 장애인 실태조사에 따르면 장애인 가구의 경제적 인식 및 상황에 대해 하층으로 인식하는 경향이 높았다. 즉, 자신의 경제 상태에 대해 상층 혹은 중층으로 인식하는 비율은 38.5%로 2014년도에 비해 다소 높아졌으나. 여전히 전체 장애인의 61.5%는 자신의 가구를 경제적으로 어려운 저소득 가구라고 응답했다.

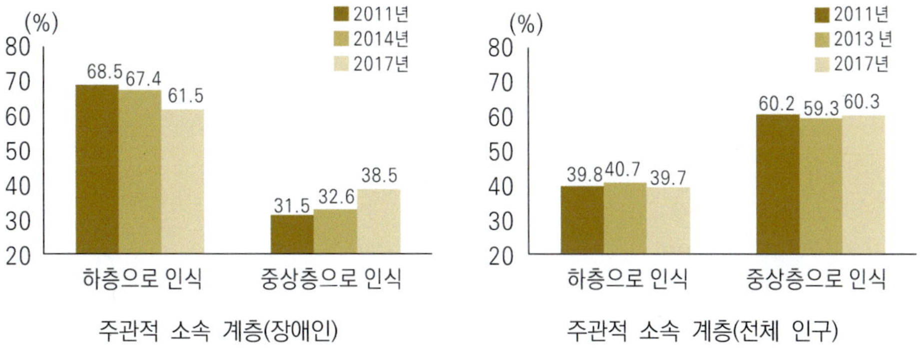

출처: 보건복지부(2017). 2017년 장애인 실태조사.

그림 11-7 경제적 인식 및 상황에 대한 인식(장애인과 전체 인구 비교)

이는 실제적인 소득에서도 같은 결과를 나타냈다. 장애인 가구의 월평균 소득은 2017년 기준으로 2,421천 원으로 장애인 연금과 기초연금액 상승 등에 따른 공적 이전 소득 증가로 인해 2014년에 비해 6.7% 높은 증가율을 보이긴 하나 전국 가구의 월평균 소득과 비교하면 현저히 낮다.

표 11-9 월평균 가구소득 및 가구지출액

(단위: 천 원)

구분	2011년		2014년		2017년	
	장애인 가구	전국 가구[1)]	장애인 가구	전국 가구[2)]	장애인 가구	전국 가구[3)]
가구소득액 (전국 가구 대비율)	1,982	3,260 (60.8%)	2,235	3,560 (62.8%)	2,421	3,617 (66.9%)
가구지출액 (전국 가구 대비율)	1,618	2,642 (61.2%)	1,706	2,814 (60.6%)	1,908	2,761 (69.1%)

출처: 1) 통계청(2011). 가계동향조사(2011. 2/4분기). 전국 1인 이상 가구 월평균 소득·지출
2) 통계청(2014). 가계동향조사(2014. 2/4분기). 전국 1인 이상 가구 월평균 소득·지출
3) (소득) 통계청(2017). 가계동향조사(2017. 2/4분기), (지출) 통계청(2016). 가계동향조사(2016. 4/4분기). 전국 1인 이상 가구 월평균 소득·지출

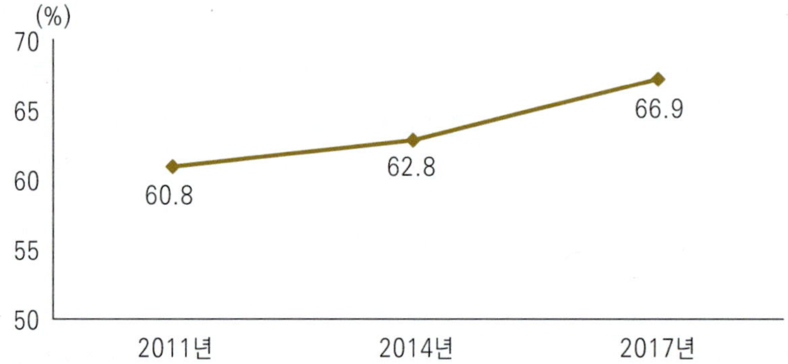

출처: 보건복지부(2017). 2017년 장애인실태조사.

그림 11-8 장애인 가구 소득의 전국 가구 소득 대비율(전국 1인 이상 가구)

이들이 장애를 발견하거나 장애로 인해 지출하는 비용은 월 165.1천 원으로 장애인 보조기기에 대한 공적 급여 항목이 증가했음에도 불구하고 여전히 많은 비용이 지출되고 있어 경제적 어려움이 크다는 것을 알 수 있다. 이러한 어려움으로 인해 장애가정은 국가 및 사회에 소득보장, 의료보장, 고용보장 등을 요구하고 있다. 이는 과거에 요구하는 사항과 유사한 경향이나 장애인 건강관리(장애 예방 포함)가 비교적 큰 폭으로 증가한 부분에서 차이가 나는 것을 볼 수 있다.

표 11-10 장애로 인한 추가 소요비용(월 평균)

(단위: 천 원)

구분	2011년	2014년	2017년
월평균 총 추가 소요비용	160.7	164.2	165.1
교통비	22.8	25.6	20.5
의료비	56.8	66.0	65.9
보육 · 교육비	6.0	4.1	8.0
보호 · 간병비	14.1	13.6	20.6
재활기관이용료	1.9	4.2	4.8
통신비	9.6	9.9	9.8
장애인보조기기 구입 · 유지비	31.7	18.9	7.2
부모 사후 및 노후대비비	5.4	16.8	22.9
기타	12.3	5.1	5.4

주: 장애로 인한 추가비용이란 장애인이 아닌 경우 지출하지 않아도 되지만, 장애인이기 때문에 지출하는 것을 의미

출처: 보건복지부(2017). 2017년 장애인실태조사.

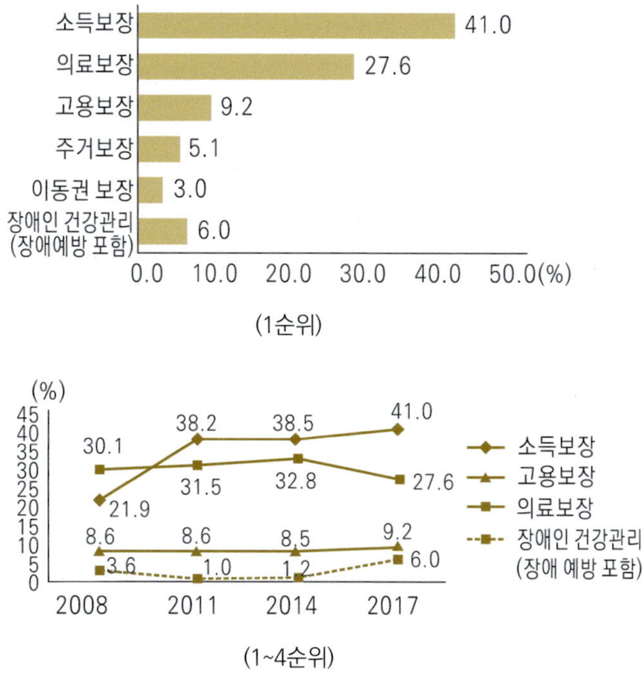

출처: 보건복지부(2017). 2017년 장애인실태조사.

그림 11-9 국가 및 사회에 대한 요구사항

장애아동 가족은 자녀를 양육과정에서 차별을 경험한 적이 있으며 특히 장애아동을 위한 보험 가입 시에 차별을 가장 많이 경험하였으며, 차별을 경험할 때는 주로 장애인 단체에 도움을 구하고 있었다. 또한 장애인을 형제자매로 둔 비장애인의 심리·정서적 어려움도 있다. 이들은 생애주기별로 경험하는 어려움이 다르기 때문에 심리·정서적 어려움을 덜어주기 위해서는 장애를 이해하고 대처할 수 있도록 적절한 교육과 상담 등이 필요하고 특히 형제자매들에게 장애에 대한 정확한 정보를 제공하는 것이 필요하다.

2) 장애아동이 겪는 어려움

장애아동은 일반아동에 비해 일상생활을 하는 데 도움이 더 요구되기 때문에 돌봄서비스와 일상생활을 지원할 수 있는 서비스가 필요하다. 보통 장애인은 일상생활 수행 시 도와주는 사람이 있다(83.3%). 장애인활동지원 서비스 대상자 확대와 이에 따른 예산 증가 등으로 인해 돌봄서비스가 확대되어 활동 보조인 등 공적 돌봄서비스 제공자가 도움을 주고 있으나(13.9%) 주 도움 제공자는 가족 구성원(81.9%)으로 여전히 가족 부담이 높은 것으로 나타났다(보건복지부, 2017).

또한 교육을 제공받을 때도 어려움이 있었다. 장애인의 교육 정도를 알아봤을 때 일반인들과 차이가 더 확연히 나타났다.

무학 및 초등학교 졸업자는 감소의 경향을 보이고 있으나 대학 이상 학력자가 15.2%로 2014년도와 유사하다.

표 11-11 장애인의 교육 정도

(단위: %)

구분	2005년	2011년	2014년	2017년
무학	16.5	12.3	12.0	10.9
초등학교	30.8	33.0	29.4	27.5
중학교	16.6	18.4	16.0	16.8
고등학교	25.5	24.5	27.2	29.6
대학 이상[1]	10.6	11.8	15.3	15.2
계	100.0	100.0	100.00	100.0

주: 25세 이상 기준, 1) 대학 이상은 3년제 이하 대학·대학원 모두 포함
출처: 보건복지부(2017). 2017년 장애인실태조사.

장애인 중 학교에 다니지 않았거나 중퇴한 이유로는 경제적인 어려움이 가장 큰 영향을 미쳤다. 만 25세 미만 장애인의 경우에는 심한 장애로 다닐 수 없었다는 의견이 가장 많았다.

표 11-12 학교에 다니지 않았거나 중도에 그만둔 이유

(단위: %)

구분	2005년	2011년	2014년	2017년	
				전체	만 25세 미만
심한 장애로 인해서	8.7	5.3	6.8	5.5	56.1
집에서 다니지 못하게 해서	10.9	11.6	13.0	11.9	-
다니기 싫어서	3.7	4.3	5.9	6.4	16.2
경제적으로 어려워서	71.4	75.3	70.1	72.5	-
근처에 학교가 없어서	1.8	1.4	1.5	1.4	0.5
학교 내 편의시설이 부족해서	0.1	-	0.1	0.1	3.5
편의 제공(의사소통 지원 등) 부족[1]	-*	-*	0.0	0.1	-
주위의 시선 및 편견 때문에	0.9	1.3	1.2	1.1	7.0
학교까지 이동의 어려움[2]	-**	-**	-**	0.5	2.8
특수 교육대상자를 위한 보조 인력 부족[1]	-**	-**	-**	0.1	9.4
기타	2.4	0.7	1.5	0.4	4.4
계	100.0	100.0	100.0	100.0	100.0

주: 1) *2014년에 추가된 보기 문항
2) **2017년에 추가된 보기 문항
출처: 보건복지부(2017). 2017년 장애인실태조사.

보건복지부에서 장애아동을 위해 시설 확대 및 지원을 추진하고 있지만 부모들은 장애아동을 위한 보육·교육 시 이를 전담할 수 있는 시설이 부족하다고 느낀다. 이들은 장애아 전문 어린이집을 확대하기(20.8%)를 원하고, 장애아동 발달재활 사업을 확대(19.9%)하여 재활 시 지원받기를 원하였다. 또한 특수교육을 받을 때 도움을 줄 수 있는 보조 인력도 필요하다고 하였다(12.4%).

표 11-13 장애아동을 위해 보육·교육 시 가장 필요한 것

(단위: %)

구분	2017년
장애아 전문 어린이집 확대	20.8
장애아동 발달재활서비스 확대	19.9
교육도구나 기자재 사용 시 편리성 확보	3.4
교사의 전문성 확보	9.4
특수교육 보조 인력 증원	12.4
교사 및 교육기관의 확대	7.4
학교 내 편의시설 확대	2.5
등하교 편리성 지원	3.8
교육에 대한 충분한 정보 제공	8.0
고등교육 지원 강화	3.0
부모교육 상담 지원 확대	1.1
교육비 부담 감소	8.4
기타	-
계	100.0

출처: 보건복지부(2017). 2017년 장애인실태조사.

장애아동권리에 있어서 교육에 대한 권리에서 보면 국가와 지방자치단체는 사회통합의 이념에 따라 장애아동의 연령·능력·장애의 종류 및 정도에 따라 충분히 교육받을 수 있도록 교육 내용과 방법을 개선하는 등 필요한 정책을 강구하여야 한다는 것을 명시하고 있으며, 국가와 지방자치단체는 장애아동의 교육에 관한 조사·연구를 촉진하여야 하며, 장애아동에게 전문 진로교육을 실시하는 제도를 강구하여야 한다는 책임을 강조하고 있다. 하지만 장애아동이 초등학교 입학 전 이용할 수 있는 보육유형은 다양하게 나타났는데, 어린이집이나 유치원을 다니지 않는 이유는 주변에 아동을 보낼 곳이 없기 때문이다. 이는 장애아동의 등하교 시 여러 가지 불편함이 발생할 수 있고 교사의 장애에 대한 이해 부족과 편견으로 인해 어린이집이나 유치원을 이용하는 것이 어려운 것으로 나타났다.

각급 학교의 장은 교육을 필요로 하는 장애아동이 그 학교에 입학하려는 경우 장애를 이유로 입학 지원을 거부하거나 입학시험 합격자의 입학을 거부하는 등의 불리한 조치를 하여서는 안 되며, 모든 교육기관은 교육 대상인 장애아동의 입학과 수학(修學) 등에 편리하도록 장애의 종류와 정도에 맞추어 시설을 정비하거나 그 밖에 필요한 조치를 함으로써 장애아동의 교육권을 보장해 주어야 한다.

3. 장애아동을 위한 복지서비스

「장애인복지법」에서는 장애인과 장애아동을 위한 복지서비스에 대한 항목을 명시하고 있다. 장애인복지 실시기관은 경제적 부담능력 등을 고려하여 장애인이 부양하는 자녀 또는 장애인인 자녀의 교육비를 지급할 수 있는데, 교육비 지급 대상·기준 및 방법 등에 관하여 필요한 사항은 보건복지부령으로 정한다. 국가와 지방자치단체는 장애아동에게 보호자의 경제적 생활 수준 및 장애아동의 장애 정도를 고려하여 장애아동수당을 지급하여 장애아동을 지원하고 있다. 또한 장애인을 보호하는 보호자에게 그의 경제적 수준과 장애인의 장애 정도를 고려하여 장애로 인한 추가적 비용을 보전하게 하기 위하여 보호수당을 지급하고 있다. 각 서비스의 대상과 내용을 2017년 기준으로 생활지원, 건강지원, 교육지원으로 나누어 살펴보려고 한다.

1) 생활지원

(1) 장애아동수당

장애아동수당은 장애로 인하여 생활이 어려운 장애아동의 생활안정 지원과 복지 증진 및 사회통합을 도모하기 위해 지원하는 서비스이다. 지원대상은 만 18세 미만의 등록 장애인으로서, 국민기초생활보장 수급자 및 차상위계층이다. 서비스의 내용은 두 가지로 나눌 수 있는데, 중증장애아동수당(중증장애인)과 경증장애아동수당이다. 중증장애아동수당(중증장애인)에서 국민기초생활보장 생계 또는 의료급여 수급자는 2018년 2월 기준으로 월 20만 원을 지원받고, 국민기초생활보장 주거 또는 교육급여 수급자(단, 생계 또는 의료급여 수급자 제외)와 차상위계층은 월 15만 원을, 보장시설 수급자[1](생계, 의료)는 월 7만 원을 지원받는다. 경증장애아동수당에서 국민기초생활보장 생계 또는 의료급여 수급자는 월 10만 원을, 국민기초생활보장 주거 또는 교육급여 수급자(단, 생계 또는 의료급여 수급자 제외)와 차상위계층은 월 10만 원, 보장시설 수급자(생계, 의료)는 월 2만 원을 지원한다.

1) 보장시설 수급자란 국민기초생활보장제도에 의하여 보장시설에서 급여를 받는 수급자를 말한다. 보장시설을 사회복지시설로서 도움이 필요한 사람들을 시설에서 생활할 수 있도록 보호하는 시설을 의미한다.

(2) 장애아가족 양육지원

장애아가족 양육지원사업에서는 이웃과 함께하는 가족 돌봄 문화를 정착하고 장애아동에 대한 인식의 전환을 위해 지역사회의 자원봉사자가 장애아 돌봄서비스를 제공한다. 만 18세 미만 장애아동을 양육하는 가정을 지원해 주며, 전국가구 평균소득 100% 이하인 1~3급 장애아동을 선정하고(대상자로 선정되고 나서 지원을 받는 중간에 만 18세가 됐을 때는 해당 사업 기간 종료일까지 지원), 다른 법령(또는 국가 예산)에 따라 장애아가족 양육지원사업과 유사한 재가서비스(장애인 활동보조 지원서비스 등 기타 이에 준하는 서비스)를 받는 경우에는 선정 대상에서 제외된다. 한 가정당 연 480시간의 돌봄서비스와 휴식지원 프로그램을 지원한다.

(3) 기타 지원서비스

① 학교우유급식

성장기에 있는 기초생활수급자와 차상위계층 등의 학생에게 학교 우유급식을 공급함으로써 체력 증진과 영양 불균형을 해소하기 위한 서비스로 특수교육 대상자에게 지원한다.

② 사랑의 그린 PC 보급

장애인, 다문화가정, 북한이탈주민 등 정보소외계층에게 사랑의 그린 PC를 무상 보급하여 정보활용능력을 향상시키고 정보격차를 해소하기 위한 서비스이다.

2) 건강지원

(1) 국립중앙청소년치료재활센터 운영

국립중앙청소년치료재활센터에서는 정서나 행동에 어려움을 겪는 청소년이 건강하게 성장하도록 종합적이고 전문적인 서비스를 제공하는 기숙형 상담 · 치료기관을 운영하고 있다. 대상은 정서적 · 행동적 장애를 가진 만 9~18세의 청소년으로 서류심사와 심층면접을 통해 입교나 퇴교가 판정되며, 입 · 퇴교판정위원회의 심사를 통해 선정한다. 정서 · 행동장애 청소년 대상별로 맞춤형 치유 · 재활서비스 제공을 위해 국립중앙청소년디딤센터 운영 사업비 및 인건비를 지원하는데, 오름과정(1개월 1회, 60명), 디딤과정(4개월 2회, 120명), 힐링캠프(4박 5일 28회, 860명)로 나누어 지원하고 있다.

(2) 발달재활서비스

발달재활서비스에서는 장애아동의 인지, 의사소통, 적응행동, 감각, 운동 등의 기능향상과 행동발달을 위한 재활서비스를 지원하고, 관련 정보를 제공한다. 전국가구 평균소득의 150% 이하인 만 18세 미만 등록 장애아동을 지원하는 사업으로 장애 유형은 뇌병변장애, 지적장애, 자폐성장애, 청각장애, 언어장애, 시각장애이며, 중복장애도 해당된다. 6세 미만의 경우에는 등록 장애아동이 아니더라도 장애가 예견되어 재활치료가 필요하다는 의사 진단서와 검사 자료로 등록 기준을 대체할 수 있다. 발달재활서비스에 소요되는 비용은 다음과 같이 차등 지원되며 언어, 청각능력, 미술, 음악, 행동, 놀이, 심리, 운동 등의 재활서비스를 제공받을 수 있다.

표 11-14 발달재활서비스 대상과 지원금(2018년 2월 기준)

대상	지원금
생계 · 의료급여 수급자	22만 원(본인부담금 면제)
주거 · 교육급여 수급자	20만 원(본인부담금 2만 원)
전국가구 평균소득 50% 이하	18만 원(본인부담금 4만 원)
전국가구 평균소득 100% 이하	16만 원(본인부담금 6만 원)
전국가구 평균소득 150% 이하	14만 원(본인부담금 8만 원)

(3) 특수교육대상자 치료지원서비스

특수교육대상자 치료지원서비스는 효과적인 교육을 위해 특수교육대상자의 다양한 치료를 지원하는 것으로 특수교육대상자 중 치료지원대상자를 지원한다. 즉, 특수교육대상자가 치료지원을 희망하면, 진단 평가를 실시하여 치료지원대상자를 선정한다. 대상자로 선정이 되면 치료사 채용, 바우처, 치료지원 제공기관(병 · 의원, 장애인복지관, 사설치료실 등)을 통해 물리치료, 작업치료 등을 지원받을 수 있다.

(4) 발달장애인 부모상담 지원사업

발달장애를 가진 자녀를 양육하고 부양하는 부모의 심리적 부담을 덜어 주고, 가족 관계가 더 좋아질 수 있도록 전문 심리상담을 지원하는 서비스가 있다. 발달장애인(지적, 자폐성장애인) 자녀를 둔 부모 및 보호자를 지원하는 것으로 전국가구 평균소득 150% 이하(2016년 4인 기준 796만 원)인 가구가 선정대상이다. 발달장애인 부모상담 지원사업에 선정이 되면 발달장애 자녀를 양육 중인 부모에게 개인 심리상담 바우처(16만 원)를 12개월 동안 제공하며, 우울척도 판정결과 우울증이 의심되는 수준이거나, 기준 이하인 경우라도 스트레스 등 다른 심리·정서 검사 후 지원연장이 필요하다고 판단되는 경우 1회(최대 12개월)에 한하여 지원 연장이 가능하다.

(5) 중도시각장애인 재활훈련지원

산업재해, 교통사고, 질병 등 후천적 요인으로 인해 중도에 시력을 잃은 중도시각장애인을 지원하는 사업으로 후천적 시각장애인을 위하여 맞춤형 재활 및 교육 프로그램을 실시하고 사회에 잘 적응하여 삶의 질을 향상시킬 수 있도록 지원한다. 신청은 한국 시각장애인 연합회에 직접 방문하거나 전화 등을 통해 신청한다.

(6) 저소득 장애인 등록 진단서 발급비 및 검사비 지원

생계급여 및 의료급여 수급자와 보훈보상 대상자에게 장애인 등록 진단 비용과 장애 심사를 받기 위한 검사비 일부를 지원하여 경제적인 부담을 덜어 주기 위한 사업으로 생계, 의료급여 수급자가 신규 장애인 등록을 하거나 재판정 시기가 도래하여 재진단을 받아야 하는 경우에 지원한다. 진단비 대상자와 검사비 대상자의 지원 시기는 다음과 같다.

표 11-15 저소득 장애인 등록 진단서 발급비 및 검사비 지원

구분	지원 시기
진단비 대상자	• 생계급여 및 의료급여 수급자로서 신규 장애인으로 등록하거나 기존 장애인이 새로운 장애를 추가하는 경우 • 생계급여 및 의료급여 수급자인 장애인으로서 의무적 재판정 기간이 도래했거나 장애 판정 전문의가 재판정 기한을 명시한 경우 • 장애등급 조정 신청, 이의 신청의 경우는 진단비를 지원하지 않음
검사비 대상자	• 생계·의료·주거·교육급여 수급자나 차상위계층이면서 장애인연금 신청 및 활동지원, 중증장애 아동수당 신청 및 의무 재판정으로 재진단을 받아야 하는 기존의 등록 장애인인 경우 • 국가 유공 상이자 중 보훈보상 대상자(상이등급을 받은 국가유공자와 보훈보상 대상자 중 보훈보상 대상자만 해당) • 시장/군수/구청장이 직권으로 장애 상태를 확인하는 경우

출처: 복지로 홈페이지(online.bokjiro.go.kr). 2018년 2월 20일 발췌.

(7) 장애인 의료비 지원

장애인 의료비 지원은 저소득 장애인이 안정적이고 건강한 생활을 영위할 수 있도록 의료비를 지원하는 사업으로 의료급여 2종 수급권자인 등록 장애인과 차상위본인부담 경감대상 등록 장애인(만성 질환자, 18세 미만 장애아동 포함)을 지원한다. 이때 장애인 의료비는 장애인에게만 지원되고 장애인과 세대를 같이 하는 비장애인에게는 지원하지 않으며, 지원 대상자가 의료기관을 이용할 때 발생하는 본인부담금의 일부 또는 전액을 지원받을 수 있다.

3) 교육지원

(1) 장애아 보육료 지원

어린이집을 이용하는 장애아의 보육료를 지원하여 부모의 경제적 부담을 경감하는 제도로 장애인복지카드(등록증)를 소유한 미취학 만 5세 이하의 장애아동이 지원 대상이나 다음의 아동에 대해서는 예외적으로 지원받을 수 있다.

- 「장애인 등에 대한 특수교육법」 제15조에 따라 특수교육 대상자로 선정된 만 3~5세 아동이 특수교육대상자 진단·평가 결과 통지서를 제출한 경우
- 취학연령이 되었음에도 부득이하게 질병 등의 사유로 일반 초등학교 및 특수

학교에 취학하지 못한 장애아동

- 장애인복지카드 또는 특수교육대상자 진단, 평가 결과 통지서를 미소지한 만 5세 이하 영유아도 장애소견이 있는 의사 진단서를 제출할 경우
- 장애아가 부득이하게 휴학한 경우에도 보육료 지원 가능(단, 장애인복지카드 소지자는 만 6세 이상 만 12세까지 지원, 특수교육 대상자 진단·평가 결과 통지서를 제출한 경우 만 6세 이상 만 8세까지 지원 가능)

단, 장애아동이 정부지원을 받는 특수학교(유치원 또는 초등학교 과정)를 이용할 경우 장애아무상 보육료 지원은 불가하며 초등학교 과정 아동은 방과 후 보육료 지원이 가능하다.

(2) 방과 후 보육료 지원

어린이집을 이용하는 영유아의 방과 후 보육료를 지원하여 양육의 부담을 줄이고 원활한 경제활동을 돕기 위한 정책으로 차상위 이하(법정 저소득층 포함) 및 장애아동에 해당되는 취학아동이 방과 후에 어린이집을 일일 4시간 이상 이용하는 경우 지원한다. 장애아동의 경우, 교사 대 아동 비율을 1:3으로 반을 편성하고, 방과 후 및 장애아보육 보수교육과정을 이수한 교사를 별도 배치하여 보육 시 장애아 보육료의 50%인 21만 9,000원을 지원한다(6개월 이내에 방과 후 및 장애아 보수교육과정을 이수할 것을 전제로 교사를 배치한 경우에는 별도 교사를 배치한 것으로 간주). 다만 교사 대 아동 비율(1:3)을 준수하지 않거나, 방과 후 및 장애아보육 보수교육과정을 이수한 교사를 배치하지 않은 경우, 정부지원시설은 월 10만 원, 정부미지원시설은 시·도지사가 정한 만 5세아 보육료 수납한도액의 50%를 지원받을 수 있다.

(3) 시간연장형 보육료 지원

시간연장형 보육은 일반 어린이집 운영시간 이후 19시 30분부터 24시까지 어린이집에서 보육하는 것을 말한다. 시간연장형 보육료 지원사업은 만 0~2세 종일반 보육료(맞춤반 보육료 지원아동은 휴일보육료만 지원 가능), 만 3~5세 누리과정 보육료, 다문화 보육료 및 장애아 보육료(취학 전)를 지원받는 아동을 대상으로 지

원하는 서비스다. 야간 보육료는 주간에 어린이집을 이용하지 않는 아동이 야간에 이용하는 경우에만 지원이 가능하며(취학아동은 야간 보육료 지원 불가), 야간 보육을 이용하거나 24시간 보육을 할 경우에는 24시간 지정 어린이집을 이용하는 경우에만 지원받을 수 있다. 24시간 보육료는 부모가 야간에 경제활동에 종사하는 가정, 한부모 또는 조손가정 등의 아동으로 주간 보육도 이용하고 야간보육이 불가피하다고 판단되는 아동을 대상으로 지원된다.

(4) 국립특수학교 및 특수학급 지원

국립특수학교(급)의 특수교육보조원, 종일반 운영 및 특수교육대상자의 방과 후 학교 경비를 지원하여 장애학생의 학습권을 보장하는 서비스로 국립특수학교(급)에 재학 중인 장애 학생을 지원한다. 특수교육보조원 지원 대상은 특수교육대상학생 중에서 중증장애 학생을 우선 지원하며, 방과 후 교육비, 종일반은 특수교육대상학생 희망자 전원에게 지원된다.

(5) 장애학생 정보격차 해소 지원

특수교육 대상자와 교사를 위해 교수·학습지원 콘텐츠를 개발하고 사이트를 운영하여 정보격차 해소를 지원하는 것으로 특수교육대상자 및 보호자, 특수학교 및 특수학급 교사, 일반학교 교사 및 학생 등을 지원한다. 특수교육대상자는 시각 장애인, 청각 장애인, 지체 장애인, 지적 장애인, 자폐성 장애인, 정서행동 장애인, 의사소통 장애인, 학습 장애인, 건강 장애인, 발달지체 장애인이 대상이며 특수교육 교수-학습 콘텐츠를 개발하여 사이트를 운영하여 교육을 지원받을 수 있다.

4. 장애아동을 위한 복지서비스 개선방안

1) 특수학교 설립 확대와 인식개선교육 확대

특수교육지원이 지역 간, 학교 간 균형적으로 제공될 수 있도록 대중에게 특수학교 설립에 대한 필요성을 홍보하여 이를 기반으로 특수학교 설립 및 특수교육

지원이 활성화되어야 한다. 또한 특수학교를 졸업한 후 스스로 자립할 수 있는 사회기반을 제공하여야 할 것이다. 그리고 무엇보다도 가장 중요한 것은 우리 사회 곳곳에 존재하는 장애인에 대한 사회적 편견을 깨뜨릴 수 있는 교육과 인식개선이 이루어져야 한다.

2) 장애아동 진단 · 판정과 서비스 연계

장애아동은 비용부담, 정보 부족 등의 이유로 진단과 판정 서비스를 받지 못하는 경우가 많이 있으므로 서비스를 받을 수 있는 기회를 확충해야 할 것이다. 정확한 진단과 판정 서비스는 장애아동을 위한 정확하고 효과적인 재활치료에 중요한 요인이므로 상호 연계가 필요하다. 특수교육지원센터 등을 통해 서비스 대상을 선정하고 각각의 특성에 맞는 재활 프로그램을 제공할 수 있도록 재활치료기관과의 협력이 필요하다.

3) 장애아동 재활서비스 관계 행정부처 협력체계 구축

장애아동의 재활서비스는 장애의 진단과 판정 그리고 재활서비스까지 일련의 연속적인 과정으로 이루어져야 하기 때문에 각 부처 간의 상호 협력체계 구축을 통해 포괄적인 서비스를 제공하여야 한다. 이를 위해서는 각종 관련 시책을 주관하는 행정부처 간의 상호 협력체계가 구축되어야 한다.

또한 장애아동의 입장에서 전문적이고 효율적인 재활서비스를 받을 수 있도록 각 기관 간의 정보공유와 교류가 활성화되어야 한다.

생각 나누기

『손으로 보는 아이, 카밀』 지루함을 못 참는 시각장애인, 카밀의 유쾌한 스토리!

'손'으로 세상을 보는 시각장애인, 카밀!
카밀은 일곱 살이고, 여덟 살 누나가 있습니다. 누나의 이름은 주지아이고, 카밀처럼 밤색의 머리카락을 지니고 있죠. 하지만 카밀은 누나의 밤색 머리칼이 무슨 색인지 알지 못합니다. 태어날 때부터 앞이 보이지 않았으니까요. 그런데 카밀은 불행하지 않습니다. 단지 앞이 보이지 않을 뿐, 카밀은 여느 아이들처럼 공놀이도 하고, 자전거도 타고, 전철도 타고, 동물원과 박물관에도 가고, 멋진 대통령이 되겠다는 장래 희망도 있답니다.

- **도서 정보** : 토마시 마우코프스키 글 / 요안나 루시넥 그림, 최성은 옮김 / 소원나무
- **생각 point**
  - '손으로 보는 아이, 카밀' 도서를 읽고 어떠한 생각이 들었는지 이야기 나누어 보세요.
  - 카밀은 어떻게 다른 아이들처럼 똑같이 지낼 수 있었을까요?, 내가 카밀이라면 어떤 도움이 필요할지 생각해 보세요.

아동권리와 복지의 차원에서 해마다 증가하고 있는 아동학대 사건의 심각성을 이해하고 아동의 최선의 이익을 우선으로 한 아동학대 예방은 무엇이며 우리 사회에서 실천할 수 있는 방안에 대해 논의해 보고자 한다.

너는 착한 아이(2016)

제작: 일본
감독: 오미보
주연: 코라 켄토, 오노 마치코
러닝타임: 121분
매일매일 배고픔을 해결하기 위해 학교 급식을 간절히 기다리는 열한 살 '간다', 그런 '간다'를 보며 부모의 무관심에서 아이를 구하기 위해 온몸으로 맞서 싸워주는 선생님인 '오카노', 집 밖에서는 너무 친절하고 상냥하지만, 집 안으로만 들어오면 연약한 어린 딸을 학대하는 엄마 '미즈키', 가족이 모두 떠나고 홀로 남은 치매 할머니와 매일 아침 첫인사와 끝인사를 나누는 아이 '히로', 아이들의 눈으로 삶은 도대체 무엇을 위해 살아가야 하는 걸까?에 대해 생각하게 하는 영화이다.

도희야(2014)

제작: 한국
감독: 정주리
주연: 배두나, 김새론, 송새벽
러닝타임: 121분
인적이 드문 외딴 바닷가 마을에서 친엄마가 도망간 후 의붓아버지 용하와 할머니로부터 수없이 많은 학대의 상처를 안고 살아가는 열네 살 소녀 도희, 그런 도희 앞에 또 다른 마음의 상처를 갖고 있으며 이 외딴 바닷가 마을로 좌천된 파출소장 영남, 영남은 의붓아버지 용하와 마을 아이들의 폭력으로부터 도희를 보호해주려 하고 도희는 태어나 처음으로 만난 구원자이자, 이 세상의 모든 것이 되어 버린 영남과 잠시도 떨어져 있고 싶지 않다. 하지만, 영남의 비밀을 알게 된 용하가 그녀를 위기에 빠뜨리고…. 도희는 영남과 헤어져야 할 위기에 처하자 자신의 온 세상인 영남을 지키기 위해, 돌이킬 수 없는 위험한 선택을 하게 된다. 학대의 피해자인 아이가 자신을 믿어주고 지켜주는 유일한 어른을 지켜주기에 고군분투하는 영화이다.

학습목표

- 아동학대의 개념과 유형을 설명할 수 있다.
- 아동학대 현황 분석에 따른 요인을 알고 적절한 대안을 생각해 본다.
- 학대피해아동에 대한 보호서비스 절차를 이해한다.
- 아동학대 사례를 살펴보며 아동학대 예방을 위한 실천적인 방안을 모색해 본다.

12 학대피해아동 및 아동학대 예방을 위한 복지서비스

1. 아동학대 개념 및 현황

1) 아동학대의 개념

우리나라 「아동복지법」 제3조 제7항에서 아동학대는 보호자를 포함한 성인이 아동의 건강 또는 복지를 해치거나 정상적 발달을 저해할 수 있는 신체적 · 정신적 · 성적 폭력이나 가혹행위를 하는 것과 아동의 보호자가 아동을 유기하거나 방임하는 것을 말한다. 즉, 아동이 건강하게 성장하며 발달하는 과정에서 '하지 말아야 하는 것에 의도적으로 해를 가하는 행동(신체학대, 정서학대, 성학대, 유기)'을 하는 것과 '해야 함에도 불구하고 아동의 기본욕구를 만족시키지 않는 행동(방임)'이 모두 포함된다(보건복지부, 중앙육아종합지원센터, 2016). 이는 아동학대를 아동의 복지나 아동의 잠재적 발달까지도 위협하는 보다 넓은 범위의 행동으로 확대할 수 있다. 즉, 아동학대는 아동의 발달을 저해하는 환경뿐만 아니라 신체학대, 정서학대나 방임까지도 포함하고 더 나아가 아동권리보호에까지 이르는 매우 포괄적인 규정이라고 할 수 있다.

아동은 성인에 비해 여러 능력 면에서 미숙함으로 성인들에 의해 일방적으로 취급되어 왔고 인간으로서의 권리조차도 무시된 채 신체적으로나 정서적으로 가혹행위를 받거나 치명적인 상처를 받고 생명의 위협까지 느끼게 되었다. 이러한 아동학대가 사회적으로 관심을 갖게 된 것은 1960년대 말 미국에서 아동학대에 관한 광범위한 사회조사 및 원인 분석이 시작되면서 미국 대부분의 주에서 아동학대를 보고하도록 하는 법이 마련되었고, 미국 전역으로 아동학대 예방 및 치료법이 제정되어 아동학대 및 방임센터가 설립되면서부터이다.

20세기에 들어와서 아동기의 발견과 함께 아동은 권리를 가진 존재로 인식되었고, 아동학대에 대한 사회적 제도와 대책이 마련되기 시작하였다. 우리나라에서는 아동학대에 관한 법적인 규정이 1961년에 처음으로 제정된 「아동복리법」에 명시되었으나 구체적인 아동학대의 예방이나 전문적인 원조에 대한 규정은 없었다. 이후 1970년에 처음으로 한국사회복지협의회가 '아동학대고발센터'를 설치 · 운영하였으나 사회적인 인식 부족으로 폐지되었다가 1985년 서울특별시립아동상담소에 '아동학대신고센터'가 개설되었으며, 1989년 '한국아동학대예방협회'가 설립되는 등 아동학대에 대한 관심과 연구가 활성화되기 시작하였고 2000년에 「아동복지법」의 개정과 함께 아동학대에 대한 사회적 관심과 대책 마련은 점차 확대 · 강화되는 추세이다.

아동학대에 대한 정의는 동일한 사회일지라도 계층, 관련 분야에 따라 차이가 있으며 시대, 사회, 문화 및 인종에 따라 다양하다. 이러한 이유는 아동 양육방법이 그 나라의 문화적 · 사회적 · 역사적 · 환경적 요소들의 산물이기 때문이며, 과거에는 당연히 옳다고 받아들여졌던 훈육방법이 현재 상황에서는 아동학대로 간주될 수도 있기 때문이다. 우리나라의 경우에도 옛날부터 체벌을 훈육의 한 수단으로 삼아왔기에 부모는 매를 들어 자녀를 훈육할 수 있다고 생각하여 체벌이 자녀의 옳은 품행과 습관을 형성한다는 인식을 갖는 등 전반적인 사회 분위기에서는 오히려 체벌이 필요하다고 생각하였다. 뿐만 아니라 자녀양육은 가족 내의 사적인 영역이며 부모의 소관이라는 일반적 인식 때문에 사회나 타인의 개입을 불허하는 사회 관념이 아동학대를 사회 문제화하지 못하도록 작용하고 있다가 20세기 후반에 아동권리협약의 '보호받을 권리'와 관련하여 아동의 생존과 발달을 의지하고 있는 보호자에 의한 아동학대는 발달을 심각히 저해하고 그 부작용이 성인기까지 지속됨으로서 아동의 인권을 유린하는 심각한 문제로 대두되었다.

영유아 보육 · 교육현장에서 '교육'이라는 미명 아래 영유아가 죄책감을 갖게 하거나 일방적으로 행동 제한을 하는 경우를 볼 수 있는데 비웃기, 창피 주기, 위협하기, 애정이나 정서적 지지 주지 않기, 무시하기, 웃어주지 않기, 핀잔주기, 필요 이상으로 비난하기, 따끔하게 야단치는 강압적 훈육의 모습 등이 있다. 이처럼 영유아에게 인격이나 감정을 심하게 무시 · 모욕 하거나 언어 혹은 정서적 위협을 가하는 행위 역시 모두 아동학대로 볼 수 있다. 또한 영유아의 바람직한 발달을 방해할 수 있는 가혹행위나 정신적 폭력도 포함된다. 특히, 정서학대는 눈에 잘 보이지 않고 그 결과가 심각하게 나타나지 않기 때문에 더욱 유의해야 한다. 영유아에게 심한 욕설 혹은 고함을 지르거나 감금하는 행위, 벌거벗겨 내쫓는 행위, 가정 내 부당한 차별대우 모두 아동학대이다. 「아동복지법」에서 금지하는 행위는 다음과 같다(「아동복지법」 제17조).

아동복지법에서 금지하는 행위

「아동복지법」 제17조(금지행위) 누구든지 다음 각호의 어느 하나에 해당하는 행위를 하여서는 아니 된다.

1. 아동을 매매하는 행위
2. 아동에게 음란한 행위를 시키거나 이를 매개하는 행위 또는 아동에게 성적 수치심을 주는 성희롱 등의 성적 학대행위
3. 아동의 신체에 손상을 주거나 신체의 건강 및 발달을 해치는 신체적 학대행위
4. 삭제
5. 아동의 정신건강 및 발달에 해를 끼치는 정서적 학대행위
6. 자신의 보호·감독을 받는 아동을 유기하거나 의식주를 포함한 기본적 보호·양육·치료 및 교육을 소홀히 하는 방임행위
7. 장애를 가진 아동을 공중에 관람시키는 행위
8. 아동에게 구걸을 시키거나 아동을 이용하여 구걸하는 행위
9. 공중의 오락 또는 흥행을 목적으로 아동의 건강 또는 안전에 유해한 곡예를 시키는 행위 또는 이를 위하여 아동을 제3자에게 인도하는 행위
10. 정당한 권한을 가진 알선기관 외의 자가 아동의 양육을 알선하고 금품을 취득하거나 금품을 요구 또는 약속하는 행위
11. 아동을 위하여 증여 또는 급여된 금품을 그 목적 외의 용도로 사용하는 행위

출처: 국가법령정보센터 홈페이지(http://www.law.go.kr). 2018년 2월 20일 발췌.

2) 아동학대의 유형

우리나라 「아동복지법」 제17조에 따르면 아동학대 유형은 보호자를 포함한 성인이 아동에게 우발적인 사고가 아닌 상황에서 신체적 손상을 입히거나 또는 신체 손상을 입도록 허용한 모든 행위인 신체학대, 성인이 아동에게 행하는 언어적 모욕, 정서적 위협, 감금이나 억제, 기타 가학적 행위인 정서학대, 성인이 자신의 성적 충족을 목적으로 아동에게 행하는 모든 성적 행위인 성학대와 보호자가 아동에게 위험한 환경에 처하게 하거나 아동에게 필요한 의식주, 의무교육, 의료적 조치 등을 제공하지 않는 행위인 방임으로 구분된다.

(1) 신체학대

신체학대(physical abuse)는 '보호자를 포함한 성인이 아동의 건강 또는 복지를 해치거나 정상적 발달을 저해할 수 있는 신체적 폭력이나 가혹행위 하는 것'이라고 규명되어 있으며 「아동복지법」 제3조 제7호 보호자를 포함한 성인이 아동에게 우발적인 사고가 아닌 상황에서 신체적 손상을 입히거나 또는 신체 손상을 입도록 허용한 모든 행위를 포함한다. 구체적인 신체학대에는 때리기, 매질하기, 발로 차기, 물기, 불로 지지기, 내던지기, 혹은 아동에게 해를 가하는 다른 행위들을 포함하는 공격적인 행동들이 있다(송영혜, 김귀남 옮김, 2011). 영유아와 같이 어린 나이의 아동은 우발적인 사고나 행위로 상처를 입을 수 있는데 이때 이 사고가 학대인지 아닌지를 구별하기 위해서는 아동의 나이나 사고의 전후 맥락을 세밀하게 살피는 것이 필요하다.

우리나라의 경우 부모의 80%가 훈육을 목적으로 체벌을 사용하는 것으로 알려져 있는데, 이러한 체벌의 결과로 아동의 10%가 타박상, 장 파열, 두개골 파열 등으로 의료인의 치료를 요하는 상처를 입으며, 그중 상당수는 사망에 이르는 것으로 알려져 있다(오현미, 2016).

구체적인 신체학대 행위 예

- 직접적으로 신체에 가해지는 행위(손이나 발 등으로 때림, 꼬집고 물어뜯는 행위, 조르고 비트는 행위, 할퀴는 행위 등)
- 도구를 사용하여 신체를 가해하는 행위(도구로 때림, 흉기 및 뾰족한 도구로 찌름 등)
- 완력을 사용하여 신체를 위협하는 행위(강하게 흔듦, 신체 부위 묶음, 벽에 밀어붙임, 떠밀고 잡음, 아동 던짐 거꾸로 매담, 물에 빠트림 등)
- 신체에 유해한 물질로 신체에 가해지는 행위(화학물질 혹은 약물 등으로 신체에 상해를 입히는 행위, 화상을 입힘 등)

출처: 중앙아동보호전문기관 홈페이지(http://www.korea1391.go.kr). 2018년 2월 20일 발췌.

아동학대사례 1: 신체학대

"공부를 계속하고 싶어요."

"게임기로 게임을 한다고 주먹으로 얼굴을 때리고 몽둥이로 엉덩이를 때렸어요. 그리고 성적이 좋지 않아서 인문계 진학은 못 하지만, 실업계 고등학교에 가서 공부를 계속하고 싶은데 원장님이 욕을 하면서 검정고시나 하라고 그러세요. 그래서 시설에서 나와 버렸어요. 다시는 돌아가고 싶지 않아요."

고입을 앞둔 형진이가 아동보호전문기관에 도와달라며 직접 신고를 해왔다.

현장조사를 통해 아동보호전문기관은 형진의 사례를 아동학대로 판정했다.

게임을 한다는 이유로 나무 몽둥이로 엉덩이를 8~9대 정도 때리고 주먹으로 뺨을 때린 행위, 자갈밭에서 1시간 이상 엎드려 있기, 머리 박기를 시키는 것은 아동의 건강·복지를 해치거나 정상적 발달을 저해할 수 있으므로 신체학대로 판정했다.

고등학교 진학 문제로 갈등을 빚을 때 "인문계 고등학교도 못 가는 놈은 쓰레기다. 학교에 가지 말고 검정고시를 준비하며 집에서 일이나 도와라. 앞으로 고등학교 진학 얘기를 꺼내면 가만 안 두겠다."라며 위협하고, 아동이 가출했다가 다시 돌아간 다음 날 "이제 우리 식구 아니니까 물 먹을 때도, 밥 먹을 때도, 씻을 때도 돈을 내라. 집을 다시 나가라."는 등의 언어가 아동에게 정서적인 불안감을 조성하였으므로 이 부분은 정서학대로 판정했다.

또한 거짓말을 했다면서 과도한 벌을 세우고 학교에 보내지 않은 부분은 교육적 방임으로 판정했다. 해당 시설은 경고와 모니터링 처분을 받았고, 학대행위자는 교육을, 피해아동은 치료와 상담을 받고 다른 시설로 옮겨갔다.

출처: 보건복지부, 중앙아동보호전문기관(2014). 돌봄시설 아동학대 예방을 위한 사례집.

(2) 정서학대

정서학대(emotional abuse)는 아동의 정신건강 및 발달에 해를 끼치는 정서적 학대 행위로서 직접적인 학대와 간접적인 학대가 있다. 직접적인 학대는 아동에게 폭언, 아동을 거부하는 행위를 말하며, 간접적인 학대는 아동에게 직접적이지 않지만 가족 간에 불화에 의한 폭언 등으로 아동에게 정서적인 손상을 가하는 행위를 의미한다(한미현 외, 2017).

정서학대는 아동에게 외견상 심각한 손상을 가하지 않을지라도 아동을 정서적으로 불안하게 함으로써 사회적 능력 관련 장애를 불러일으킬 수 있으며 부모가 아동을 훈육하는 과정에서 나타날 수 있는 행동과 구분하기가 명확하지 않아서 자녀를 훈육하는 것인지, 의도적인 학대인지를 잘 판단하여야 한다(한국보건사회연구원, 2007).

구체적인 정서학대 행위 예

- 원망적 · 거부적 · 적대적 또는 경멸적인 언어폭력 등
- 잠을 재우지 않는 것
- 벌거벗겨 내쫓는 행위
- 형제나 친구 등과 비교, 차별, 편애하는 행위
- 가족 내에서 왕따시키는 행위
- 아동이 가정폭력을 목격하도록 하는 행위
- 아동을 시설 등에 버리겠다고 위협하거나 짐을 싸서 쫓아내는 행위
- 미성년자 출입금지 업소에 아동을 데리고 다니는 행위
- 아동의 정서 발달 및 연령상 감당하기 어려운 것을 강요하는 행위(감금, 약취 및 유인, 아동노동 착취)
- 다른 아동을 학대하도록 강요하는 행위

출처: 중앙아동보호전문기관 홈페이지(http://www.korea1391.go.kr). 2018년 2월 20일 발췌.

아동학대사례 2: 정서학대

"선생님, 이불로 덮지 마세요."

어린이집 원장이 만 1세의 아동들이 운다는 이유로 아동들을 빈방에 가둔 채 방치하고, 울음소리가 바깥으로 새나가지 않게 이불을 덮어씌운다는 내용으로 신고되었다.

현장조사 시 주변인들에 따르면 "아이가 울면 달래야 하는데, 달래지 않고 계속 자지러지게 울도록 방치했어요." "아동이 울면, 다른 아동들에게 방해가 되지 않게 하기 위해서 안고 데려가는 것이 일반적인데, 원장님은 우는 아동의 팔을 억지로 잡아끌고 자신의 방으로 갔어요." "아직 영아인데도 억지로 김치를 먹도록 강요하고, 어리니까 음식을 흘릴 수도 있는데, 원장님은 그걸 이해하지 못하고 큰소리로 혼냈어요." "원장님의 방에 한 번 다녀온 아동들은 원장님을 많이 무서워했어요." 등의 진술이 이루어졌다.

원장은 아동들이 심하게 우는 경우 격리 보호를 할 때가 있지만, 이불을 뒤집어씌우거나 고함을 지른 적은 없다고 항변했다.

원장이 아동들에게 행한 일련의 행위가 공포심을 일으키는 것으로 판단되어 아동학대(정서학대)로 판정하고 해당 어린이집은 폐쇄되었다.

출처: 보건복지부, 중앙아동보호전문기관(2014). 돌봄시설 아동학대 예방을 위한 사례집.

(3) 성학대

성학대(sexual abuse)는 아동에게 성적 수치심을 줄 수 있는 학대 행위로서 성적 학대 행위에는 강압에 의해 이루어지는 성적 접촉과 성인의 성적 만족을 위하여 아동을 이용하거나 돈을 벌기 위한 수단으로 아동을 성행위에 참여시키는 것도 포함된다. 아동의 성학대 유형은 비접촉성 행위와 접촉성 행위로 나누어 볼 수 있는데, 비접촉성 성학대는 아동에게 성적인 말을 하는 행위, 아동에게 성기를 노출하는 행위, 자위하는 것을 보여주는 행위가 있고 접촉성 성학대 행위로는 아동의 신체를 만지는 행위, 아동에게 성인의 신체를 만지도록 강요하는 행위가 있다(김호년 외, 2016).

성학대는 아동에게 심각한 신체적 · 심리적 · 사회적 · 성적 후유증을 남길 수 있는데, 신체적 후유증은 성병, 감염, 두통이나 복통, 임신과 낙태, 불임 등이 있고 심리적 후유증은 공포, 불안, 강박행동, 분노와 우울증, 특정 인물 및 장소와 물건에 대한 공포와 회피, 악몽과 불면, 남성에 대한 혐오감, 자기학대 등이 있다. 사회적 후유증으로는 사회활동 기피, 알코올이나 마약중독 등이 있고 성적 후유증으로는 성에 대한 부정적인 태도, 공포, 과도한 성적 호기심, 불감증 등이 있다(김호년 외, 2016).

구체적인 성학대 행위 예

- 자신의 성적 만족을 위해 아동을 관찰하거나 아동에게 성적인 노출을 하는 행위(옷을 벗기거나 벗겨서 관찰하는 등의 관음적 행위, 성관계 장면을 노출, 나체 및 성기 노출, 자위행위 노출 및 강요, 음란물을 노출하는 행위 등)
- 아동을 성적으로 추행하는 행위(구강 추행, 성기 추행, 항문 추행, 기타 신체 부위를 성적으로 추행하는 행위 등)
- 아동에게 유사성행위를 하는 행위(드라이 성교 등)
- 성교를 하는 행위(성기삽입, 구강성교, 항문성교)
- 성매매를 시키거나 성매매를 매개하는 행위

출처: 중앙아동보호전문기관 홈페이지(http://www.korea1391.go.kr). 2018년 2월 20일 발췌.

아동학대사례 3: 성학대

"센터장님을 혼내 주세요."

은솔이(만 7세)가 지역아동센터에 다닌 지 두 달쯤 됐을 무렵, 엄마에게 "센터장님이 내 잠지를 만졌어."라고 말했다. 엄마는 실수로 스친 정도로 생각하고 대수롭지 않게 넘겼다. 더구나 종교인인 센터장이 그랬을 리 없다고 믿었다.

그런데, 얼마 뒤 은솔이를 목욕시키다 보니, 성기 주변이 발갛게 부어 있었다. 엄마는 그제야 사태의 심각성을 깨닫고 자세히 물어보니 은솔이가 이렇게 대답했다. "센터장님이 내 잠지를 만졌어. 합체했어. 센터장님을 파리채로 때려줘야 해!"

은솔이 엄마는 학교 보건교사에게 연락하고 은솔이를 산부인과에 데리고 가서 진료를 받았다. 진료 결과는 외상의 징후가 없는 것으로 나왔다.

해당 지역아동센터의 센터장은 1년 전에도 성추행 문제를 일으켰는데, 피해아동의 부모와 합의한 전적이 있다. 은솔이 엄마도 은솔이에게 센터장을 용서해 주자고 말했지만, 은솔이는 완강히 "벌 받아야 한다."고 주장하고 있다.

은솔이는 해바라기아동센터에서 상담을 받은 후, 주 1회 심리치료를 받고 있다.

해바라기아동센터에서는 은솔이 엄마에게 학대 행위자를 고소하라고 설득했다. 혹시 은솔이가 노출되어 피해를 입을까봐 망설이던 은솔이 엄마는 아동보호전문기관에 대신 고발해 달라고 요청했다.

학대 행위자에 대한 재판이 현재 진행 중이며, 해당 시설은 경고와 모니터링 처분을 받았다.

출처: 보건복지부, 중앙아동보호전문기관(2014). 돌봄시설 아동학대 예방을 위한 사례집.

(4) 방임

「아동복지법」 제29조에 의한 방임은 자신의 보호감독을 받는 아동을 유기하거나 의식주를 포함한 기본적 보호·양육 및 치료를 소홀히 하는 행위로서 적절한 음식, 의복, 의료적인 보호와 같은 아동의 필수적인 욕구를 충족시키지 않는 것을 말한다.

방임(neglect)은 '물리적 방임'으로 아동이 제대로 먹지 못하거나 위험하고 불결한 주거환경에 그대로 방치된 경우와 '의료적 방임'으로 아동이 아픔을 호소해도 적절한 조치를 받지 못하는 경우, '정서적 방임'으로 아동에게 말을 걸지 않고 지속적으로 무시를 하고, 쓰다듬고 안아주지 않는 정서적·신체적 접촉이 결핍된 경우, '교육적 방임'으로 아동의 교육에 필요한 교육적·물질적 자원이 제대로 제공되지 못하는 경우, '성적 방임'으로 성적인 교육을 전혀 받지 못하거나 불건전한 성관계를 다룬 매체의 자극에 그대로 노출된 경우를 모두 포함한다. 아동방임 역시 가학적이거나 공격적으로 나타나지 않기 때문에 아동 부당취급의 여러 형태 가운데 가장 흔히 발생하고, 다른 유형의 아동학대에 비해 개념 정의가 더욱 어렵다(김호년 외, 2016).

구체적인 방임행위 예

물리적 방임	• 기본적인 의식주를 제공하지 않는 행위 • 불결한 환경이나 위험한 상태에 아동을 방치하는 행위 • 아동의 출생신고를 하지 않는 행위, 보호자가 아동들을 가정 내 두고 가출한 경우 • 보호자가 친족에게 연락하지 않고 무작정 아동을 친족 집 근처에 두고 사라진 경우 등
교육적 방임	보호자가 아동을 특별한 사유 없이 학교(의무교육)에 보내지 않거나 아동의 무단결석을 방치하는 행위 ※ 의무교육은 6년의 초등교육 및 3년의 중학교를 의미함(「교육기본법」 제8조 제1항) ※ 초등학교 및 중학교의 장은 해당 학교에 취학할 예정인 아동이나 취학 중인 학생이 ① 입학 · 재취학 · 전학 또는 편입학 기일 이후 2일 이내에 입학 · 재취학 · 전학 또는 편입학하지 아니한 경우 ② 정당한 사유 없이 계속하여 2일 이상 결석하는 경우 ③ 학생의 고용자에 의하여 의무교육을 받는 것이 방해당하는 때 지체 없이 그 보호자 또는 고용자에게 해당 아동이나 학생의 취학 또는 출석을 독촉하거나 의무교육을 받는 것을 방해하지 아니하도록 경고하여야 함(「초 · 중등교육법 시행령」 제25조)
의료적 방임	아동에게 필요한 의료적 처치 및 개입을 하지 않는 행위
유기	아동을 보호하지 않고 버리는 행위 아동을 병원에 입원시키고 사라진 경우 시설 근처에 버리고 가는 행위

출처: 중앙아동보호전문기관 홈페이지(http://www.korea1391.go.kr). 2018년 2월 20일 발췌.

아동학대사례 4: 방임

“몸이 간지러워요”

유통기한이 지난 식재료, 아토피를 일으키는 비위생적인 환경, 무엇이 잘못인지 인지하지 못하는 원장, 아이를 맡기고 장기간 찾아오지 않는 보호자…. 총체적 문제를 안고 있는 24시간 어린이집에 대한 신고가 접수되었다. 아동보호전문기관은 신고자 · 원장 · 운전기사 · 현직 보육교사 · 퇴직 보육교사 · 등원 아동 보호자 · 퇴소 아동 보호자 등에 대한 전반적인 상담조사와 더불어 운영일지 · 보육일지 · 건강진단카드 등 모든 자료에 대한 검토를 진행하였다.

한 포털사이트의 카페에는 자신의 아이가 해당 어린이집에 다니는 동안 아토피와 원인 불명의 색소성 피부염 진단을 받았으며, 영양실조로 입원도 했었다는 내용의 글이 게시되기도 했다.

“안전하지 않은 어린이집도 문제지만, 아동을 맡기고 무관심한 부모도 문제라고 생각합니다.”라고 한 퇴직 보육교사는 말했다. 사실 등원 아동 30면의 보호자에게 수차례 연락을 시도하였으나 9명 이외에는 결번이거나 전화를 받지 않아 상담이 이루어지지 않았다.

24시 보육을 받는 5명의 아동은 어린이집에서 지속적으로 병원을 데리고 다니는데, 공통적으로 아토피피부염 · 결막염 · 기관지염을 앓고 있다. 이 5명 중 1명의 보호자는 매일 내원하지만, 나머지 4명은 엄마가 1주~3주에 한 번만 온다고 한다.

24시간 보육을 받는 아동들에게 제공되는 보건 · 위생적 환경이 미흡함에 따라 해당 어린이집은 아동학대(방임)로 판정되었다. 이 사례의 경우는 어린이집의 적절한 조치 여부뿐만 아니라 보호자의 자녀 보호에 대한 태도도 함께 고려되어야 할 것으로 보인다.

출처: 보건복지부, 중앙아동보호전문기관(2014). 돌봄시설 아동학대 예방을 위한 사례집.

3) 아동학대의 징후

학대를 경험한 아동은 신체적 · 정서적 상처가 생길 위험이 크고, 학대의 흔적이 남을 수 있기 때문에 주위에서 학대피해 아동을 발견할 가능성이 높다. 다음과 같은 아동학대 징후가 나타난다면 아동이 학대를 받았는지 좀 더 면밀히 살펴볼 필요가 있으며, 이를 위해 가족이나 교사 등은 평상시 아동에게 많은 관심을 가져야 하며 유심히 관찰하여야 한다. 아동학대의 징후로는 신체적 징후와 행동적 징후로 나누어 볼 수 있다(대한의사협회, 2006).

표 12-1 아동학대의 유형별 신체적 및 행동적 징후

구분	신체적 징후	행동적 징후
신체 학대	• 설명하기 어려운 신체적 상흔 • 손발이 차거나 붉게 부어오른 상태 • 발생 및 회복에 시간 차가 있는 상처 • 성인에 의해 물린 상처 • 비슷한 크기의 반복적으로 긁힌 상처 • 담뱃불 자국, 뜨거운 물에 잠겨 생긴 화상 자국, 회음부에 있는 화상 자국, 알고 있는 물체 모양(다리미 등)의 화상 자국 • 입, 입술, 치은, 눈, 외음부 상처 • 긁히거나 물린 자국에 의한 상처 • 손목이나 발목에 긁힌 상처, 영유아에게 발견된 붉게 긁힌 상처 • 고막 천공이나 귓불이 찢긴 상처와 같은 귀 손상 • 겨드랑이, 팔뚝 안쪽, 허벅지 안쪽 등 다치기 어려운 부위의 상처 • 대뇌 출혈, 망막 출혈, 양쪽 안구 손상, 머리카락이 뜯겨나간 두피 혈종 등을 동반한 복잡한 두부 손상 • 간혈종, 간열상, 십이지장 천공, 궤양 등과 같은 복부 손상 • 골격계 손상, 시간 차가 있는 골절, 치유 단계가 다른 여러 부위의 골절, 복합 및 나선형 골절, 척추 손상(특히, 여러 군데의 골절), 영유아의 긴 뼈에서 나타나는 간단 골절, 회전상 골절, 걷지 못하는 아이에게서 나타나는 대퇴골절, 골막하 출혈의 방사선 사진, 골단 분리, 변형, 석회화 • 폐 좌상, 기흉, 흉막삼출과 같은 흉부 손상	• 어른과의 접촉 회피 • 다른 아동이 울 때 공포를 나타냄 • 공격적이거나 위축된 극단적 행동 • 양육자에 대한 두려움 • 집(어린이집)에 가는 것을 두려워함 • 위험에 대한 지속적인 경계
정서 학대	• 발달지연 및 성장장애 • 신체발달 저하	• 특정 물건을 계속 빨고 있거나 물어뜯음 • 행동장애(반사회적, 파괴적 행동장애) • 신경성 기질 장애(놀이장애) • 정신신경성 반응(히스테리, 강박, 공포) • 언어장애 • 극단행동, 과잉행동, 자살 시도 • 실수에 대한 과잉 반응 • 양육자와의 접촉에 대한 두려움

구분	신체적 징후	행동적 징후
성학대	〈신체적 지표〉 • 학령 전 아동의 성병 감염 • 임신 〈생식기의 증거〉 • 아동의 질에 있는 정액 • 찢기거나 손실된 처녀막 • 질의 홍진 • 질에 생긴 상처나 긁힌 자국 • 배뇨 곤란 • 요도염 • 생식기의 대상포진 〈항문 증후〉 • 항문 괄약근의 손상 • 항문 주변의 멍이나 찰과상 • 변비 • 항문 내장이 짧아지거나 뒤집힘 • 항문 입구에 생긴 열창 • 항문이 좁아짐 • 회음부의 통증과 가려움 • 대변에 혈액이 나옴 〈구강증후〉 • 입천장의 손상 • 인두(咽頭) 임질(pharyngeal gonorrhea)	〈성적(性的) 행동지표〉 • 나이에 맞지 않는 성적 행동 • 해박하고 조숙한 성 지식 • 명백하게 성적인 묘사를 한 그림들 • 타인과의 성적인 상호관계 • 동물이나 장난감을 대상으로 하는 성적인 상호관계 〈비(非) 성적인 행동지표〉 • 위축, 환상, 유아적 행동(퇴행 행동) • 자기 파괴적 또는 위험을 무릅쓴 모험적인 행동 • 충동성, 산만함 및 주의집중장애 • 혼자 남아 있기를 거부 또는 외톨이 • 특정 유형의 사람들 또는 성에 대한 두려움 • 방화/동물에게 잔혹함(주로 남아의 특징) • 비행, 가출 • 약물 및 알코올 남용 • 자기 파괴적 행동(자살 시도) • 범죄행위 • 우울, 불안, 사회관계의 단절 • 수면장애 • 유뇨증/유분증 • 섭식장애(폭식증/거식증) • 야뇨증 • 외상 후 스트레스 장애 • 저조한 학업수행
방임	• 발달지연 및 성장장애 • 비위생적인 신체 상태 • 예방접종과 의학적 치료 불이행으로 인한 건강상태 불량 • 아동에게 악취가 지속적으로 나는 경우	• 계절에 맞지 않는 부적절한 옷차림 • 음식을 구걸하거나 훔침 • 비행 또는 도벽 • 학교에 일찍 등교하고 집에 늦게 귀가함 • 지속적인 피로 또는 불안정감 호소 • 수업 중 조는 태도 • 잦은 결석

출처: 대한의사협회(2006). 아동학대 예방 및 치료지침서.

4) 아동학대의 현황

우리나라에서는 1988년 영훈이 남매 아동학대 사건을 계기로 「아동복지법」을 개정해 아동학대에 대한 정의, 처벌근거, 관련 기관에 대한 법적 근거가 마련된 이후 지속적으로 아동학대 신고 건수가 급증하고 있다. 특히, 보건복지부와 중앙아동보호전문기관에서는 2001년부터 매년 전국에서 발생한 아동학대 사례를 분석하여 전국아동학대 현황보고서를 발간하고 있으며 2014년 9월 29일부터 공표·시행된 「아동학대범죄의 처벌 등에 관한 특례법」과 「아동복지법」 개정안에는 아동학대 및 아동학대범죄의 정의, 피해아동 응급조치, 피해아동보호명령, 학대행위자에 대한 긴급·임시조치, 보호사건처리, 신고의무자 확대 및 신고의무 강화 등의 내용 등이 추가로 포함되었다. 이에 전국 통계조사인 2016년 전국아동학대 현황보고서에 기초하여 효율적인 아동학대의 예방과 치료 및 대책을 마련하기 위해 우리나라 아동학대의 현황을 살펴보기로 한다.

(1) 연도별 아동학대 사례 건수

2017년 아동보호전문기관에서 발간한 「2016년 전국아동학대 현황보고서」에서 연도별 아동학대 사례 건수를 살펴보면 다음과 같다. 2001년 2,105건에 불과하던 아동학대 사례가 2016년에는 18,700건으로 약 9배 이상 늘어났다. 특히 2014년의 경우 2013년과 비교하여 아동학대 사례 증가율이 47.5%로 높았고, 2016년에도 전년 대비 59.6%로 가장 높은 증가율을 보였다. 이는 「아동학대처벌법」 시행으로 아동학대 신고의무가 강화되는 신고 전화가 112로 통합되는 등 아동학대 신고가 활성화되고 아동학대 사례 건수 및 피해아동 발견율이 증가한 것으로 보인다.

표 12-2 연도별 아동학대 사례 건수 및 아동보호전문기관 수

(단위: 건, %, 개소)

연도 구분		2001	2002	2003	2004	2005	2006	2007	2008	2009	2010	2011	2012	2013	2014	2015	2016
아동학대사례	건수	2,105	2,478	2,921	3,891	4,633	5,202	5,581	5,578	5,685	5,657	6,058	6,403	6,796	10,027	11,715	18,700
	증가율	-	17.7	17.9	33.2	19.1	12.3	7.3	-0.1	1.9	-0.5	7.1	5.7	6.1	47.5	16.8	59.6

출처: 중앙아동보호전문기관(2017). 2016년 전국아동학대 현황보고서.

(2) 아동학대 사례 유형 빈도

중복학대를 별도로 분류하지 않고 아동이 중복해서 경험한 학대를 각각의 학대 유형에 포함하여 살펴본 결과, 총 빈도는 전체 아동학대 건수인 8,700건을 초과한 28,482건이다. 아동학대 사례 유형 중 정서학대가 전체 43.1%에 해당하는 12,262건으로 가장 많았고, 다음으로 신체학대가 10,875건(38.2%), 방임이 4,592건(16.1%), 성학대는 753건(2.6%)이었다.

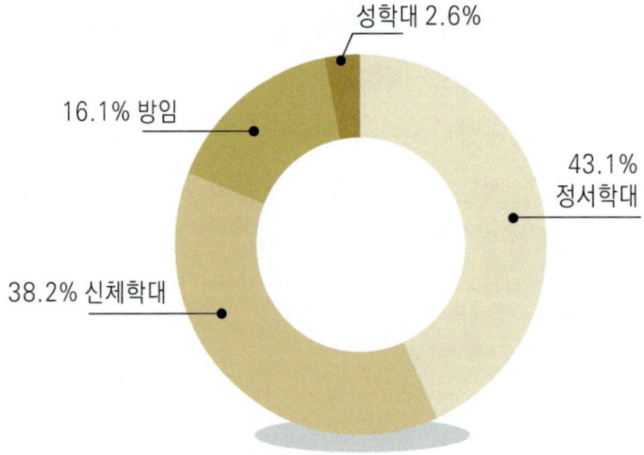

출처: 중앙아동보호전문기관(2017). 2016년 전국아동학대현황보고서.

그림 12-1 아동학대 사례 유형 II(중복학대 미분류)

(3) 아동학대 사례 발생 빈도

아동학대 발생 빈도에 대한 집계결과를 [그림 12-1]을 통해 살펴보면 4,364건(23.2%)이 거의 매일 발생하였으며, 2~3일에 한 번 발생한 사례는 2,384건(12.7%), 일주일에 한 번인 경우는 2,260건(12.1%)이었다. 즉, 일주일에 한 번 이상 빈번하게 학대를 경험한 아동은 48.1%로 전체 사례의 절반 이상을 차지한다고 볼 수 있다. 아동학대가 장기화될 경우 일회성 학대보다 아동의 생애 전반에 심각하고 부정적인 영향을 끼칠 수 있다. 여러 선행연구(안동현, 장화정, 이영애, 홍강의, 이재연, 이양희, 조흥식, 곽영숙, 2013)에서 제시된 바와 같이 아동은 학대로 인해 지속적인 정신적·신체적 손상을 입게 될 뿐만 아니라 사회적으로 심각한 문제를 겪게 되고 성인이 된 후에도 학대의 후유증에 시달리게 되어 이를 후대에 전승하게 되는 문제까지 발생할 수 있다(강은영, 김희균, 2015). 따라서 만성적이고 반복적으로 발생하는 학대를 방지하기 위해서는 학대의 근본적인 원인을 파악하여 아동의 학대 후유증을 최소화하기 위한 전문적인 의료적 지원 및 심리치료 지원이 필요하다. 또한 사례개입종결 이후에도 재학대 방지를 위해 지역사회 내 아동보호서비스 연계를 통해 사후관리가 지속적으로 이루어지도록 관리·감독해야 한다(중앙아동보호전문기관, 2017).

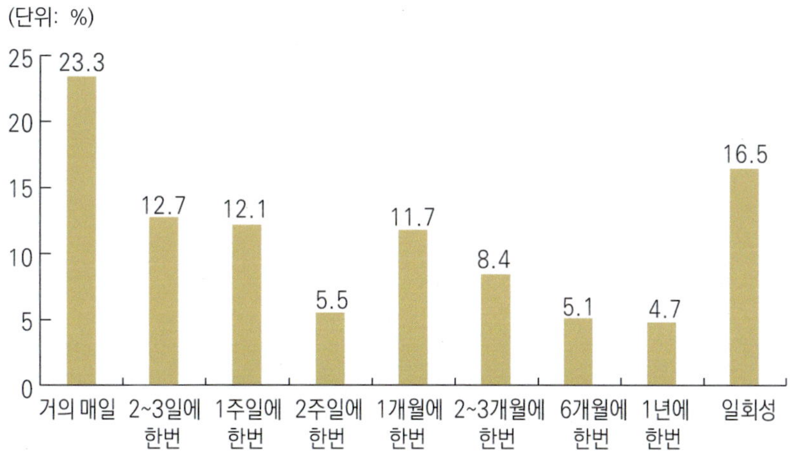

출처: 중앙아동보호전문기관(2017). 2016년 전국아동학대 현황보고서.

그림 12-2 아동학대 발생빈도

(4) 아동학대 사례 발생장소

아동학대 발생장소를 살펴보면 가정 내에서 발생한 사례가 총 15,371건(82.2%)으로 가장 높게 나타났다. 이 중 아동의 가정 내에서 일어난 학대는 15,032건(80.4%)으로 10명 중 8명이 아동의 가정 내 학대가 발생하는 것으로 볼 수 있다. 어린이집, 학교, 유치원과 같이 아동을 돌보고 교육하는 기관에서는 각각 601건(3.2%), 609건(3.3%), 247건(1.3%)으로 나타나 전체 사례 중 7.8%에 해당하여 작년과 비슷한 비중을 나타내고 있다. 가정에서 학대가 발생하면 외부에 발견되기 어려우므로 학대가 계속 발생할 수밖에 없다. 따라서 아동학대 고위험군 가정 내 학대를 조기 발견하는 것이 매우 중요하다.

표 12-3 아동학대 발생장소

(단위: 건, %)

발생장소		건수(비율)	
가정 내	아동 가정 내	15,032	(80.4)
	학대행위자 가정 내	339	(1.8)
소계		15,371	(82.2)
집 근처 또는 길가		353	(1.9)
친척집		150	(0.8)
이웃집		20	(0.1)
어린이집		601	(3.2)
유치원		247	(1.3)
학교		609	(3.3)
학원		159	(0.9)
병원		68	(0.4)
복지시설	아동복지시설	287	(1.5)
	기타복지시설	24	(0.1)
소계		311	(1.7)
숙박업소		90	(0.5)
종교시설		61	(0.3)
기타**		644	(3.4)
파악 안 됨		16	(0.1)
계		18,700	(100.0)

출처: 중앙아동보호전문기관(2017). 2016년 전국아동학대 현황보고서.

영유아 보호와 교육 및 권리 증진을 위해 책임을 다해야 할 기관인 어린이집에서 아동학대가 발생하고 다수 언론 보도를 통해 사회적 이슈가 되며 〈표 12-4〉와 같이 아동학대 발생 건수가 매년 증가하고 있다는 것은 매우 심각한 문제이다.

표 12-4 연도별 어린이집 아동학대 발생 건수

(단위: 건)

연도별	2005	2006	2007	2008	2009	2010	2011	2012	2013	2014	2015
발생 건수	65	74	72	61	67	100	159	135	232	300	432

출처: 중앙아동보호전문기관(2016). 2015년 전국아동학대 현황보고서.

2. 학대피해아동 및 가해자의 특성

1) 학대피해아동의 실태

학대피해아동의 연령별 분포를 [그림 12-3]에서 살펴보면 영유아기에 해당하는 만 6세 미만의 아동은 아동학대 사례 전체 건수 중 21.5%로 매우 높은 비율임을 알 수 있다.

부모와 주요한 애착관계를 형성하게 되는 영유아기에 학대를 경험한 아동은 그렇지 않은 아동들보다 불안정 애착을 보일 가능성이 높다. 불안정 애착을 경험한 영유아는 향후 경험하는 대인관계 형성에도 다소 부정적인 영향을 미칠 수 있다. 따라서 영유아 학대를 미연에 방지하기 위해서도 출생신고, 예방접종, 건강검진 등 미실시 영유아 가정에 대한 상시적인 양육환경 점검과 아동의 양육방법 및 아동학대 예방교육 등의 제공은 반드시 필요하다.

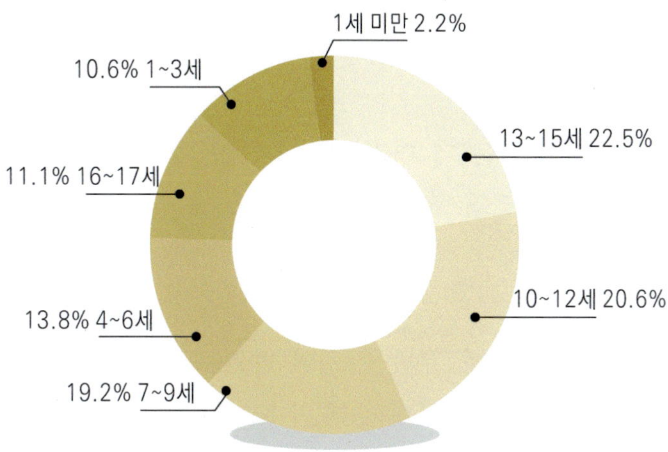

출처: 중앙아동보호전문기관(2017). 2016년 전국아동학대 현황보고서.

그림 12-3 피해아동 연령

2) 학대피해아동의 발생요인

(1) 아동요인

아동요인이 학대의 유발요인인지, 학대로 인한 결과인지는 확실하지 않다. 그러나 특정한 특성을 보이는 아동들은 부모나 양육자의 신체적·심리적 부담감을 가중시키고 부모들을 쉽게 지치게 한다. 또한 부모와의 애착형성이 어려운 경우가 많아 신체적·심리적으로 지친 상태에서 아동에게 지속적인 관심과 애정을 주는 것이 어려울 뿐만 아니라 장애아나 기형아에 대한 사회적 편견은 부모에게 양육에 대한 큰 스트레스로 작용하여 아동을 학대할 가능성이 높아지게 된다. 이와 관련된 아동요인을 살펴보면 다음과 같다(보건복지부, 중앙아동보호전문기관, 2017).

- 미숙아, 기형아
- 만성 혹은 급성질환아
- 신체적·정신적·기질적으로 특이하거나 장애를 가진 아동
- 운동 및 언어 등 발달이 늦은 아동
- 심하게 보채거나 밤에 잘 자지 않는 아동
- 문제 행동을 보이는 아동
- 음식을 먹거나 잠을 자는 데 어려움을 나타내는 아동
- 사회적 반응의 결핍, 고집스러운 울음과 외모
- 수유의 어려움
- 분리 불안의 결함
- 자신감 결여, 지나친 경계, 무반응, 겁이 많음
- 적대적 행위, 충동적 특성, 폭력적 행동, 고집이 셈
- 대인관계에 둔감하고 매력이 없음, 운동 조절 결함

(2) 부모요인

일반적으로 아동학대는 빈곤 및 가정 내의 양육 스트레스 등과 연관된 경우가 많으며 부모의 교육 정도가 낮거나 실직 상태이고, 생활 수준이 낮으며, 부부갈등이 심할 경우 더 자주 발생한다. 또한 가정폭력, 부모의 정신과 질환, 부모가 약물이나 알코올중독이 있는 경우도 아동학대의 가능성이 높다. 아동학대와 관련된 부

모요인을 살펴보면 다음과 같다(보건복지부, 중앙아동보호전문기관, 2017).

- 부모의 미성숙
- 아동양육에 대한 지식 부족
- 자녀에 대한 지나친 기대
- 경제적 어려움, 실직, 잦은 병치레, 가정불화 등과 같은 잦은 가정의 위기
- 부모 자신의 정서적 욕구불만에 따른 스트레스
- 아동양육의 부담을 도와줄 수 있는 친척이나 친구, 이웃이 주위에 아무도 없는 경우와 같은 사회적 고립
- 부모의 부모로부터 받은 어릴 적 학대 경험
- 알코올 및 약물 중독
- 아동을 소유물로 생각하며, 아동에 대한 권리의식에 대한 이해가 부족한 부모의 그릇된 아동관 및 양육관
- 부모의 낮은 자아존중감, 낮은 감성, 의기소침
- 부모의 분노, 좌절 혹은 성적 욕구와 같은 충동과 감정조절의 무능력
- 부모가 원하지 않았던 아동
- 부모의 불안, 우울증, 기타 정신질환

(3) 가정적 · 사회적 요인

가정적 · 사회적 요인은 가족관계 및 구조의 문제, 사회 전반의 분위기 등이 포함되며, 이 요인은 복합적으로 상호 작용하여 아동학대를 발생시키게 된다. 아동학대와 관련된 가정적 · 사회적 요인을 살펴보면 다음과 같다(보건복지부, 중앙아동보호전문기관, 2017).

- 가족 구성원 간에 갈등이 존재하거나 가족 간 상호작용이 약한 가족관계의 문제
- 양육에 대한 지식의 부족, 높은 스트레스, 가족 간의 긴밀한 상호작용의 결여 등에 기인하는 미성년 가족, 한부모가족, 이혼가족, 재혼가족 등 가족구조의 문제
- 가정적으로 사회적으로 고립 및 지지체계가 결여
- 신체적인 체벌에 대해 허용적인 문화

- 아동을 존중하지 않는 문화
- 자녀에 대한 소유 의식
- 체벌이나 훈육의 의미가 포함된 폭력은 필요하고 정당하다는 가치와 규범

(4) 돌봄기관요인

돌봄이 일어나는 돌봄기관에서의 아동학대 발생원인은 기관요인 및 교사요인으로 살펴볼 수 있다. 기관요인은 물리적 환경, 교사 채용의 어려움 및 관리, 인식의 부족, 전문기관 연계에 대한 자원 부족 등을 포함하며, 교사요인으로는 교사 자신의 자질 및 전문성 결여와 과중한 업무로 인한 스트레스 등의 요인을 포함한다. 돌봄기관에서는 구체적 지도 방안과 교사교육 및 체계적 인사관리를 마련하고 영유아의 특성을 이해하고 지원하려는 노력이 필요하다. 돌봄기관에서의 요인은 다음과 같다(보건복지부, 중앙아동보호전문기관, 2017).

① 돌봄기관요인

- 영유아발달에 부적합한 환경
- 체계적인 교사교육 부족
- 영유아 문제행동 지도방안에 대한 어린이집 내 논의 부족
- 영유아 문제 해결을 위한 전문기관과의 연계 부족
- 인성과 자질을 갖춘 교사 채용의 어려움

② 돌봄교사요인

- 과도한 업무와 스트레스
- 아동발달과 보육에 대한 지식 부족
- 그릇된 아동관 및 보육관(아동존중에 대한 인식 부족)
- 영유아에게 지나친 기대
- 성장기 학대받은 경험
- 불안, 우울, 기타 정신질환이 있거나 의심되는 경우
- 미성숙 또는 자아존중감이 낮은 경우

3) 아동학대 가해자의 특성

2017년 중앙아동보호전문기관의 「2016년 전국아동학대 현황보고서」를 살펴보면 아동학대가 주로 발생한 장소는 학대행위자의 가정[총 9,641(82.3%)건]으로 볼 수 있다. [그림 12-4]와 같이 아동학대 사례로 판단된 피해아동의 가족 유형 분석에서도 마찬가지 결과가 나타났다. 친부모 가족이 전체의 53.1%로 가장 높은 수치를 보였고, 친부모 가족 외 형태는 41.1%이며, 대리양육 형태와 기타는 각각 1.8%, 0.5%로 나타났다. 한부모가족 실태조사(여성가족부 2015. 한부모가족 실태조사)에 따르면 한부모가족의 소득 수준이 낮아 경제적 어려움을 겪고 있으며, 한부모가정 미취학 자녀의 12%가 평일 일과 후 돌봐주는 어른 없이 시간을 보내는 것으로 나타났다. 또한 대부분 부모의 역할을 홀로 감당하고 있고 양육부담이 큰 것으로 나타났다.

이러한 요인은 아동학대를 유발할 수 있는 요소일 수 있기에 한부모가 안정적으로 자녀를 양육할 수 있도록 양육부담을 줄여 줄 수 있는 프로그램 및 교육의 활성화와 자녀양육 및 자립지원정책이 확대되어야 할 필요성이 있다.

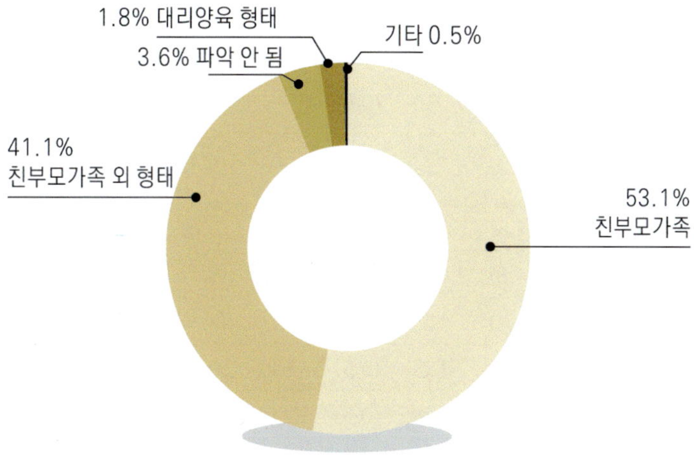

출처: 중앙아동보호전문기관(2017). 2016년 전국아동학대현황보고서.

그림 12-4 피해아동 가족 유형

또한 「2016년 전국아동학대 현황보고서」(보건복지부, 중앙아동보호전문기관, 2017)에 따르면 학대행위자의 두드러진 특성은 양육 태도 및 방법의 부족이 36.4%로 가장 높은 비중을 나타내었다. 이는 학대행위자의 양육 태도와 양육기술의 부족이 아동학대 발생에 부정적인 영향을 줄 수 있음을 의미하며, 올바른 양육 태도와 양육기술 습득을 위한 실효성 있는 부모교육 프로그램이 부모에게 제공될 필요가 있다는 것을 나타낸다. 그다음으로 비중이 높은 것은 성학대를 제외한 모든 학대 유형에서 사회·경제적 스트레스 및 고립이 17.7%이며, 부부 및 가족 갈등이 10.4%로 나타났다.

표 12-5 아동학대 사례 유형별 학대행위자 특성

(단위: 건, %)

특성 \ 학대유형	신체학대		정서학대		성학대		방임		계	
신체적 장애	179	(0.7)	223	(0.7)	8	(0.6)	124	(1.0)	534	(0.7)
정신적 장애	103	(0.4)	130	(0.4)	17	(1.2)	137	(1.1)	387	(0.5)
장애 의심	194	(0.7)	292	(0.9)	24	(1.7)	253	(2.0)	763	(1.0)
양육 태도 및 방법 부족	10,645	(39.4)	11,713	(35.2)	377	(26.0)	4,285	(34.2)	27,020	(36.4)
중독문제	1,541	(5.7)	2,352	(7.1)	80	(5.5)	584	(4.7)	4,557	(6.1)
질환문제	384	(1.4)	518	(1.6)	26	(1.8)	207	(1.7)	1,135	(1.5)
성격 및 기질문제	1,852	(6.9)	2,381	(7.1)	69	(4.8)	515	(4.1)	4,817	(6.5)
위생문제	111	(0.4)	168	(0.5)	8	(0.6)	589	(4.7)	876	(1.2)
나태 및 무기력	169	(0.6)	274	(0.8)	3	(0.2)	370	(3.0)	816	(1.1)
난독해, 난작문	12	(0.0)	16	(0.0)	1	(0.1)	13	(0.1)	42	(0.1)
사회·경제적 스트레스 및 고립	4,636	(17.2)	5,724	(17.2)	98	(6.8)	2,695	(21.5)	13,153	(17.7)
어릴 적 학대 경험	479	(1.8)	553	(1.7)	9	(0.6)	120	(1.0)	1,161	(1.6)
폭력성	1,235	(4.6)	2,034	(6.1)	52	(3.6)	308	(2.5)	3,629	(4.9)
전과력	121	(0.4)	178	(0.5)	33	(2.3)	62	(0.5)	394	(0.5)
성문제	111	(0.4)	175	(0.5)	288	(19.9)	70	(0.6)	644	(0.9)
원치 않는 아동	128	(0.5)	178	(0.5)	4	(0.3)	101	(0.8)	411	(0.6)
부부 및 가족 갈등	2,565	(9.5)	3,999	(12.0)	77	(5.3)	1,051	(8.4)	7,692	(10.4)
종교문제	49	(0.2)	75	(0.2)	5	(0.3)	67	(0.5)	196	(0.3)
특성 없음	2,169	(8.0)	2,026	(6.1)	162	(11.2)	890	(7.1)	5,247	(7.1)
파악 안 됨	315	(1.2)	294	(0.9)	109	(7.5)	100	(0.8)	818	(1.1)
계	26,998	(100.0)	33,303	(100.0)	1,450	(100.0)	12,541	(100.0)	74,292	(100.0)

출처: 중앙아동보호전문기관(2017). 2016년 전국아동학대 현황보고서.

이와 같이 자녀에게 훈육이라는 이름으로 체벌을 빈번하게 사용하게 되면 아동의 행동은 일시적으로 억제할 수 있으나 아동이 성장함에 따라 더 심한 체벌을 할 수밖에 없고, 체벌에 과다하게 의존하다 보면 신체적으로 학대하는 수준에 이를 수 있다.

3. 학대피해아동을 위한 복지서비스

1) 학대피해아동 보호서비스의 전달체계 및 현황

「아동복지법」에 의해 아동에 대한 학대행위를 목격하거나 의심되는 학대피해아동을 발견하면 112로 신고하고, 사례가 접수되면 현장조사 및 위기 사정을 하게 되며 아동학대라고 판별되면 사례개입 계획을 수립하고 이에 필요한 아동보호서비스를 제공하게 되고 각 사례에 대한 평가를 통해 사례를 종결한 다음 사후관리를 하게 된다.

아동보호전문기관에서는 피해아동의 학대 후유증을 극복하기 위해 개별상담·집단상담·기관상담을 포함하는 상담서비스, 검진 및 검사, 입원치료·통원치료를 포함한 의료서비스, 심리검사·미술치료·놀이치료 등을 포함하는 심리치료서비스, 가정지원서비스·사회복지서비스기관 연결·공적지원 연결을 포함하는 가족기능강화서비스, 일시보호시설 및 쉼터 등을 통해 피해아동을 일시 보호하는 일시보호서비스, 아동에 대한 응급조치 및 피해아동보호명령 절차 진행과 행위자에 대한 임시조치 또는 고소·고발 등 사건처리에 대한 서비스를 제공하고 있다.

이러한 서비스는 당해 연도에 신고 접수된 아동학대 사례뿐만 아니라 2016년 이전 신고사례 중 장기개입이 필요한 사례의 경우에는 연도에 상관없이 지속적으로 제공되고 있으며 「아동복지법」 제28조에 의거 필수적인 절차인 사후관리는 학대의 재발 방지와 가족의 안정유지를 위해 제공하고 있다.

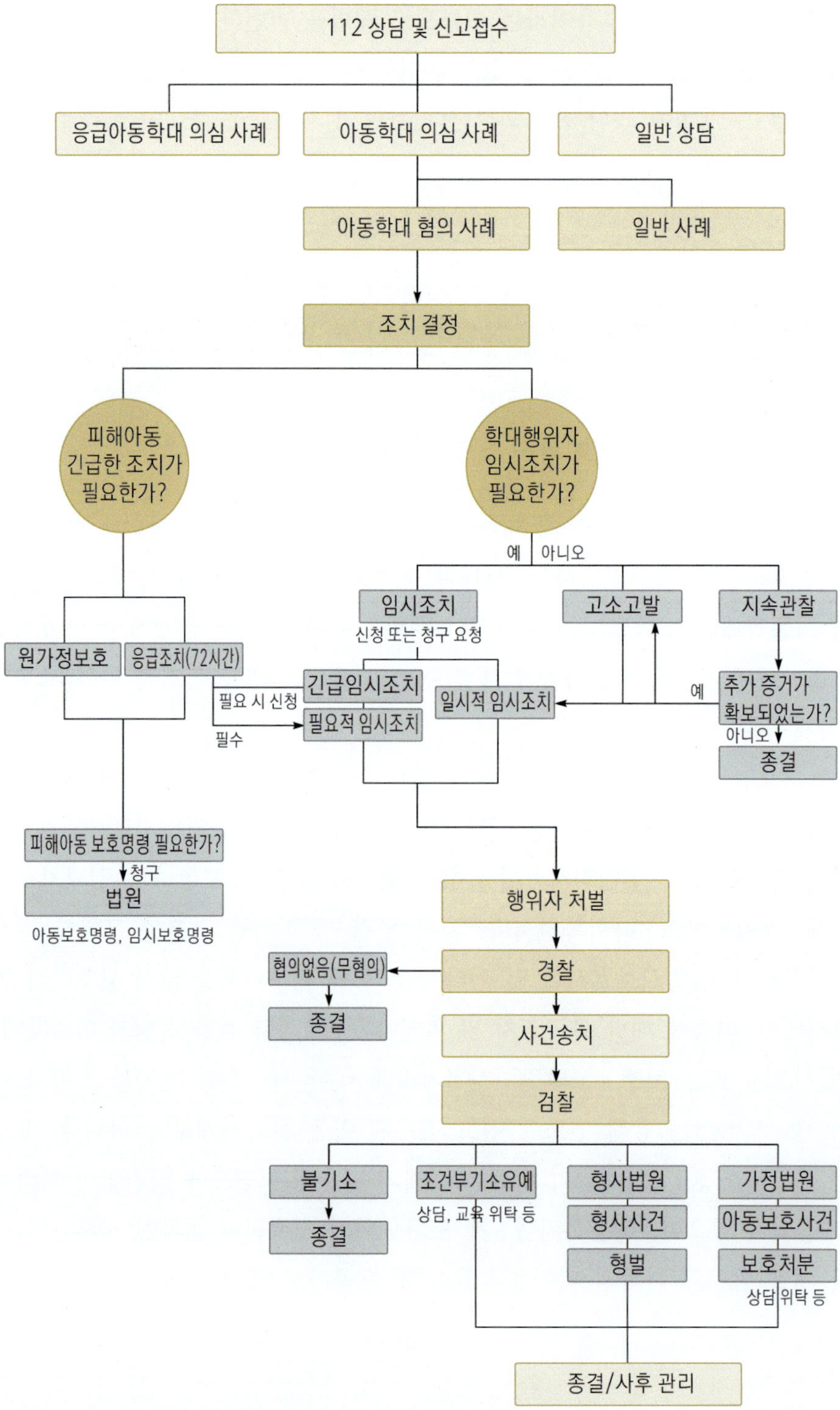

출처: 보건복지부(2017). 2017년도 아동 분야 사업안내.

그림 12-5 학대피해아동 보호서비스 전달체계

표 12-6 피해아동에 대한 서비스 제공 현황(진행 중/사후관리 사례)

(단위: 회, %)

서비스		진행 중 사례		사후관리 사례	
상담서비스	개별상담	98,223	(16.5)	11,648	(26.3)
	집단상담	2,598	(0.4)	173	(0.4)
	기관상담	184,481	(31.0)	18,893	(42.6)
	주변인 상담	5,746	(1.0)	396	(0.9)
	소계	291,048	(48.8)	31,110	(70.1)
의료서비스	검진 및 검사	1,073	(0.2)	29	(0.1)
	입원치료	6,637	(1.1)	1,084	(2.4)
	통원치료	1,154	(0.2)	80	(0.2)
	소계	8,864	(1.5)	1,193	(2.7)
심리치료 서비스	심리검사	3,868	(0.6)	270	(0.6)
	심리치료	46,346	(7.8)	6,168	(13.9)
	소계	50,214	(8.4)	6,438	(14.5)
가족기능 강화서비스	가정지원서비스	14,639	(2.5)	1,019	(2.3)
	사회복지서비스 기관연결	1,248	(0.2)	101	(0.2)
	공적지원연결	526	(0.1)	160	(0.4)
	소계	16,413	(2.8)	1,280	(2.9)
일시보호서비스		189,878	(31.9)	0	(0.0)
사건처리지원서비스		22,529	(3.8)	1,366	(3.1)
행위자 수탁 프로그램	임시조치	18	(0.0)	0	(0.0)
	조건부기소유예	0	(0.0)	0	(0.0)
	보호처분	32	(0.0)	6	(0.0)
	소계	50	(0.0)	6	(0.0
기타		17,014	(2.9)	2,975	(6.7)
계		596,010	(100.0)	44,368	(100.0)
총계		640,378			

출처: 중앙아동보호전문기관(2017). 2016년 전국아동학대 현황보고서.

위 자료에서 살펴보면, 피해아동에게 지원된 서비스는 진행 중인 사례와 사후관리 사례에서 모두 상담서비스가 각각 48.8%, 70.1%로 가장 높은 비율을 보였으며, 사례 진행 중 보다 사후관리 아동에게 상담서비스가 더 많은 비중으로 제공되었다. 상담서비스 중에도 기관상담, 개별상담 순으로 비중이 높게 나타났다. 다음으로 일시보호서비스는 진행 중 사례에서 31.9%로 높은 수치이나 사후관리 사례에서는 0.0%이다. 이는 일시보호서비스가 종료되어야 사례가 종결될 수 있다고 볼 수 있다. 또한 심리치료서비스는 진행 중 사례에서 8.4%에 해당하지만 사후관리 사례에서는 약 1.8배 높은 14.5%로 나타났다.

2) 아동학대 신고

(1) 아동학대 신고의무자

아동학대 신고의무자란, 직무를 수행하면서 아동학대범죄를 알게 된 경우나 그 의심이 있는 경우에 아동보호전문기관 또는 수사기관에 즉시 신고할 의무가 있는 자를 말한다. 「아동학대범죄의 처벌 등에 관한 특례법」 제10조 제2항 아동학대처벌법 시행으로 기존의 신고의무자 22개 직군에서 아이돌보미와 취약계층 아동에 대한 통합서비스 수행인력이 추가되어 24개 직군으로 확대되었다. 따라서, 아동학대 신고의무자는 「아동학대범죄의 처벌 등에 관한 특례법」에 따라 아동학대범죄가 의심만 되어도 즉시 신고하여야 하며 신고하지 않은 경우 500만 원 이하의 과태료가 부과된다.

아동학대 신고의무자 직업군

가정위탁지원센터의 장과 그 종사자, 아동복지시설의 장과 그 종사자, 아동복지시설의 장과 그 종사자, 아동복지전담공무원, 가정폭력 관련 상담소 및 피해자 보호시설의 장과 종사자, 건강가정지원센터의 장과 종사자, 다문화가족지원센터의 장과 종사자, 사회복지 전담공무원 및 사회복지시설의 장과 종사자, 성매매피해상담소의 장과 종사자, 성폭력피해상담소, 성폭력 피해자 보호시설 및 성폭력 피해자통합지원센터의 장과 종사자, 구급대원, 응급구조사, 육아종합지원센터의 장과 종사자 및 보육교직원, 유치원 교직원 및 강사, 의료기사, 의료기관의 장 및 의료인, 장애인복지시설의 장과 종사자, 정신의료기관, 정신질환자사회복귀시설, 정신요양시설 및 정신보건센터의 장과 종사자, 청소년시설 및 청소년단체의 장과 종사자, 청소년보호·재활센터의 장과 종사자, 초·중등교육법의 교직원 및 전문상담교사, 산학겸임교사(교육복지사 포함), 한부모가족복지시설의 장과 종사자, 학원 및 교습소의 장과 종사자, 아이돌보미(「아이돌봄 지원법」상), 취약계층아동에 대한 통합서비스 지원 수행인력(드림스타트), 입양기관의 장과 종사자

출처: 보건복지부, 중앙육아종합지원센터(2016). 아동학대 예방특별교육 교재.

(2) 아동학대 신고의무자 교육

아동학대 신고의무자가 소속된 기관의 장은 소속 신고의무자에게 아동학대 예방 및 신고의무와 관련된 교육을 매년 1시간 이상 실시하여야 한다(「아동복지법 시행령」 제26조). 또한 정부는 아동학대 신고의무자에게 신고의무 교육을 실시할 수 있으며, 자격 취득과정이나 보수교육 과정에 아동학대 예방 및 신고의무와 관련된 교육을 1시간 이상 포함시켜야 한다. 아동학대 신고의무자 교육은 아동학대 예방 및 신고의무에 관한 법령, 아동학대 발견 시 신고방법, 피해아동 보호 절차 등의 내용을 포함하여야 하며, 아동학대 신고의무자 직장교육을 미실시할 경우 300만 원 이하의 과태료가 부과된다(「아동복지법」 제75조).

(3) 아동학대 신고절차

학대 의심 징후 (상흔, 증언 등) ➡ 응급상황 시, 아동의 안전 및 신병확보 ➡ 아동학대 신고 (112) ➡ 현장조사 및 사례개입 협조 ➡ 사후지원 및 서비스 협조

출처: 보건복지부, 중앙육아종합지원센터(2017). 어린이집 보육교직원 안전교육.

① 학대 의심 징후 발견

피해아동의 신체적 · 행동적 징후뿐만 아니라 아동의 가정환경도 아동학대 의심 증거가 될 수 있다. 최근 아동의 부모가 실직하였거나 이혼, 사별 등으로 가족관계가 변한 경우, 아동의 상처 등에 대해 보호자가 설명을 제대로 하지 못하는 경우, 아동의 부모가 자주 음주 상태에 있는 것을 알게 된 경우, 주변인에게 폭언 또는 폭행을 행사하는 경우에는 피해아동에게 좀 더 관심을 가져야 한다. 일반적으로 학대 상처는 일반 상처와는 다르게 허벅지 안쪽이나 어깨 등 다치기 어려운 곳에서 발견된다. 예를 들어, 양손 골절 및 두 가지 이상의 중복골절을 발견하거나, 아동의 귀, 코, 목 등 정상적이지 않은 곳의 출혈 흔적 및 상처 자국, 아동의 연령에 맞지 않는 다리미나 담뱃불로 인한 화상 자국, 벨트 자국, 이빨 자국 등 반복적으로 많은 수의 타박상 및 상처 등을 발견하였을 때는 아동학대로 의심해 볼 수 있다(보건복지부, 중앙육아종합지원센터, 2016).

② 아동학대 신고

아동학대로 의심되는 아동을 발견할 시, 아동학대 신고 전화 112(전국 공통, 24시간 접수)에 신고한다. 아동학대 신고 시 신고자는 다음과 같은 정보 및 학대에 대해 알고 있는 모든 사항을 제공한다. 또한 아동학대 신고의무자는 아동학대 신고 시, 보호자에게 신고 내용을 알리는 등 이로 인해 아동학대 증거가 은폐되지 않도록 주의하여야 한다.

표 12-7 아동학대 신고 시 보고할 내용

구분	내용	구분	내용
학대 의심 내용	• 학대 의심 증거 • 학대 발견 시 정황 • 학대 상처 • 학대 지속성	피해아동 정보	• 이름, 성별, 나이, 주소, 전화번호 • 피해아동의 특징 • 피해아동의 현재 상태 등
학대행위 의심자 정보	• 이름, 전화번호, 직업 • 학대행위자 특징 • 피해아동과의 관계 • 피해아동과의 동거 여부 등	신고자	• 이름, 전화번호 • 피해아동과의 관계 • 학대 사실을 알게 된 경위 등

출처: 보건복지부, 중앙육아종합지원센터(2017). 어린이집 보육교직원 안전교육.

4. 아동학대 예방을 위한 복지서비스 개선방안

1) 아동학대 예방을 위한 영유아 교사의 역할 강화

영유아 교사는 학대받은 아동의 보호에 있어 매우 중요한 역할을 담당하고 있는데, 그 이유로는 영유아 교사의 경우 아동을 잘 관찰할 수 있으며, 타 신고의무자 직업군에 비해 영유아기관에서 교사는 아동과 함께 지내면서 보다 쉽게 아동학대를 발견하기 때문이다. 특히, 어린 아동일수록 학대후유증이 심각하므로 신고의무자로서의 영유아 교사 역할은 매우 중요하다. 아동학대를 예방하기 위해 신고의무자인 영유아 교사는 다음과 같은 역할을 수행해야 한다(황해익 외, 2017).

첫째, 영유아 교사는 아동학대의 개념과 징후가 무엇인지 잘 이해하고 있어서 보다 민감하게 아동학대 사례를 발견할 수 있어야 한다. 아동학대 신고의무자인 영유아 교사는 아동학대를 예방하기 위해서는 아동의 권리가 위협받고 있는지 평상시 아동을 관찰하고, 일상생활에 관한 대화를 나누며, 아동의 건강 및 위생상태, 식습관과 더불어 아동에게 발생한 특정한 사건이나 상처에 대해 지속적으로 점검하며 보호자가 아동의 상태에 대해 충분히 알고 있는지도 면밀히 파악해야 한다.

둘째, 영유아 교사는 아동학대 신고의무자로서 연 1회 이상 아동학대 예방교육을 이수하고, 혹시 영유아기관에서 아동학대가 발생할 위험은 없는지 지속적으로 살피며, 교사인 자신을 포함하여 교직원 모두가 정서적 · 신체적 · 성적으로 아동의 권리를 침해하고 있지는 않은지 스스로를 점검해 보아야 한다.

셋째, 아동학대가 발생했을 경우, 영유아 교사는 아동학대 신고의무자로서 신속히 신고하여 학대피해아동을 보호하고, 학대 정황에 대한 정확한 정보를 수집하여 관련 기관에 제공해야 한다. 신고 시 〈표 12-7〉과 같이 정보를 제공하면 보다 신속하게 처리될 수 있다.

넷째, 영유아 교사는 아동에게 자신의 권리를 위협하는 상황에 대한 구체적인 사례에 대해 동화나 상황을 토대로 이야기 나누며 이러한 위험한 상황에서 영유아가 어떻게 대응할 수 있는지 적절한 방법에 대해 지속적으로 교육을 실시해야 한다. 영유아 자신은 사랑받고 존중받아야 하는 존재이고, 권리가 위협받는 상황은 자신의 탓이 아니며, 위험한 상황이 생길 때는 다른 사람에게 도움을 요청해야 함을 인식시켜 효과적인 아동학대 예방교육을 해야 한다.

다섯째, 학대피해아동이 발생하였을 경우에 영유아 교사는 아동학대 신고를 함과 동시에 아동을 대할 때에는 신고 전과 후, 동일한 태도로 아동을 대하고 지지해야 하며 아동의 말을 경청하고 비언어적인 대화에 반응하는 것이 필요하다. 또한 학대를 받은 것이 아동의 잘못이 아님을 확인시켜 주는 것도 영유아 교사의 역할이라 할 수 있다. 또한 학대피해아동에게 지속적인 관심과 모니터링을 통하여 재학대 여부 및 학대 지속성을 관찰하고 아동보호전문기관 상담원과 면담하는 경우 알고 있는 사실 모두를 말하는 것이 학대피해아동을 안전하게 보호하는 데 많은 도움이 될 수 있다. 궁극적으로 학대발생 이후, 아동보호전문기관과 영유아기관의 적극적인 협력을 통해 피해아동의 후유증을 최소화하고 향후 피해아동을 안전하게 보호할 수 있다.

표 12-8 아동학대 신고의무자를 위한 아동학대 체크리스트

연번	체크 항목	체크란(✔)	
1	사고로 보이기에는 미심쩍은 멍이나 상처가 발생한다.	예 □	아니오 □
2	상처 및 상흔에 대한 아동 혹은 보호자의 설명이 불명확하다.	예 □	아니오 □
3	보호자가 아동이 매를 맞고 자라야 한다는 생각을 갖고 있거나 체벌을 사용한다.	예 □	아니오 □
4	아동이 보호자에게 언어적·정서적 위협을 당한다.	예 □	아니오 □
5	아동이 보호자에게 감금, 억제, 기타 가학적인 행위를 당한다.	예 □	아니오 □
6	기아, 영양실조, 적절하지 못한 영양섭취를 보인다.	예 □	아니오 □
7	계절에 맞지 않는 옷, 청결하지 못한 외모를 보인다.	예 □	아니오 □
8	불결한 환경이나 위험한 상태로부터 아동을 보호하지 않고 방치한다.	예 □	아니오 □
9	성학대로 의심될 성 질환이 있거나 임신 등의 신체적 흔적이 있다.	예 □	아니오 □
10	나이에 맞지 않는 성적 행동 및 해박하고 조숙한 성지식을 보인다.	예 □	아니오 □
11	자주 결석하거나 결석에 대한 사유가 불명확하다.	예 □	아니오 □
12	필요한 의료적 처치 혹은 필요한 아동에게 예방접종을 실시하지 않는다.	예 □	아니오 □
13	보호자에 대한 거부감과 두려움을 보이고, 집(보호기관)으로 돌아가는 것에 대해 두려워한다.	예 □	아니오 □
14	아동이 매우 공격적이거나 위축된 모습 등의 극단적인 행동을 한다.	예 □	아니오 □
15	'아동학대 체크리스트' 1~14에 해당되지는 않지만 그 외의 학대로 의심되는 경우 (학대 의심 사항:)	예 □	아니오 □

"아동학대 체크리스트"는 아동학대 신고의무자가 직무 중에
학대로 의심되는 아동을 조기발견하기 위해 활용되도록 제작되었습니다.

1개 문항 이상 "예"라고 체크된 경우, 아동학대를 의심해 볼 수 있는 상황입니다.
아동학대가 "의심"되면 아동학대 신고 전화 112로 반드시 신고해 주시기 바랍니다.

출처: 중앙아동보호전문기관(2016). 아동학대 예방 신고의무자용 교육 교재.

2) 아동학대 예방을 위한 복지정책의 개선방안

「아동학대처벌법」 이후 아동학대사건 대응은 아동보호전문기관 중심으로만 이루어져 오던 것에서 경찰, 검찰, 법원 등으로 유관기관이 확대되어 보다 적극적인 대처가 이루어지고 있다. 그야말로 아동학대 예방을 위해 온 마을이 힘쓰고 있는 처지이다. 그럼에도 아동학대 예방을 보다 효율적으로 하기 위해 몇 가지 방안이 필요하다.

첫째, 학대피해아동 발생 시 여러 기관이 유기적으로 협력하여 지원해야 한다. 아동학대가 발생하면 아동보호전문기관뿐만 아니라 지방자치단체, 교육 당국, 지역사회 등이 유기적으로 협조하여 피해아동 및 가족 지원을 위한 자원과 인력을 마련해야 한다.

둘째, 아동학대 조기 발견과 관련해서는 아동 연령별로 다른 접근이 필요하다. 가정 내 영유아 대상 학대는 별도의 신고가 없으면 발견이 어렵기 때문에 공적인 절차나 사회적 제도를 통해 적극적으로 찾아낼 필요가 있다. 가정 내 학대행위자의 30% 이상이 양육 태도 및 방법에 어려움을 호소하고 20% 이상이 사회·경제적 스트레스를 겪는 것으로 파악되고 있어서, 이러한 위기가정에 대한 사회적 지원을 통해 학대요인을 줄이려는 국가적 차원의 노력이 필요하다. 정부는 이미 2014년 아동학대예방에 대한 정부종합대책에서 가정방문을 통해 학대를 발견하겠다는 것과 생애주기별로 예비 부모인 혼인 신고자부터 임신, 출생신고, 필수 예방접종, 영유아 건강검진 과정에서 양육자에게 적절한 학대예방 교육 기회를 제공하겠다는 대책을 마련했고 각 시기별로 부모교육을 실제로 이행할 수 있는 절차와 수행인력 및 예산을 마련하여 이를 실행해야 한다.

셋째, 피해아동 당사자가 직접 신고할 수 있는 환경을 조성하는 것도 필요하다. 정부는 아동 및 대중에게 아동이 학대로부터 안전하게 보호받을 권리가 있음을 알리는 교육과 함께, 이 권리의 보장을 위한 사회적 제반 조치도 마련해야 할 것이다.

넷째, 아동과의 접촉이 많은 신고의무자들의 신고를 높일 수 있는 방법을 강구해야 한다. 아동학대의 개념과 발견방법 등 아동학대와 관련된 주기적인 교육 시행과 함께 신고자를 보호하는 방법이 마련되어야 아동학대 신고의무자가 학대 '확진'이 아니라 '의심' 상황에서도 신고해야만 하는 것을 인지할 수 있고 그래야 심각한 아동학대로부터 아동을 지켜낼 수 있다.

다섯째, 아동학대 선별도구를 개발하여 모든 신고의무자 직업군에서 적극 활용하여 학대 의심 신고율을 높일 수 있어야 한다. 아동복지시설과 같은 시설에서 학대가 발생할 경우 시설폐쇄가 되기 때문에 시설 내부에서 학대를 발견하더라도 신고의무자가 신고하기 어려울 수 있다. 어린이집이나 유치원에서는 원장에 의해 발생하는 학대나 학교에서 발생하는 학대 사건 역시 신고의무자가 기관장의 방침에 따라 신고하기 어려울 수 있다. 따라서 유치원, 초·중·고교, 아동복지시설 및 사회복지시설 내부에서 학대를 신고할 경우, 「공익신고자 보호법」 등을 통해 신고자를 보호하고, 신고에 따른 불이익이 없도록 하는 조치 등이 마련될 필요가 있다.

그러나 이러한 대책에 앞서 무엇보다도 아동학대 예방을 위한 가장 근본적인 대책은 사회적으로 아동학대에 대해 허용하지 않는 환경을 만드는 것이다. 2015년 12월 가정 내에서 학대를 피해 맨발로 탈출한 인천 11세 여아 사건 이후, 장기 결석 학생을 조사하는 과정에서 뒤늦게 발견되는 아동학대 후 아동사망 사건들은 대부분 체벌에서 시작되어 사망에까지 이르게 된 사건들이다. 모든 체벌이 아동을 사망에 이르게 하지는 않더라도 체벌을 허용하는 한 심각한 학대로 이어질 가능성은 언제나 존재하게 되는 것이다. 유엔아동권리위원회에서는 물리적 힘이 사용되고, 아무리 가볍다 하더라도 어느 정도의 고통 혹은 불편함을 유발하도록 의도되는 모든 처벌을 체벌로 정의하면서, 체벌의 형태와 정도를 막론하고 모두 금지되어야 한다는 것을 전제하고 있다. 법에서 체벌을 단호히 금지하지 않는 한 성인에 의한 아동학대는 국가적으로 언제라도 가능한 행위라는 신호로 해석되기 때문에 아동의 복지, 훈육과 관계된 법령 중에서 체벌을 허용하는 것으로 해석될 수 있는 조항을 모두 제정비하여야 한다. 우리 사회에서 아동학대를 근본적으로 예방하기 위해서는 체벌은 어디에서도 허용되지 않는다는 사회적인 메시지가 반드시 필요하다.

생각 나누기

'손가락 절단' 태훈, '서커스 소녀' 주희: 비참한 최근

'마산 어린이 손가락 절단사건'이란 1998년 친아버지가 보험금을 노리고 아들의 새끼 손가락을 절단했던 사건으로 아들의 호소로 아버지는 3개월 만에 풀려났지만, 이후 성금과 후원금을 탕진하고 기초생활 수급비를 받기 위해 수년간 아들에게 정신과 치료제를 복용하게 했다고 한다.

\- 중략 -

'서커스 소녀'는 다섯 살 때 서커스단에 팔려가 7년간 온갖 폭력과 학대에 시달리다 탈출한 서주희씨를 말하는 것으로, 여러 차례 노력 끝에 생모를 찾았지만 생모는 주희씨를 폭행하고 보상금 등을 가로챘다. 최근 세상을 떠난 생모는 거액의 빚까지 주희씨에게 떠넘겼다고 한다.

- 관련 기사 : 경향신문(2011)
- 생각 point
  - 위의 기사를 보고 어떠한 생각이 들었는지 이야기를 나누어 보세요.
  - 자신을 학대하고 폭행한 부모의 품으로 돌아가는 것에 본인의 생각을 발표해 보세요.

모든 아동은 태어나면서부터 안정된 가정에서 성장할 권리를 가지고 있지만 그럴 수 없는 환경에서 태어나 보호가 필요한 아동에게 지원하는 정책이 입양과 가정위탁보호제도이다. 원 가정에서의 돌봄이 오히려 아동에게 생존권, 발달권, 보호권 등 아동권리 실현이 어려운 상황에서 원가정의 회복을 기다리며 일시적으로 대리가정에서 보호하거나 혹은 영구적으로 법적 친자관계를 형성하는 입양사업은 아동에게 매우 중요한 사회적 안전망이라고 할 수 있다. 이에 대한 사회적 인식을 개선시키고 꼭 필요한 아동보호사업으로서 향후 더 개선할 방안에 대해 논의해 보고자 한다.

나무 없는 산(2008)

제작: 한국
감독: 김소영
주연: 김희연, 김성희
러닝타임: 89분
경제적으로 어려워진 가정 형편 때문에 홀로 두 딸을 키우기가 힘들어진 엄마는 지방에 사는 고모에게 진과 빈을 맡기고 아빠를 찾으러 간다. 하지만 고모는 매일 자신의 신세 한탄을 하며 매일 술만 마실 뿐, 두 자매에게는 무관심하기만 하다. 엄마가 떠나던 날, 진과 빈은 돼지 저금통이 꽉 차면 돌아온다는 엄마의 약속에 메뚜기를 구워 팔고 큰 동전을 작은 동전으로 바꿔가며 조금씩 저금통을 채워나간다. 저금통이 꽉 차던 날 약속과 달리 엄마는 돌아오지 않고 얼마 뒤 두 자매는 다시 시골 할머니에게 맡겨지게 되는데…. 세상 모두에게 짐만 되어버린 자매 진과 빈. 이 소녀들이 편안하게 머물 곳은 이 세상 어디에 있는 것일지…. 다시 엄마를 만나기 위해 세상에 대한 믿음을 잃어버리지 않고 살아가려는 아이들의 이야기가 담긴 영화이다.

블라인드 사이드(2009)

제작: 미국
감독: 존 리 행콕
주연: 산드라 블록, 퀸튼 애론, 팀 맥그로우
러닝타임: 129분
추수감사절 하루 전날 밤, 차가운 날씨에 반팔 셔츠만을 걸친 채 체육관으로 향하던 '마이클'을 발견한 '리 앤'. 평소 불의를 참지 못하는 확고한 성격의 리 앤은 자신의 아이들과 같은 학교에 다닌다는 마이클이 지낼 곳이 없음을 알게 되자 집으로 데려와 함께 추수감사절을 보낸다. 갈 곳 없는 그를 보살피는 리 앤은 시간이 흐르며 마이클의 순수한 심성에 빠져 그를 마음으로부터 가족으로 받아들이기 시작한다. 리 앤 가족의 도움으로 마이클은 본격적으로 미식축구 훈련을 시작하며 놀라운 기량과 실력을 발휘하고, 리 앤은 그의 법적 보호자를 자청하며 마이클의 진짜 가족이 되고자 한다. 평생 '가족'을 가져본 적 없는 청년과 그에게 기꺼이 '엄마'가 되어 준 한 사람이 만나 서로의 인생을 바꾼 그들의 행복한 만남의 이야기가 담긴 영화이다.

학습목표

- 입양가족의 특성을 이해하여 실제적 지원방안을 모색해 본다.
- 입양의 절차와 가정위탁보호사업의 유형을 설명할 수 있다.
- 입양아동과 가정위탁보호아동을 위한 복지정책의 개선방안을 모색해 본다.

13 입양 및 가정위탁보호 아동을 위한 복지서비스

1. 입양아동을 위한 복지서비스

1) 입양의 개념 및 유형

(1) 입양의 개념

아동의 입장에서 입양은 생물학적 관계가 아닌 법적·사회적 과정과 절차에 따라 입양부모와 친자의 관계를 맺는 것이고, 성인의 입장에서 입양은 다른 친생부모에 의해 태어난 아동을 법적 절차를 밟아서 본인의 자녀로 관계 맺는 것을 의미한다. 미국의 사회사업백과사전에서는 "입양이란 부모가 되는 사회적이고 법적인 과정이며, 입양 후에 부모와 아동은 그들이 생물학적으로 관련되는 것과 똑같은 상호 권리와 의무를 갖는다."고 하였다(NASW, 1995). 입양이 성공적으로 성립되기 위해서는 입양아동, 친부모, 입양부모 등 3자의 이익이 함께 고려되어야 하며 다음과 같은 기본원리가 입양지침으로 제공되어야 한다(Kadushin, 1984; 오정수, 2017 재인용).

첫째, 아동은 자신이 태어나고 속한 가족, 지역사회, 국가에서 양육되는 것이 최우선이며 가장 바람직하다. 입양은 친가정을 지키기 위한 최선의 노력을 선행한 이후에 고려해야 한다.

둘째, 우선적으로 아동이 속해 있는 인종, 국가, 문화, 종교집단 내에서 입양가정을 찾는 노력이 필요하다. 이것이 불가능할 때 인종이나 문화, 종교적 배경이 다른 가정이 고려되어야 하며 입양가정은 아동의 민족적·종교적 배경을 인정하고 존중하여야 한다.

셋째, 입양의 일차적인 목적은 입양부모나 입양가정에게 있는 것이 아니라 입양될 아동의 복지, 욕구, 관심을 기초로 아동의 이익이 최우선되도록 해야 한다.

넷째, 입양은 가정위탁보호나 시설보호보다는 부모가 아동에게 필요한 장기적인 안정과 애정을 줄 수 있고 친밀한 보호를 제공해 줄 가능성이 높기에 아동의 가정을 대신해 영구적 대리보호가 필요한 아동에게는 가장 바람직한 방법이다.

다섯째, 아동의 복지를 위해서라도 영구적 대리보호의 필요성 여부가 가능한 한 빨리 결정되어야 하며, 입양에 있어 모든 일의 저항요소를 충분히 고려하여 불필요하게 시간이 지체되어서는 안 된다.

이러한 기본원리에 근거하여 최근에 입양보호실천은 아동의 욕구를 강조하면서 입양가정 중심 입양에서 아동 중심 입양으로 변화하고 있다.

(2) 입양의 유형

입양은 그 구분기준에 따라 매우 다양하게 구분된다(Kadushin & Martin, 1988; 장인협 외, 2017 재인용). 입양부모의 친족 여부에 따라 친족과 비친족입양으로, 입양 설립을 주관하는 주체에 따라 독립과 기관입양으로, 입양 공개 여부에 따라 공개와 비밀입양으로, 입양되는 장소에 따라 국내와 국외입양으로 나뉘게 된다.

① 친족입양과 비친족입양

친족입양은 아동의 혈연관계에 있는 친척이 입양하는 경우나 친부, 친모의 재혼으로 인한 가족관계인 계부나 계모가 입양하는 경우이다. 미국에서는 친족에 의한 입양이 호의적인 평가를 받고 있는데, 그 이유는 가정위탁보호보다 많은 이점이 있고 가족 보존의 한 형태로 여겨지고 있기 때문이다(Down et al., 1996 재인용). 입양된 아동의 입장에서 이러한 입양아동은 생물학적·가족문화적 동질성과 정서적 유대감으로 인해 입양에 대한 어려움을 덜 겪을 수 있으며, 확대가족의 의미로 친인척의 혈연관계의 많은 자원 속에서 양육될 수 있다(김명희, 2006).

비친족입양은 아동과 가족 혹은 친족관계를 갖고 있지 않은 사람의 입양으로 우리나라의 경우 과거에 혈통을 중요하게 여기는 의식이 강해 가문의 대를 잇기 위한 수단으로 친족입양이 이루어졌으나, 최근 입양 추세는 친족입양이 점차 감소하고 있다(서보준 외, 2017).

② 독립입양과 기관입양

독립입양은 입양기관을 거치지 않고 개인에 의해 독자적으로 입양이 이루어지는 경우로 친부모가 직접 지인이나 입양 의사가 있는 사람에게 입양 보내는 양자제도와 같은 형태와 제3자에 의해 금전적인 목적 없이 이루어지는 무료 중개 입양과 아동의 요구에 관계없이 금전적 이익을 목적으로 입양이 이루어지는 불법 인신매매와 같은 유료 중개 입양이 있다. 독립입양은 입양에 대한 사전 점검이나 사후 관리를 할 수 없기에 오히려 비용이 많이 들고 입양에 대한 비밀보장이 어려워 입양 후에 친부모와의 문제발생 여지가 있으며 입양에 관한 전문적·심리적·법적·정신적 도움을 받을 수 없고 적절한 의료혜택, 필요한 경제적·사회적 도움을 받지 못하는 등 여러 문제가 생길 수 있다(김호년 외, 2016).

기관입양은 자발적 혹은 비자발적으로 친부모가 법적으로 아동에 대한 친권을 포기하여 공적·사적 입양기관이 아동의 법적 대리인이 되어 입양이 이루어지는 경우로 입양 관련 전문가에 의한 서비스, 특별한 요구를 가진 아동을 충족시켜 줄 수 있는 입양가정 선정, 사후관리 등이 가능하다. 이러한 입양 형태는 입양기관이 친부모나 입양부모의 가정을 조사하여 가장 적절한 가정을 연결해 줄 수 있기에 입양 후 문제가 적은 편이나 서류상의 절차가 복잡하고 입양관련 기간이 길다는 단점이 있다. 우리나라는 기관입양만을 인정하고 있으나 미국은 주 정부로부터 인가를 받은 사회복지사 또는 변호사를 통한 독립입양이 가능하다(서란숙, 2007).

③ 공개입양과 비밀입양

공개입양은 입양 사실을 입양아동과 주위의 모든 사람에게 공개하는 것으로 우리나라와 달리 미국이나 유럽에서의 공개입양의 경우, 입양아동과 친부모, 입양부모가 협의에 의해 어느 정도의 접촉을 갖기도 한다(문선화 외, 2005). 우리나라에서는 입양 사실을 입양아동과 주변 사람에게만 알리는 정도여서 친부모가 자녀의 입양부모를 선택하거나 입양 전후에 친부모와 입양부모 간 서로 정보를 공개한다거나 만나는 등의 본래 공개입양 의미와는 다소 차이가 있다(오정수, 정익중, 2017).

비밀입양은 친부모가 누구인지 입양부모 또는 입양아동에게 공개되지 않은 형태로 아동을 입양하는 부모가 마치 입양아동을 출산한 것처럼 가장하며 입양의 비밀을 유지하는 것이다. 국내입양에서는 입양에 대한 비밀유지가 쉽게 하기 위해 건강한 신생아 입양을 원하는 경우가 많고, 많은 입양부모의 경우 비밀입양이 입양에 대한 사회적 편견으로부터 입양아동을 보호할 수 있다고 여기고 있다. 그러나 비밀입양은 입양된 아동에게 입양 사실을 비밀로 함으로써 입양에 대해 부끄럽고 수치스러운 생각을 갖게 하거나 성장과정에 갑자기 입양 사실을 알게 되었을 때 혼란을 빠지게 하는 등 좋지 않은 편견을 갖게 할 수 있으며, 입양의 성공경험을 사회적으로 확산시키는 데에도 장애가 될 수 있다(오정수, 정익중, 2017).

최근 우리나라에서도 연예인들이 공개입양을 하면서 '가슴으로 낳은 자녀'라는 용어를 사용하며 공개입양의 방식이 꾸준히 늘고 있기는 하지만, 혈연을 중요시하는 가치와 입양에 대한 편견으로 인해 비밀입양이 선호되고 있다.

④ 국내입양과 국외입양

국내입양은 입양아동이 태어난 나라에서 입양하는 형태로 '국가 간 입양에 관한 아동보호 및 협력에 관한 헤이그협약'에서는 아동에게 최선의 이익을 가장 중요한 것으로 여기기에 아동은 먼저 자신의 출생국에서 먼저 친부모와 함께 살 수 있도록 최대한 보장해 주어야 하며, 그것이 불가능할 경우 아동이 태어난 그 나라에서 입양될 수 있도록 해야 한다고 협의하고 있다.

국외입양은 입양아동이 출생국과는 다른 나라에 입양되는 것으로 우리나라의 경우, 1950년대에 전쟁고아와 혼혈아의 보호정책으로 국외입양이 시작되어 세계에서 가장 많은 아동을 입양 보낸다는 오명을 받기도 했다. 그러나 우리나라 국외입양은 국내입양 활성화 정책과 인식 개선으로 점차 그 숫자가 감소하고 있다. 국외입양은 입양아동에게 행복하고 영구적인 가정을 찾아준다는 전제하에서 아동을 위한 대안으로 강구되어야 한다.

2) 입양의 역사 및 현황

(1) 입양의 역사

입양은 동서양을 막론하고 모든 사회에서 실천해 왔다. 역사적으로 입양은 가문 승계, 혈육 결손, 노동력 확보, 집단 간 동맹 강화 등을 목적으로 남아에게 집중되었던 양자제도에서 그 유래를 찾아볼 수 있는데, 이는 아동의 이익을 최우선으로 하는 현대의 입양실천과는 달리 성인과 사회적 욕구 및 이해를 충족시키기 위한 수단으로 볼 수 있다.

문헌적으로 우리나라 입양제도를 찾아볼 수 있는 것은 거의 없지만, 삼국시대부터 일반 서민 사회에서 행해져 왔던 업둥이, 고아 수양 등의 관습이 있었고 고려시대에는 가계계승을 목적으로 서민층뿐만 아니라 다양한 계층에도 양자제도가 있었으며 조선시대에는 '수양임시사목'을 제정하여 유기 또는 부랑아동의 생명을 보호하기 위해 국가에서 수용 보호하거나, 민가에서 수양하여 양자녀 또는 노예로 삼는 것을 근본 취지로 여기는 것이 있었다(이순형, 2016). 일제강점기에는 1912년 '조선민사령'에서 친족상속 부분을 당시 조선 관습법에 의한다고 규정지었고, 그 이후 한국전쟁을 치르면서 급격히 증가한 전쟁고아와 혼혈아동을 위한 대책 마련 중 하나로 1954년에 한국아동양호회가 설립되었고, 이후 카톨릭구제회(1955), 안식교성육양자회(1955), 홀트양자회(1956), 국제사회봉사회(1957) 등의 이국민 간 원조기관이 많이 설립되면서 국외입양이 활발했었지만 국내입양에 대한 관심은 전혀 보이지 않았다(김명숙, 1998).

국내에서 현대적 입양이 활성화된 배경으로는 1961년에 「고아입양특례법」을 제정하면서 해외입양에 대한 법적 근거를 마련하였고, 1976년에는 「입양특례법」을 개정하여 국내입양 부양책을 모색하게 되었으나 주로 국외입양을 집중되어 '고아수출국'이라는 오명을 갖게 되었고 정부는 1988년 서울올림픽 개최를 계기로 이러한 오명을 벗기 위해 국외입양을 금지시켜 단계적으로 국외입양을 축소하여 가정위탁제도의 도입을 포함하는 국내입양 활성화를 모색하게 하여 국외입양에서 국내입양으로 방향을 돌리는 결정적 계기가 되었다(정옥분 외, 2016).

특히 2000년에 「입양촉진 및 절차에 관한 특례법」, 특례법 시행령, 특례법 시행규칙을 개정하여 우리나라 입양제도를 확립하고자 노력하였고, 2011년에는 「입양촉진 및 절차에 대한 특례법」이 전면 개정되어 입양대상 아동의 이익이 최우선이 될 수 있게 하는 것을 기본 원칙으로 하는 「입양특례법」으로 명칭이 변경되었다.

표 13-1 우리나라 입양정책 변천사

시기	내용
해외입양 형성기 (1950~1960년대)	• 한국전쟁 이후 해외 입양이 시작되어 전쟁 중에 출생한 혼혈아동이나 전쟁고아를 해외로 입양을 보냄. 특히 순혈적 민족주의로 혈통을 강조한 시기임. • 「고아입양특례법」(1961년)은 국내입양보다는 해외입양을 제도화하여 혼혈아동 등을 더욱 쉽게 해외로 입양 보낼 수 있도록 절차를 간소화함.

시기	내용
해외입양 촉진기 (1970~1980년대)	• 국가 주도의 산업발전정책으로 경제개발과 인구관리를 차원에서 요보호아동의 적극적인 해외입양 권장됨. • '고아'를 '보호시설에 보호받고 있는 자'로 바꿔 입양 가능 대상을 확대하여 해외입양이 상업화되었음. • 「고아입양특례법」을 폐지하고 「입양특례법」(1976)을 제정함.
국내입양으로 전환기 (1990년대 이후)	• 세계 최고의 고아수출국이라는 오명을 받으면서 전략적으로 국내입양 정책으로 전환 • 「입양촉진 및 절차에 관한 특례법」(1995) 개정. 국가가 입양기관을 관리하고 국내입양을 촉진 • 「입양특례법」(2011) 개정. 국내 우선 입양을 원칙으로 하고 입양부모 자격을 강화 • 요보호아동의 인권 강조와 저출산이라는 시대적 사회상황변화로 국내입양을 적극 홍보함.

출처: 김재민(2016). 한국의 해외입양 정책 연구에서 재구성. 성공회대학교 대학원 박사학위논문.

(2) 입양 현황

우리나라에서 현대적 의미의 입양이 이루어진 것은 한국전쟁 이후인 1950년 중반부터라 할 수 있는데 그 특징적 경향은 국외입양을 중심으로 발달해 왔으며 국내입양은 혈연 중심적 특징으로 신생아 중심, 정상아 중심, 입양부모 중심의 비밀입양 위주인 탓에 활발히 이루어지지 못하고 있다. 이렇듯 국내입양이 활발해지지 못한 이유는 국내입양은 입양 후 친자 출산, 부부문제, 경제문제와 같은 입양가정의 사정이나 입양아의 신체적·정신적 결함 발생, 부적응 등 입양아의 사정에 따라 양부모가 파양을 원하는 경우가 발생하는 것 등과 관련이 있다(박미현, 1993).

표 13-2 연도별 국내외 입양 현황

(단위: 명)

구분	계	2007년 이전	2008	2009	2010	2011	2012	2013	2014	2015	2016
계	245,600	230,635	2,556	2,439	2,475	2,464	1,880	922	1,172	1,057	880
국내	79,088 (32.2%)	70,327 (30.2%)	1,306 (51.1%)	1,314 (53.9%)	1,462 (59.1%)	1,548 (62.8%)	1,125 (59.8%)	686 (74.4%)	637 (54.4%)	683 (64.6%)	546 (62.0%)
국외	166,512 (67.8%)	160,308 (69.8%)	1,250 (48.9%)	1,125 (46.1%)	1,013 (40.9%)	916 (37.2%)	755 (40.2%)	236 (25.6%)	535 (45.6%)	374 (35.4%)	334 (38.0)

출처: 중앙입양원 홈페이지(https://www.kadoption.or.kr). 2018년 2월 20일 발췌.

그러나 최근 경향을 살펴보면 전체 입양아동 중 국외입양 아동 비율이 감소하고 있는 반면, 국내입양 아동 비율이 증가하고 국내입양의 경우 자녀가 이미 있는 가정에서의 입양과 장애아 입양, 공개입양, 여아 입양 등이 점점 늘어나고 있는 경향을 보인다(이순형, 2016). 이러한 변화는 시설보호 중심의 아동보호 방법을 지양하고 가정위탁보호와 입양을 지향하는 아동보호 정책적 변화와 아동복지를 주요한 기초로 하는 입양관에 변화가 나타나고 있음을 보여주는 것이다. 이를 위해 입양가족을 위한 다양한 사회적 지원체계가 필요함을 알 수 있다.

표 13-3 입양아동의 건강상태

(단위: 명)

연도	국내입양					국외입양				
	계	건강 양호	건강 이상			계	건강 양호	건강 이상		
			계	미숙아·저체중아	기타			계	미숙아·저체중아	기타
2014	637	614 (96.4%)	23 (3.6%)	20	3	535	368 (68.8%)	167 (31.2%)	51	116
2015	683	659 (96.5%)	24 (3.5%)	20	4	374	275 (73.5%)	99 (26.5%)	35	64
2016	546	526 (96.3%)	20 (3.7%)	13	7	334	211 (63.2%)	123 (36.8%)	12	111

출처: 중앙입양원 홈페이지(https://www.kadoption.or.kr). 2018년 2월 20일 발췌.

표 13-4 입양아동의 성별 및 연령

(단위: 명)

연도	국내입양							국외입양					
	계	성별		연령				계	성별		연령		
		남	여	3월 미만	3월~1세 미만	1~3세 미만	3세 이상		남	여	1세 미만	1~3세 미만	3세 이상
2014	637	223 (35.0%)	414 (65.0%)	20 (3.1%)	398 (62.5%)	167 (26.2%)	52 (8.2%)	535	438 (81.9%)	97 (18.1%)	2	464 (0.4%)	69 (86.7%)
2015	683	222 (32.5%)	461 (67.5%)	29 (4.2%)	394 (57.7%)	215 (31.5%)	45 (6.6%)	374	287 (76.7%)	87 (23.3%)	- (90.4%)	338 (9.6%)	36
2016	546	191 (35%)	355 (65%)	33 (6.1%)	336 (61.5%)	142 (26%)	35 (6.4%)	334	269 (80.5%)	65 (19.5%)	62 (18.6%)	250 (74.9%)	22 (6.6%)

출처: 중앙입양원 홈페이지(https://www.kadoption.or.kr). 2018년 2월 20일 발췌.

표 13-5 입양아동의 발생 유형

(단위: 명)

연도	국내입양				국외입양			
	계	미혼모아동	유기아동	결손가정 등	계	미혼모아동	기아 등	결손가정
2014	637	578	28	31	535	509	-	26
	(100%)	(90.7%)	(4.4%)	(4.9%)	(100%)	(95.1%)	(0.0%)	(4.9%)
2015	683	618	54	11	374	358	16	-
	(100%)	(90.5%)	(7.9%)	(1.6%)	(100%)	(95.7%)	(4.3%)	(0.0%)
2016	546	481	18	47	334	327	2	5
	(100%)	(88.1%)	(3.3%)	(8.6%)	(100%)	(97.9%)	(0.6%)	(1.5%)

출처: 중앙입양원 홈페이지(https://www.kadoption.or.kr). 2018년 2월 20일 발췌.

3) 입양의 구성요소 및 절차

(1) 입양 구성요소

① 입양대상 아동

입양대상 아동은 만 18세 미만의 보호가 필요한 아동으로 「입양특례법」 제9조에서 다음과 같이 자격규정을 하고 있다.

1. 보호자로부터 이탈된 사람으로서 특별시장 · 광역시장 · 도지사 및 특별자치도지사(이하 "시 · 도지사") 또는 시장 · 군수 · 구청장(자치구의 구청장을 말한다. 이하 같다)이 부양의무자를 확인할 수 없어 「국민기초생활 보장법」에 따른 보장시설(이하 "보장시설")에 보호 의뢰한 사람
2. 부모(부모가 사망이나 그 밖의 사유로 동의할 수 없는 경우에는 다른 직계존속을 말한다) 또는 후견인이 입양에 동의하여 보장시설 또는 제20조에 따른 입양기관에 보호 의뢰한 사람
3. 법원에 의하여 친권상실의 선고를 받은 사람의 자녀로서 시 · 도지사 또는 시장 · 군수 · 구청장이 보장시설에 보호 의뢰한 사람
4. 그 밖에 부양의무자를 알 수 없는 경우로서 시 · 도지사 또는 시장 · 군수 · 구청장이 보장시설에 보호 의뢰한 사람

출처: 국가법령정보센터 홈페이지(http://www.law.go.kr). 2018년 2월 20일 발췌.

② 입양부모

입양부모는 「입양특례법」 제10조에서 다음과 같은 요건을 모두 갖추어야 한다고 정하고 있다.

1. 양자를 부양하기에 충분한 재산이 있을 것
2. 양자에 대하여 종교의 자유를 인정하고 사회의 구성원으로서 그에 상응하는 양육과 교육을 할 수 있을 것
3. 양친이 될 사람이 아동학대 · 가정폭력 · 성폭력 · 마약 등의 범죄나 알코올 등 약물중독의 경력이 없을 것
4. 양친이 될 사람이 대한민국 국민이 아닌 경우 해당 국가의 법에 따라 양친이 될 수 있는 자격이 있을 것
5. 그 밖에 양자가 될 사람의 복지를 위하여 보건복지부령으로 정하는 필요한 요건을 갖출 것
   ① 양친이 될 사람은 양자가 될 아동이 복리에 반하는 직업이나 그 밖에 인권침해의 우려가 있는 직업에 종사하지 아니하도록 하여야 한다.
   ② 양친이 되려는 사람은 입양의 성립 전에 입양기관 등으로부터 보건복지부령으로 정하는 소정의 교육을 마쳐야 한다.

출처: 국가법령정보센터 홈페이지(http://www.law.go.kr). 2018년 2월 20일 발췌.

③ 친부모

입양대상 아동의 친부모는 합법적인 혼인관계 여부에 따라 분류될 수 있는데, 합법적인 혼인관계에 있는 친부모가 가정불화, 빈곤, 이혼, 한쪽 부모의 사망 등의 이유로 해체된 가정에서 더 이상 자녀를 양육할 수 없어 입양을 의뢰하는 경우와 비합법적인 혼인관계의 친부모가 아동을 양육할 의사나 능력이 없을 때 입양을 의뢰하는 경우가 있다. 입양대상의 아동으로 우리나라의 경우 10대 미혼 청소년 부모의 자녀가 가장 많은 비중을 차지하고 있고, 실제로 양육이 거의 불가능하거나 양육 의사가 없어 친권을 포기하는 경우가 있다(오미희 외, 2017).

(2) 입양절차

「입양특례법」에 따르면 입양절차는 2011년 법 개정 이전보다 입양부모의 자격 강화, 입양허가제 등 아동의 권리와 복지 증진을 중심으로 이루어질 수 있도록 국가의 관리 감독을 강화하는 방향으로 변화하였다. 개정 전후의 법을 비교해 보면 [그림 13-1]과 같다.

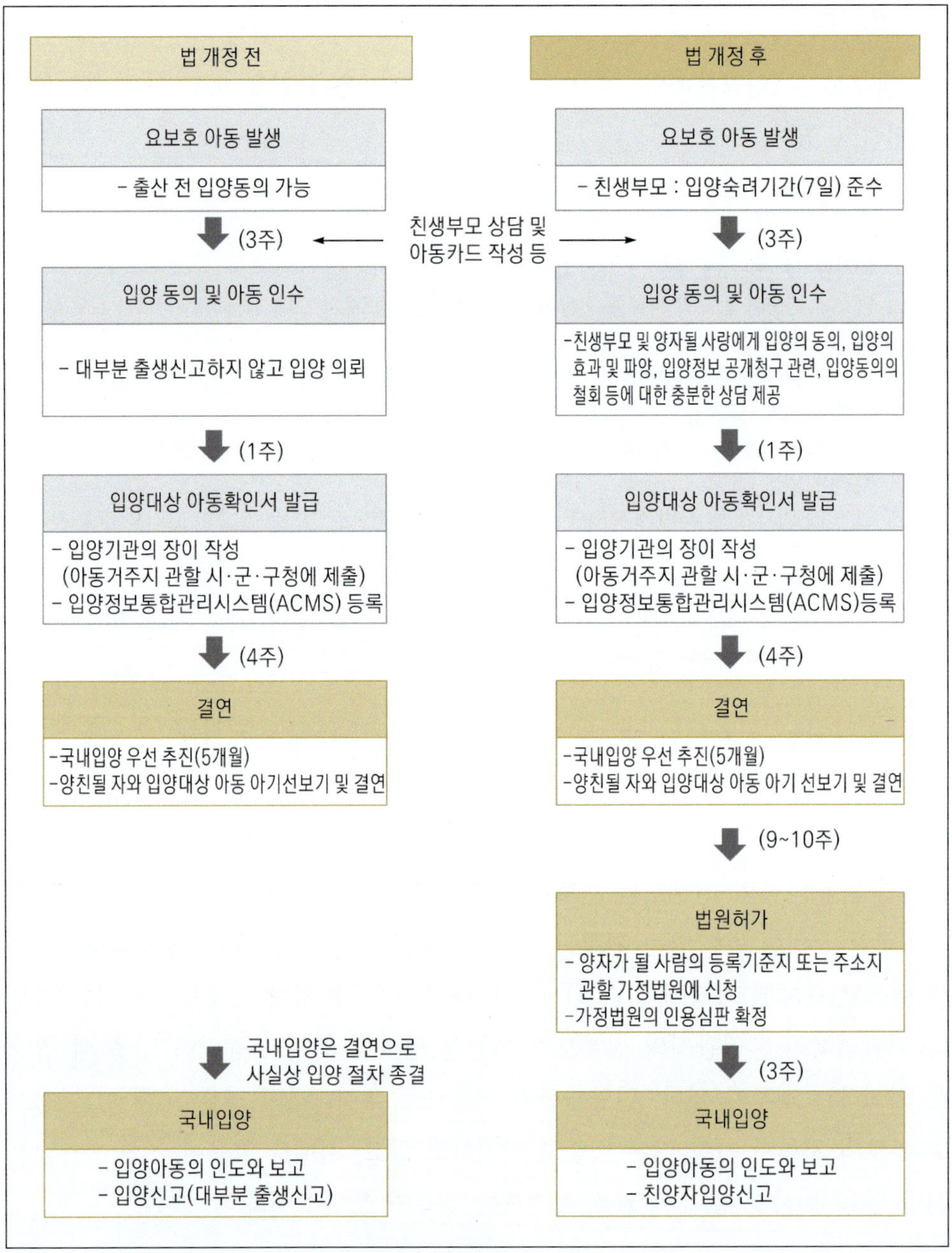

출처: 보건복지부(2017) 2017년도 아동 분야 사업안내.

그림 13-1 입양절차

① 입양신청접수

입양을 희망하는 입양부모는 혼인관계증명서, 주민등록등본, 양친가정조사신청서, 가족관계증명서 등을 입양기관에 제출함으로써 입양을 신청한다.

② 양친가정 조사 및 준비

입양부모가 양친가정조사신청서 등 서류를 접수하면 입양기관에서는 입양부모의 입양 동기와 욕구를 파악하고 입양하기에 적합한 자격을 갖추었는지 알아보기 위해 2회 이상 가정방문을 실시하여 양친가정조사서를 작성한다. 이를 입양부모가 발급받은 후 입양기관으로부터 입양에 대한 이해, 입양부모의 역할, 입양아동의 특성, 입양아동의 양육 시 도움이 되는 정보에 대한 교육으로 총 8시간을 이수하면 양친교육이수증명서를 받을 수 있다.

③ 결연

입양에 대한 교육을 마치면 입양대상 아동과 입양부모가 만나 선을 보게 되는데, 여기서 결연이 맺어지면 「입양특례법」에 따라 입양기관을 통해 양친이 될 부모의 성명, 생년월일, 국적, 연락처 정보 등이 입양정보통합관리시스템(ACMS)에 등록된다.

④ 가정법원 허가

입양기관에서는 결연이 맺어지면 가정법원에 입양허가를 신청하고, 법원은 자체 판단에 따라 건강진단서, 범죄경력조회서 등의 추가 자료를 요청하거나 입양허가를 반려할 수도 있다. 이러한 과정을 거쳐 가정법원의 인용심판이 확정되면 이를 통해 입양이 허가된다.

⑤ 입양의 성립

가정법원의 허가가 결정되면 입양기관에서는 입양부모에게 아동을 인도하고, 가정법원의 허가서를 첨부하여 가족관계등록 등에 관한 법률이 정하는 바에 따라 지자체에 친양자 신고를 하며 모든 입양절차가 마무리된다.

⑥ 사후관리

입양기관에서는 입양과정이 입양의 성립과 함께 종료되는 것이 아니라 입양의 성립 후 아동이 입양가정에 잘 적응하고 있는지 입양가정을 방문하여 조사하고 확인한다. 이는 입양아동이 성장하는 과정과 함께, 입양이 평생 과정적 개념(박인선, 1997)으로 변화하면서 사후관리의 필요성이 강조되고 있다.

2. 가정위탁보호아동을 위한 복지서비스

1) 가정위탁보호서비스의 개념 및 필요성

(1) 가정위탁보호서비스의 개념

「아동복지법」 제2조 제7호에서는 '가정위탁'이란 보호를 필요로 하는 아동을 보호하기에 적합한 가정에 일정 기간 위탁하는 것으로 규정하고 있다. 또한 「아동복지법」 제3조 제4호에서 '보호대상 아동'이란 보호자가 없거나 보호자로부터 이탈된 아동 또는 보호자가 아동을 학대하는 경우 등 그 보호자가 아동을 양육하기에 적당하지 아니하거나 양육할 능력이 없는 경우의 아동을 말한다. 현재 우리나라 가정위탁보호서비스는 「아동복지법」, 「국민기초생활 보장법」, 「의료보험법」에 근거해 시행되고 있으며, '유엔아동권리협약'에서도 국가가 적극적으로 이 서비스를 지원해야 함을 명시하고 있다. 가정위탁보호는 친부모의 양육 역할을 일정 기간 대리하며, 양육하기 어려운 상황이 해소되면 아동을 친가정으로 복귀하도록 하는 아동복지 실천 활동이므로 아동의 친가정을 지킬 수 있다는 점과 친가정의 보호를 받을 수 없는 아동에게 일시적이지만 가정 경험을 제공한다는 점에서 매우 의미가 있다. 가정위탁보호는 영구적인 보호인 입양과는 다르게 한시적인 제공이지만 위탁부모는 친부모나 법적 후견인 내지 보호자에 의해 아동의 양육을 일정 기간 위임받는 사람으로 위탁 기간만큼은 위탁 아동의 삶에 대한 총체적 책임을 지는 권한을 갖게 된다.

(2) 가정위탁보호서비스의 필요성

가정에서 아동은 가족과 주위 환경의 보호를 받으며 다양한 행동양식과 생활습관, 가치 기준을 습득하게 됨에 따라 가정환경은 아동의 성장 발달에 결정적인 역할을 하게 된다. 가정의 돌봄을 받지 못할 경우, 아동은 시설에서 보호되는 경우가 대부분이었으나 시설에서의 보호가 아동의 성장발달에 끼치는 부정적인 영향에 대한 보고(김경희, 반정호, 2005; 양심영, 2003; 허남순, 2004)가 지속되고 있어 아동에 대한 시설보호서비스의 한계를 극복하는 데 적극적인 대안인 가정위탁보호서비스의 필요성은 다음과 같다.

첫째, 가정 내외의 여러 사정 등으로 인해 일시적인 보호가 필요한 아동에게는 시설입소보다는 일차적으로 가정에서의 보호 방법을 모색하여 대리가정을 제공할 필요가 있다.

둘째, 부모의 사망이나 재혼 등으로 보다 장기적인 보호가 필요한 아동에게는 아동과 혈연과 문화가 유사한 친인척들이 아동을 양육하도록 지원하여 아동이 안정된 가정에서 건전하게 성장할 수 있도록 도와줄 필요가 있다.

셋째, 소년소녀가정세대가 필요로 하는 욕구와 그들이 겪는 문제 등에 기초한 적절한 서비스를 제공하여 자립능력과 대처능력을 키우기 위해서는 소년소녀가정세대를 가정위탁으로 전환할 필요가 있다.

넷째, 아동학대나 방임으로 일정 기간 아동과 부모를 분리해야 할 경우에도 가정위탁보호는 필요하다.

다섯째, 가정위탁보호서비스는 다른 형태의 시설수용과 비교해 볼 때 위탁비용이 저렴하며, 시설에 수용된 아동들이 적응하지 못하고 성인이 되어서도 생활보호대상자가 되어 사회적 지원이 지속되어야 하는 경우를 고려해 보면 가정위탁보호서비스는 막대한 사회적 비용을 절감할 수 있다.

2) 가정위탁보호서비스의 유형 및 현황

(1) 가정위탁보호서비스의 유형

「아동복지법」 제10조에 의하면, 가정위탁보호서비스는 요보호대상 아동을 보호가 필요한 아동의 보호자나 그 연고자의 가정에서 보호·양육하게 하는 대리양육서비스와 요보호대상 아동의 보호를 희망하는 자의 가정에서 보호하도록 하는 위탁보호서비스가 있다. 이를 다시 분류해 보면 가정위탁보호는 위탁가정과 아동의 혈연관계, 친족관계 여부에 따라 친조부모, 외조부모가 위탁아동을 양육하는 대리양육 가정위탁과 친조부모와 외조부모를 제외한 다른 친인척(「민법」 상 8촌 이내의 혈족)이 위탁아동을 양육하는 친인척 가정위탁, 아무 혈연관계가 없는 일반인이 위탁아동을 양육하는 일반 가정위탁으로 나누어 볼 수 있다.

또한 위탁양육서비스는 양육비 부담 여부에 따라 다음과 같이 구분할 수 있다(오정수, 정익중, 2017).

- 무료 위탁보호: 자선적 입장에서 무료로 위탁받은 아동을 가정에서 돌보는 것으로 양육 부담을 수탁자가 부담하는 것이다.
- 유료 위탁보호: 위탁받은 가정이 아동보호를 위해 사회기관으로부터 양육에 따른 수고비를 받는 유료위탁은 우리나라의 경우, 2016년 기준 아동 1인당 월 15만 원 이상의 양육보조금을 지원하도록 권고하고 있다.
- 고용위탁보호: 위탁 기간 중 청소년에 해당하는 아동이 노동을 하여 숙식비를 대신하는 고용위탁은 고용·노동을 통해 양육에 필요한 비용을 부과함과 동시에 장차 자립생활을 할 수 있도록 한다.
- 입양위탁보호: 수탁자가 요보호아동을 자기의 양자로 하기 위한 위탁보호로 아동의 건강한 적응과 발달을 위해서 위탁가정이 위탁아동을 입양할 수 있도록 하는 것이다.
- 전문적 위탁보호: 심신장애 아동을 대상으로 치료와 재활기능을 갖는 전문적 위탁은 다른 형태의 위탁보호보다 수탁료가 비싸고, 이러한 경우의 양부모는 아주 높은 수준의 인격과 훈련의 치료자라고 할 수 있다.
- 집단 위탁보호: 대개는 같은 성의 아동 4~12명 정도의 규모로 시설에서 생활한 아동들이 사회나 가정으로 성공적으로 되돌아갈 수 있는지 보다 자연스러운 생활경험이 필요한 경우에 해당한다.

(2) 가정위탁보호서비스의 현황

우리나라에서 보호가 필요한 아동에 대해 시설보호, 위탁가정보호, 집단가정보호 등 다양한 대체가정서비스를 제공하고 있다. 보호대상 아동의 보호 형태를 다음과 같이 연도별 보호필요아동 보호조치를 통해 살펴보면 약 절반 정도가 시설보호를 받고 있으며, 가정위탁, 입양 전 위탁, 입양, 소년소녀가정 순으로 나타나고 있고, 그 변화의 추이를 살펴보면 여전히 양육시설 입소가 높은 순위를 나타내고 있는 반면, 소년소녀가정제도는 지속적으로 줄어들고 있다. 이는 정부가 2003년 아동권리협약 이행에 관한 2차 보고서를 통한 유엔아동권리위원회의 권고에서 소년소녀가정제도의 불합리성이 지적되어 나타난 결과(양심영, 2003)이며, 이 제도의 문제를 해결하기 위해 정부는 2001년부터 소년소녀가정을 친인척이나 부양의무자인 조부모와 동거하는 등 친인척 가정위탁이나 대리양육가정으로 전환하도록 하고 있다.

표 13-6 연도별 보호필요아동 보호조치

(단위: 명, %)

구분 연도	총 발생 아동 수	귀가 및 연고자 인도	조치내용								
			계	가정보호				시설입소			
				가정위탁	소년·소녀 가정	입양	입양 전 위탁	양육시설 등	일시 보호 시설	장애아동 시설	공동생활 가정
2016	5,226	634	4,592	1,024	6	243	425	1,736	541	12	605
			100.0	22.3	0.1	5.3	9.2	37.8	11.8	0.3	13.2
2015	4,975	472	4,503	1,206	-	239	376	1,412	799	13	458
			100.0	26.8	-	5.3	8.3	31.4	17.7	0.3	10.2
2014	6,014	1,020	4,994	1,300	13	393	388	1,818	566	10	506
			100.0	26.0	0.3	7.9	7.8	36.4	11.3	0.2	10.1
2013	6,834	814	6,020	1,749	20	478	516	1,731	801	39	686
			100.0	29.1	0.3	7.9	8.6	28.8	13.3	0.6	11.4
2012	8,003	1,077	6,926	2,289	117	772	-	2,272	676	25	775
			100.0	33.0	1.7	11.1	-	32.8	9.8	0.4	11.2
2011	8,436	953	7,483	2,350	128	1,253	-	2,246	862	32	612
			100.0	31.4	1.7	16.8	-	30.0	11.5	0.4	8.2
2010	9,960	1,370	8,590	2,124	231	1,393	-	2,445	1,751	23	623
			100.0	24.7	2.7	16.2	-	28.4	20.4	0.3	7.3
2009	10,500	1,472	9,028	2,734	213	1,314	-	2,406	1,640	35	686
			100.0	30.3	2.4	14.5	-	26.6	18.2	0.4	7.6
2008	11,672	2,388	9,284	2,838	178	1,304	-	2,997	1,261	39	667
			100.0	30.6	1.9	14.0	-	32.3	13.6	0.4	7.2
2007	11,394	2,533	8,861	3,378	247	1,991	-	3,189	-	39	17
			100.0	38.1	2.8	22.5	-	36.0	-	0.4	0.2
2006	16,008	6,974	9,034	3,101	308	1,259	-	4,313	-	53	-
			100.0	34.4	3.4	13.9	-	47.7	-	0.6	-
2005	18,468	9,048	9,420	2,322	407	1,873	-	4,769	-	48	1
			100.0	24.7	4.3	19.9	-	50.6	-	0.5	-
2004	20,357	10,964	9,393	2,212	299	2,100	-	4,680	-	38	64
			100.0	23.5	3.2	22.4	-	49.8	-	0.4	0.7
2003	21,882	11,660	10,222	2,392	500	2,506	-	4,747	-	42	35
			100.0	23.5	4.9	24.5	-	46.4	-	0.4	0.3

출처: 보건복지부(2017). 2016년 요보호아동 현황보고.

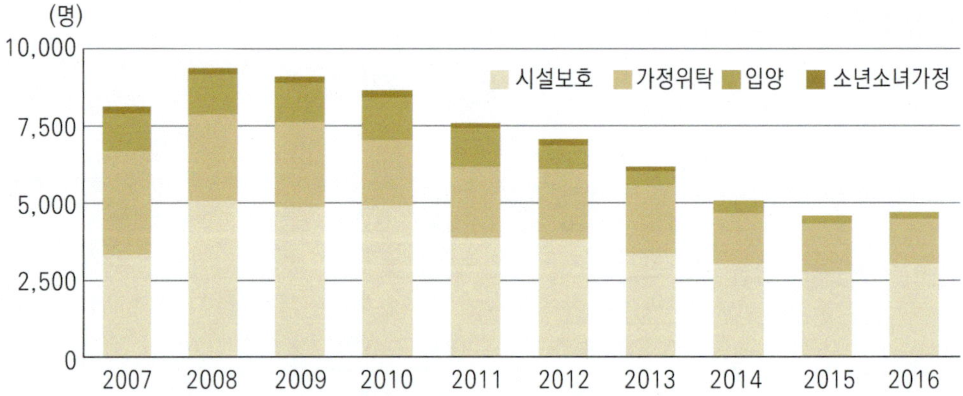

출처: 보건복지부(2017). 2016년 요보호아동 현황보고

그림 13-2 보호유형별 요보호아동

가정위탁보호의 유형으로는 대리양육 위탁가정, 친인척 위탁가정, 일반위탁가정으로 나누어지는데, 다음의 표와 같이 연도별 위탁유형에 따른 위탁가정의 아동 수를 살펴보면 아직까지 우리나라의 가정위탁보호서비스는 조부모에 의한 대리양육 가정보호, 친인척에 의한 친인척 가정보호가 대부분을 차지하고 있으며 일반가정위탁아동은 아직 적은 수에 불과하다.

표 13-7 연도별 가정위탁아동 수

(단위: 명, %)

연도 \ 구분	계	대리양육	친인척	일반
2016년	12,907	8,594	3,339	974
	100.0	66.6	25.9	7.5
2015년	13,721	9,141	3,590	990
	100.0	66.6	26.2	7.2
2014년	14,340	9,587	3,757	996
	100.0	66.9	26.2	6.9
2013년	14,584	9,829	3,803	952
	100.0	67.4	26.1	6.5
2012년	14,384	9,770	3,684	930
	100.0	67.9	25.6	6.5
2011년	15,486	10,205	4,260	1,021
	100.0	65.9	27.5	6.6

구분 연도		계	대리양육	친인척	일반
2010년		16,359	10,865	4,371	1,123
		100.0	66.4	26.7	6.9
2009년		16,608	10,947	4,503	1,158
		100.0	65.9	27.1	7.0
2008년		16,454	10,709	4,519	1,226
		100.0	65.0	27.5	7.5
2007년		16,200	10,112	4,850	1,238
		100.0	62.4	29.9	7.7
2006년		14,465	9,062	4,160	1,243
		100.0	62.6	28.8	8.6
2005년		12,562	7,552	4,007	1,003
		100.0	60.1	31.9	8.0
2004년		10,198	5,196	4,133	869
		100.0	51.0	40.5	8.5
2003년		7,565	3,458	3,541	566
		100.0	45.7	46.8	7.5

출처: 보건복지부(2017). 2016년 요보호아동 현황보고.

가정위탁보호는 일시적으로 대리보호가 필요한 아동에게 시설이 아닌 대리가정을 제공하여 보다 안정된 가정에서 건전하게 성장할 수 있도록 도울 뿐만 아니라 양육이 매우 미숙한 부모나 아동학대 등과 같이 심각한 문제가 발생한 가정의 부모로부터 일정 기간 아동을 분리하는 것으로 적절한 아동복지실천 서비스로 인식되고 있다.

〈표 13-8〉의 연도별 가정위탁보호가 필요한 아동 발생 사유에서 살펴보면 미아, 기아, 비행 · 가출, 미혼모 아동, 빈곤, 실직, 학대 등 보호가 필요한 아동의 여러 가지 발생유형이 있다. 따라서 그 원인을 분석하여 보다 개별적이고 전문적인 가정위탁보호 서비스가 제공되고 이를 통해 보호가 필요한 아동은 다시 원가정으로 복귀할 수 있도록 도와야 한다.

표 13-8 연도별 가정위탁 보호필요아동 발생 사유

(단위: 명, %)

구분 연도	계	기아	미혼모·미혼부	미아	비행·가출·부랑아	부모의 빈곤·사망·학대 등					
						계	학대	빈곤	사망	질병	이혼
2016년	4,592	264	856	10	314	3,148	1,540	290	286	126	906
	100.0	5.7	18.7	0.2	6.8	68.6	33.6	6.3	6.2	2.8	19.7
2015년	4,503	321	930	26	360	2,866	1,094	279	301	122	1,070
	100.0	7.1	20.7	0.6	8.0	63.6	24.3	6.2	6.7	2.7	23.7
2014년	4,994	282	1,226	13	508	2,965	1,105	308	450	65	1,037
	100.0	5.6	24.5	0.3	10.2	59.4	22.1	6.2	9.0	1.3	20.8
2013년	6,020	285	1,534	21	512	3,668	1,117	338	545	133	1,535
	100.0	4.7	25.5	0.4	8.5	60.9	18.6	5.6	9.0	2.2	25.5
2012년	6,926	235	1,989	50	708	3,944	1,122	448	533	166	1,675
	100.0	3.4	28.7	0.7	10.2	57.0	16.2	6.5	7.7	2.4	24.2
2011년	7,483	218	2,515	81	741	3,928	1,125	418	536	154	1,695
	100.0	2.9	33.6	1.1	9.9	52.5	15.0	5.6	7.2	2.1	22.6
2010년	8,590	191	2,804	210	772	4,613	1,037	586	772	203	2,015
	100.0	2.2	32.6	2.5	9.0	53.7	12.1	6.8	9.0	2.4	23.4
2009년	9,028	222	3,070	35	707	4,994	1,051	710	763	230	2,240
	100.0	2.5	34.0	0.4	7.8	55.3	11.6	7.9	8.5	2.5	24.8
2008년	9,284	202	2,349	151	706	5,876	891	1,036	732	274	2,943
	100.0	2.2	25.3	1.6	7.6	63.3	9.6	11.2	7.9	2.9	31.7
2007년	8,861	305	2,417	37	748	5,354					
	100.0	3.5	27.3	0.4	8.4	60.4					
2006년	9,034	230	3,022	55	802	4,925					
	100.0	2.5	33.5	0.6	8.9	54.5					
2005년	9,420	429	2,638	63	1,413	4,877					
	100.0	4.5	28.0	0.7	15.0	51.8					
2004년	9,393	481	4,004	62	581	4,265					
	100.0	5.1	42.6	0.7	6.2	45.4					
2003년	10,222	628	4,457	79	595	4,463					
	100.0	6.1	43.6	0.8	5.8	43.7					

출처: 보건복지부(2017). 2016년 요보호아동 현황보고.

3) 가정위탁보호서비스의 구성요소 및 절차

(1) 가정위탁보호서비스의 구성요소

가정위탁보호서비스는 친부모의 사정으로 친가정에서 아동을 양육할 수 없는 경우, 일정 기간 위탁가정을 제공하여 보호하는 아동복지제도로서 위탁아동, 친가정(부모), 위탁가정(부모)과 가정위탁지원센터를 구성요소로 하여 협력·참여하고 있다.

위탁아동은 보호가 필요한 아동 중 가정위탁으로 보호 조치된 아동을 말하고, 위탁부모(가정)는 일정 기간 친가정(부모)의 역할을 대신해 위탁아동을 보호·양육하며 친가정 복귀를 돕는 부모에 해당되며, 친부모(가정)는 위탁아동의 친권을 가진 친부모로서 아동의 정상적인 보호·양육이 어렵게 되어 일정 기간 가정위탁보호를 요청한 부모이고, 가정위탁지원센터는 지자체로부터 가정위탁보호 업무를 지원·협력하여 위탁아동이 건강하고 안정적인 가정 내에서 보호·양육될 수 있도록 지원하는 기관이다.

(2) 가정위탁보호서비스의 실천원칙

위탁가정과 위탁아동이 효과적인 가정위탁보호서비스를 제공하고 제공받기 위해서 전문가들이 제시한 가정위탁보호서비스의 6가지 실천원칙을 살펴보면, 아동의 건전한 인격 형성을 최우선으로 고려하는 아동 중심의 원칙과 친가정의 가족기능을 회복시켜 아동이 친가정으로 복귀하는 것을 돕고, 친가정 유지가 어려운 경우에는 대리가정을 발굴하여 건강한 위탁가정을 유지하는 가족보존의 원칙, 친인척 가정에 특별한 결격사유가 없는 한 아동의 문화적·정서적 충격을 최소화하고자 아동 본인의 의사를 고려하여 친인척 가정에 우선 배치한다는 친인척 가정 우선 배치의 원칙, 아동의 건강한 성장과 친가정의 가족기능 회복을 위해 지역사회 협력기관과 네트워크 체계를 구축하여 맞춤 서비스 제공한다는 연계성의 원칙, 아동 및 위탁가정의 특성이 고려된 적합한 위탁가정에 아동을 배치하고 사례 개입에 요구되는 적절한 서비스 제공하는 적절성의 원칙, 위탁보호 과정에서 발생되는 다양한 문제에 효과적으로 대처하기 위해 분야별 전문적인 서비스를 제공하고 지속적인 교육을 통한 전문성 향상시키는 전문성의 원칙이 있다(한성심, 송주미, 2016).

(3) 가정위탁보호서비스의 절차

① 대리양육 · 친인척 가정위탁 신청 절차

대리양육 · 친인척 가정위탁 신청 절차로는 아동을 위탁하여 양육하고자 하는 신청자가 아동의 거주지 관할 읍 · 면 · 동 주민센터에 신청하고 읍 · 면 · 동에서는 아동보호신청자 가정조사서, 보호대상 아동 조사서 및 아동 카드를 작성하여 시 · 군 · 구청에 제출하면 시 · 군 · 구에서는 조사 결과를 바탕으로 가정위탁보호 결정하게 된다.

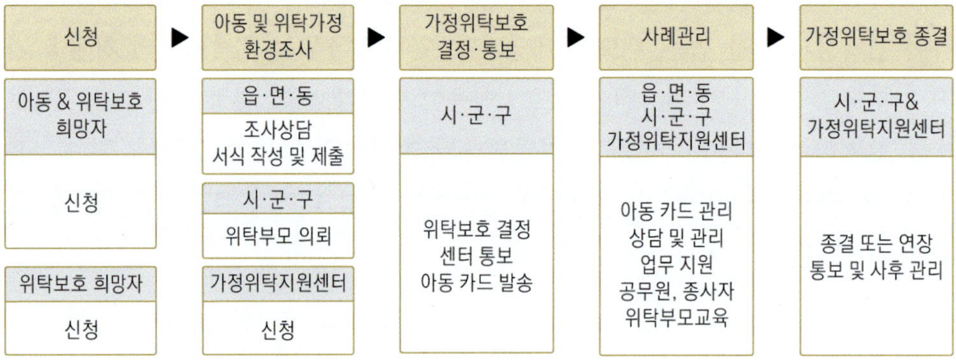

출처: 보건복지부(2017). 2017년도 아동 분야 사업안내.

그림 13-3 대리양육 · 친인척 가정위탁 신청 절차

② 일반가정위탁 신청 절차

일반가정위탁 신청절차로는 위탁부모가 되고자 하는 신청자가 아동의 거주지를 관할하는 읍 · 면 · 동 주민센터 또는 지역 가정위탁지원센터에 아동보호신청서를 작성하여 제출하면 읍 · 면 · 동 주민센터에서는 아동보호신청서를 위탁부모가 되고자 하는 신청자의 관할 가정위탁센터로 통보하고 가정위탁지원센터에서는 보호를 필요로 하는 아동을 연계한다. 시 · 군 · 구청에서는 가정위탁지원센터에서 제출한 아동보호신청서, 아동보호신청자 가정조사서, 위탁부모 추천서와 읍 · 면 · 동에서 받은 보호대상 아동 조사서 등을 검토하여 가정위탁보호를 결정하게 된다.

신청	▶ 아동 및 위탁가정 환경 조사	▶ 가정위탁보호 결정·통보	▶ 사례관리	▶ 가정위탁보호 종결
아동 & 위탁보호 희망자	읍·면·동	시·군·구	읍·면·동 시·군·구 가정위탁지원센터	시·군·구& 가정위탁지원센터
신청	조사 상담 서식 작성 및 제출	위탁보호 결정 센터 통보 아동 카드 발송	아동 카드 관리 상담 및 관리 업무 지원 공무원, 종사자 위탁부모교육	종결 또는 연장 통보 및 사후 관리

출처: 보건복지부(2017). 2017년도 아동 분야 사업안내.

그림 13-4 일반가정위탁 신청 절차

3. 입양 및 가정위탁보호아동을 위한 복지서비스 개선방안

1) 입양아동을 위한 복지서비스 개선방안

입양은 다양하고 복잡한 체계와 주체가 얽혀 있고 단기적이 아닌 장기적 관점에서의 지원과 지지가 필요하기 때문에 아동이 중심이 되어 아동권리와 복지가 실현될 수 있도록 보다 세심한 정책이 필요하다. 이에 입양아동 복지를 위한 정책과 개선방안은 다음과 같이 고려해 볼 수 있다(오미희 외, 2017).

(1) 입양대상 아동의 발생 예방

아동의 권리와 복지증진을 위해서는 입양대상 아동의 발생을 예방하는 사회적 노력이 매우 중요하다. 우리나라에서 입양대상 아동은 주로 미혼모의 자녀, 결손가정의 자녀, 장애아 자녀의 가정이므로 이러한 입양아동의 발생 요인들을 제거할 수 있도록 국가적으로 청소년 성교육을 강화하고 성 가치관의 확립과 더불어 결손가정에 심리적·정서적 지원과 함께 가족해체를 방지하는 소득지원책 등을 병행할 필요가 있다.

(2) 입양가정에 대한 지원

입양사업이 활성화되기 위해서는 다양한 입양가정에 대한 지원이 필요한데 2005년 이후 수립된 국내입양가족지원제도는 장애아동 양육보조금 및 의료비 지원, 입양아동 의료급여 실시, 입양된 장애아동에 대한 무료진료 등이 있으며 입양절차 및 구비서류가 보다 간소화되었고 입양수수료를 면제하고 있으며 입양아동에게는 무상보육을 실시하고 교육비를 지원함으로써 입양아동의 양육비용에 대한 국가지원이 확대되어 입양아동에 대한 사회적 책임을 강화하였고 입양가정에 대한 국가적 차원의 지원은 지속적으로 강화·확대될 수 있도록 해야 한다.

(3) 입양에 대한 적극적인 홍보

입양에 대한 바람직한 사회적 정착화를 위해서는 입양가정도 다양한 가족 구성의 한 형태로 자연스럽게 받아들여질 수 있도록 해야 한다. 이를 위해서 입양에 대한 공익광고 실시 및 홍보자료, 동화책 발간 등 다양한 매체를 통하여 입양에 대한 사회적 인식이 바람직하게 전환될 수 있도록 노력하는 것과 비입양가정의 부모와 또래에게 편견 없이 입양아동을 대하고 친구로 수용될 수 있도록 전체 사회구성원을 대상으로 한 교육과 취학 전 영유아를 위한 다양한 교과과정을 통한 교육 등을 실시하여 국가 수준에서 입양에 대한 인식 전환 노력이 필요하다.

(4) 입양가족을 위한 다양한 프로그램 개발 및 제공

입양가족은 일반가족과는 다른 어려움을 겪게 되는 경우가 많음으로 입양아동의 자아 정체감 형성을 위한 프로그램, 입양가족의 생애 주기에 따른 입양부모 역량 강화 프로그램, 친부모를 위한 상담 및 진로 프로그램 등 이들을 지원할 수 있는 다양한 프로그램을 개발하여 제공할 필요가 있다.

(5) 입양 사전·사후관리 강화

입양으로 가족 간 새로운 역할의 부여와 입양부모-자녀 간 애착 및 정체성의 확립 등 입양은 여러 적응 문제를 발생시킬 수 있다. 따라서 예비 입양부모들은 입양의 의미, 입양가정의 특성, 입양 후 바람직하게 적응할 수 있도록 하는 방안 등 다양한 사전관리가 필요하다.

입양은 입양성립으로서 끝이 아니라 비로소 시작이 되므로 입양아동의 전 생애에 걸친 과정이라는 관점에서 입양부모에게 입양과 관련된 문제들에 대한 정보제공, 전문가 의뢰, 입양가정모임 등의 사후관리가 필요하다. 이러한 입양 후 사회적 · 제도적 지지 및 관리는 입양가정의 적응을 돕고 입양 활성화에 크게 기여할 수 있다.

2) 가정위탁보호 아동을 위한 복지서비스 개선방안

가정위탁보호서비스는 아동의 복지를 최우선으로 하는 방향에서 유엔아동권리협약에서 권고하는 바와 같이 아동의 최선의 이익을 보장하는 수준에서 사업을 고려해야 한다. 이를 위해서는 보호시설에 아동을 의뢰하기 전에 친가족의 기능을 강화하는 지원이 필요하고, 위탁이 실행되는 아동 역시 친가족으로의 복귀를 지원하는 제도가 만들어져야 하며, 친부모가 양육하기에 부적합하거나 양육 의사가 없는 경우 부분적으로 친권을 제한하거나 박탈하고 아동이 입양될 수 있도록 해야 한다. 또한 보호가 필요한 아동의 경우, 아동에 대한 상황을 잘 고려하여 배치하고 장기적인 측면에서 모니터링할 수 있는 법률과 행정체계가 구축되어야 한다(정옥분 외, 2016).

(1) 일반 및 전문위탁가정의 발굴

일반 위탁부모들은 아동 위탁 시 친권으로 인해 양육 권리가 명확하지 않고, 역할에 대한 법적 규정도 없으며, 양육과정 시 책임에 대한 문제, 주변의 부정적이고 사회적으로 낮은 인식 등으로 많은 어려움을 겪고 있다. 일반 위탁가정뿐만 아니라 학대, 문제행동, 학업부진, 장애 등의 문제가 있는 특수욕구를 가진 아동을 돌보는 전문성 있는 전문 위탁가정의 발굴은 매우 힘들다. 따라서 일반 위탁가정의 부모 중에 의지를 가지고 특수욕구의 아동을 돌보고자 하는 사람들을 위해 전문교육과정을 제공하고 다른 위탁아동과 차별화된 서비스를 제공할 수 있도록 지원이 필요하다(노충래, 신례령, 박은미, 강현아, 2007). 또한 모든 위탁부모에게 동일한 기준의 양육보조금을 지급하기보다는 전문위탁가정의 경우, 위탁부모의 자원봉사만으로는 서비스 지원의 한계가 있으니 보조금을 보다 현실화하고 임금의 개념으로 지급할 필요가 있으며, 요보호대상 아동의 장애나 문제행동 정도에 따라 차별화하여 양육보조금을 지급해야 한다(정옥분 외, 2016).

(2) 친가정 복귀를 위한 서비스 강화

가정위탁보호의 궁극적인 목적은 가정으로서의 역량이 강화된 친가정으로 아동을 복귀시키는 것이다. 아동의 행복을 최우선으로 하는 기준에서는 가정의 재결합이 가장 중요하고 이는 아동의 삶의 질을 개선하는 가장 최선의 길이다(중앙가정위탁지원센터, 2008). 그러나 위탁보호사업이 위탁가정과 위탁아동에 집중되어 있고 친부모의 참여와 책임에 대한 강제적인 법적 제재가 부재하다 보니 친부모의 프로그램 참여율이 저조하고 이를 가정위탁지원센터에서도 강제할 수 없는 형편이다. 이 때문에 위탁아동의 종결 후 배치를 보면 친가정으로의 복귀율은 18.9%로 매우 낮은 실정이다(중앙위탁가정지원센터, 2017).

친가정으로 복귀가 보다 빠른 시일 내에 이루어지려면 초기 사정 시 가정위탁보호서비스의 적절성을 철저히 점검하여 아동을 위탁할 때부터 친가정을 위탁보호의 파트너로 인식하고 친부모를 지원하는 정책을 적극적으로 펼쳐야 한다. 특히, 위탁가정에 아동을 맡긴 친부모가 아동에 대한 애착이 감소하고 위탁가정에 의존감이 생기지 않도록 위탁아동과 친부모가 정기적인 만남을 가질 수 있도록 해야 한다.

(3) 대리양육 및 친인척 위탁가정에 대한 지원 확대

신규로 발생하는 위탁아동은 이미 취약한 가정환경에서 성장할 가능성이 높고, 대리양육 및 친인척 위탁가정에 의해 지속적으로 양육되었을 가능성이 높다. 대리양육 및 친인척 위탁부모의 경우 고연령, 불안정한 직업 및 소득, 낮은 학력 등으로 위탁아동에 대한 적절한 보호가 매우 미흡한 상황이기에 아동의 건전한 발달과 보호에 부정적인 영향을 줄 가능성이 높고, 가정위탁지원센터의 상담 역시 크게 부족하여 가정위탁보호사업의 실효성을 거두기에는 한계가 있다. 따라서 가정위탁보호사업의 주 대상자인 대리양육 및 친인척 위탁가정에 경제적·사회심리적 문제를 해결할 수 있도록 다양한 지원과 체계적인 사례관리가 필요하다(정옥분 외, 2016).

(4) 체계적이고 장기적인 위탁가정의 선정 및 관리

가정위탁보호사업의 성패는 '위탁가정의 질 관리에 달려있다'라는 것은 안정적이고 편안한 위탁가정에서 가정위탁보호가 필요한 아동에게 적절한 서비스가 제공될 수 있기 때문이다. 따라서 위탁가정을 선정할 때는 위탁가정 신청자의 범죄기록, 가정폭력 경력 등이 조사되어야 하며, 이와 같은 정보를 데이터베이스로 구축하여 가정위탁지원센터나 관계기관에서 필요한 정보를 조회할 수 있도록 해야 한다. 또한 위탁가정 선정 및 배치 이후에도 위탁아동과 위탁가정의 부모에 대한 상담과 지원이 이루어져 보호가 필요한 아동이 위탁가정에 적응하고 적절한 서비스를 제대로 받을 수 있도록 점검하는 것이 필요하다(김지영, 서영숙, 2002). 뿐만 아니라 위탁아동의 특성과 위탁가정의 유형 및 특성에 맞는 교육상담이 이루어져야 하고, 이를 바탕으로 적절한 지원이 마련되어 위탁가정의 선정과 관련된 기준을 보완하고 나아가 위탁가정의 인증제가 있어야 위탁가정의 질적인 관리가 가능하다(이용교, 황옥경, 2004).

(5) 장기위탁아동의 영구 배치 및 자립지원 계획 수립

중앙가정위탁지원센터의 연도별 현황보고서에 따르면 장기간 위탁가정에 머무르는 아동의 비율은 매우 높게 나타나고 있는 데 반해 아동의 영구 배치 계획이나 자립지원계획 수립과 수행은 형식적인 수준에 머무르는 경우가 많았다. 2012년 「아동복지법」이 개정되면서 위탁아동의 자립지원계획과 관련된 규정이 포함되어 디딤씨앗통장 등에 가입할 수 있을 뿐만 아니라 가정위탁보호를 종결하는 아동에게 자립정착금을 지원하고, 일정한 사유가 있을 경우 보호기간을 연장하여 위탁가정에 계속 거주하도록 하고 있다(정옥분 외, 2016).

(6) 가정위탁지원센터의 활성화

성공적인 가정위탁보호사업이 되기 위해서는 위탁아동의 배치, 위탁가정의 선정 및 관리 등을 보다 전문적이고 체계적으로 담당하고 있는 기관인 가정위탁지원센터의 활성화가 필요하다. 현재 가정위탁지원센터는 전국 18개(중앙센터 포함)가 있는데 지방자치단체의 예산 책정에 따라 센터가 개설되므로 재정자립도가 낮은 경우 운영 예산 부족으로 연결되어 센터 내 담당하고 있는 사례에 비해 상담원 수가 턱없이 부족하여 질 높은 서비스를 제공하기 어렵다. 중앙가정위탁지원센터를 제외한 전국의 17개 센터의 종사자 1인당 약 130여 명의 아동을, 가정 수는

103세대를 담당하고 있다(중앙가정위탁지원센터, 2016). 2012년 「아동복지법」 개정으로 시 · 군 · 구에 가정위탁지원센터 설치 근거가 마련되었으므로 지역 내 요보호대상 아동의 가정보호를 발전시키고 가정위탁보호 아동의 복지와 친가정 복귀를 위해서는 센터를 더 개설하고 전담인력을 더 확대해야 한다. 이와 더불어 매년 1회 발행되고 있는 가정위탁보호 현황보고서가 있기는 하지만 가정위탁보호 데이터베이스를 구축하여 아동과 부모, 위탁가정에 대한 관리와 정확한 모니터링을 해서 장기적이며 지속적인 지원을 실시하여 위탁아동이 가정과 사회에 잘 적응할 수 있도록 해야 한다(정옥분 외, 2016).

생각 나누기 1

아기 얼굴 공개 '입양 TV 광고' 논란

보건복지부가 국내 처음으로 입양을 기다리는 아이의 얼굴이 나오는 텔레비전 홍보물을 제작해 방영하기로 해 아동 초상권 침해 등 논란이 일고 있다.

- 중략 -

제작한 자료 화면에는 입양 대기 아동의 얼굴이 나오면서 탤런트의 내레이션으로 구체적인 특징과 발달 상황이 소개되고 있으며, 아이들이 실제로 입양될 때까지 계속 방영할 방침이라고 한다.

▸ 관련기사 : 한겨레(2011)
▸ 생각 point
- 입양아 광고에 대한 기사를 보고 어떠한 생각이 들었는지 이야기 나누어 보세요.
- 입양아 광고가 공익적 목적이라면 어떠한 점을 보완해야 하는지 생각해 보세요

생각 나누기 2

페이스북에 "아기 300만 원에 팝니다." ··· 30대 여성 등 2명 실형

"가격은 300만 원이고요, 월 25만 원씩 12개월 분납 가능합니다."
윤 모(30 · 여) 씨와 이 모(30 · 여) 씨가 생후 두 달밖에 되지 않은 아기를 돈을 받고 팔겠다며 사회관계망서비스(SNS)인 페이스북에 글을 올렸다.

- 중략 -

그후 '계약'을 체결했고, 이들은 '친엄마가 아기를 찾아서도 안 되고 지금의 엄마가 찾아서도 안 됩니다'라는 내용의 각서를 아기와 함께 넘겼다고 한다.

▸ 관련기사 : 세계일보(2017)
▸ 원문보기 : http://www.segye.com/newsView/20170817004118
▸ 생각 point
- 위의 기사를 보고 어떠한 생각이 들었는지 이야기 나누어 보세요.
- 자신의 아이를 파는 부모에 대해 어떻게 생각하는지 본인의 의견을 발표해 보세요.

아동에게 우선되어야 가정보호가 불가피할 경우 차선의 선택이 가정위탁이나 입양이지만 그것조차 어려운 아동에게 시설보호는 매우 중요한 삶의 터전이라고 할 수 있다. 이러한 시설보호를 보다 아동권리와 복지의 차원에서 어떤 방향으로 개선할 수 있을지 무엇이 보다 아동의 이익을 대변할 수 있는 방안인지 생각해 보며, 시설보호 아동의 복지를 위한 발전방안을 논의해 본다.

내 이름은 꾸제트(2017)

제작: 스위스
감독: 클로드 바라스
주연: 윌 포트, 닉 오퍼맨, 엘렌 페이지, 아미 세다리스
러닝타임: 65분
우연한 사고로 엄마와 헤어지고 퐁텐 보육원으로 보금자리를 옮기게 된 '꾸제트'. 각각의 비밀스러운 사연을 가진 친구들과 함께 보육원에서 살아가게 된 '꾸제트'. 티격태격 싸우기도 하지만 그래도 항상 함께 있어 주는 친구들로 인해 마음의 위로를 받게 된다. 그리고 퐁텐 보육원에 새로 온 '까미유'를 보고 첫눈에 반하게 되는데…. 사랑받지 못했던 '꾸제트', 엄마, 아빠와는 함께 할 수 없지만 '레이몽' 경찰관 아저씨, 퐁텐 보육원의 자칭 대장 '시몽', 신참 '까미유', 그리고 다른 친구들과 추억과 우정을 쌓아가며, 하루하루 사랑을 배워나가는 이야기가 담긴 영화이다.

여행자(2009)

제작: 한국
감독: 우니 르콩트
주연: 김새론
러닝타임: 92분
아빠와의 행복한 데이트를 보낸 진희는 내일이면 아빠와 함께 여행을 떠날 생각에 가슴이 설렌다. 다음 날 아침, 아빠는 진희를 보육원에 맡긴 채 친구들과 사이좋게 지내라는 말만 남기고 떠난다. 아빠가 자신을 버렸다는 사실을 믿을 수 없는 진희는 말도 안 하고 밥도 먹지 않고 보육원을 벗어나려 저항도 해보지만 아무도 자신의 마음을 알아주는 사람도 없고, 갈 곳도 없음을 알게 된다. 그렇게 진희는 조금씩 아빠와의 이별을 준비하는데…. 아빠에게 버림받았지만 정작 마음으로부터 아빠를 떠나보내야 하는 아이의 마음속 이야기가 담긴 영화이다.

학습목표

- 시설보호 아동사업의 현황을 파악하여 해당 아동의 실제적인 어려움을 지원할 수 있는 방안을 모색해 본다.
- 시설보호 아동의 안정적인 자립생활을 위한 지원서비스를 알아보고 더 필요한 대안은 무엇인지 함께 생각해 본다.
- 시설보호 아동의 복지를 위한 발전방안을 제시해 본다.

14 시설보호 아동을 위한 복지서비스

1. 시설보호서비스의 이해

1) 시설보호서비스의 개념 및 목적

(1) 시설보호서비스의 개념

가정은 아동의 발달과 성장에 가장 중요한 환경으로 대부분의 아동은 자신이 출생한 가정에서 친부모의 양육으로 성장하게 된다. 하지만 가정에서 돌봄이 어렵고 가정 내에서 아동의 기본적인 욕구가 충족되지 못하여 바람직한 성장을 하지 못할 때, 이러한 아동을 위해 집단보호와 치료를 마련해 주는 시설보호로서의 사회복지서비스가 필요하다.

우리나라의 시설보호서비스는 아동의 부모가 자녀를 양육할 능력이나 의사가 없을 때, 아동의 문제로 인하여 친가정에서 양육·보호가 불가능할 때, 혈연적으로 관련이 없는 타인이 아동들에게 생활할 수 있는 일정한 시설을 제공하여 일시적 혹은 장기적으로 집단보호와 치료를 해 주는 등 24시간 함께 거주할 수 있도록 사회적으로 보호해 주는 사업을 의미한다(보건복지부, 2017).

시설보호서비스는 아동의 욕구에 맞는 개별화된 서비스로서 아동의 주거 제공 및 보호 이외에도 교육과 사회화를 제공하며 좀 더 포괄적으로는 아동의 과거 부정적인 경험으로 인한 정서적·신체적 문제를 치유하는 것 등도 포함한다(한미현 외, 2005).

「아동복지법」(제15조 제1항)에 따르면 시·도지사 또는 시장·군수·구청장은 관할 구역 내에서 보호를 필요로 하는 아동을 발견하거나 보호자의 의뢰를 받은 때는 아동 최상의 이익을 위하여 필요한 보호를 하여야 한다. 동법 제10조 제4항에서도 아동과 보호자 상담 · 지도, 보호자 가정 복귀, 연고자 가정 대리양육, 가정위탁 등에 의한 가정보호가 어렵거나 적합하지 아니한 경우에 한해 시설보호 실시를 규정하고 있다. 따라서 아동권리를 바탕으로 한 아동복지 보장수준에서 제1차 방어선인 원가정으로의 복귀, 제2차 방어선인 대리가정으로서 입양 · 가정위탁 · 그룹홈 보호와 같은 보호의 역할을 한다고 보면 시설보호는 제3차 방어선으로서 아동의 생활권을 보장하는 최후의 역할을 수행하게 된다.

사회적 보호가 필요한 아동은 대규모 생활시설보다는 가정과 같은 환경에서 양육되어야 하는 것을 우선시해야 하지만 어떤 아동에게는 가정환경보다는 생활시설 환경이 더 필요할 수 있다. 시설보호가 아동 중심으로 잘 고안된 경우는 아동의 사회 적응 시 긍정적인 영향을 끼칠 수 있다. Fredericksen은 시설보호가 필요한 아동의 예를 다음과 같이 들고 있다(성영혜, 김연진, 2002).

시설보호서비스의 대상 아동 유형

- 부모의 이혼이나 별거 및 질병 등 가족 기능 상실과 가족 해체 등으로 부모로부터 분리되어야 할 상황 시 부모 외의 타인과 유대를 이루지 못할 여러 사유로 인해 위탁보호를 할 수 없는 아동
- 위탁가정으로부터 심리적 상처를 입어 가족과 같은 생활환경 적응이 힘든 아동
- 본래의 가족이나 위탁가정으로부터 이탈한 아동
- 회복기의 보호를 요하는 아동으로서 집단생활에서 보다 나은 효과를 거둘 수 있는 아동
- 신체장애나 지적 장애가 심하여 가정 내에서 부모의 양육이 어렵고, 전문시설에서의 체계적인 보호와 수용으로 특별한 훈련이 필요하다고 여겨지는 아동
- 비행 · 범죄 행위 등으로 사회 전체에 나쁜 영향을 미칠 우려가 있는 아동

시설보호는 단순한 수용보호 차원을 넘어 아동의 건전한 성장과 인격발달 및 사회적 치료를 목적으로 아동의 문제를 근본적, 체계적 그리고 지속적으로 해결하는 차원을 고려해야 한다.

(2) 시설보호서비스의 목적

시설보호서비스의 목적은 보호가 필요한 아동에게 구조화된 환경에서 전문적이며 치료적인 서비스를 제공하는 것으로 해당 아동의 특별한 발달적 욕구, 치료적

욕구, 신체적 욕구, 정서적 욕구를 충족시키는 것이다. 그 외에도 한국아동복지협회(2005)에서는 시설보호서비스의 목적을 다음과 같이 제시하였다(정옥분 외, 2016).

첫째, 아동에게 교육적 · 사회적 · 행동적 · 발달적 · 의료적 · 정서적 욕구와 같은 기본적인 욕구를 충족시키는 동시에 문화적 · 인종적 정체성을 증진하며, 안전하고 양육적이며 보호적인 치료환경을 제공한다.

둘째, 성공적인 가정생활에 장애가 된 부모와 자녀의 상황이나 행동을 수용하거나 제거하고 아동과 가족의 강점을 찾아내도록 아동과 가족을 원조한다.

셋째, 아동과 가족이 가족관계를 향상시키고 유대관계를 강화하며 가능한 시점에서는 가족 복귀를 시도하도록 원조한다.

넷째, 아동과 가족이 가족원 중 누군가에게 정신보건이나 약물 남용, 혹은 정신보건과 약물 남용 모두에 문제가 있을 때, 이로 인한 부정적인 영향을 효과적으로 다루는 것을 배우도록 원조한다.

다섯째, 아동과 가족에게 휴식을 취할 기회를 제공하고 이를 통해서 자신이 이용 가능한 방법이나 가능성을 분명히 하고 판단할 시간을 갖게 한다.

여섯째, 아동과 부모의 가정 복귀가 가능하지 않거나, 가족 복귀가 아동에게 최상의 이익이 되지 못할 경우에, 가족 복귀에 대한 대안을 준비시킨다.

일곱째, 시설보호 시 퇴소연령이 된 청소년들은 성인기로의 성공적인 전환을 할 수 있도록 향상된 기술과 가족과의 강화된 유대관계, 경제적 · 정서적 · 사회적 · 지역사회적 지지를 가지고 퇴소할 수 있도록 원조한다.

여덟째, 시설보호서비스 이후에 성공적인 사회생활을 하기 위해 필요한 장기적인 지역사회 지지망과 연계망을 수립하도록 원조한다.

아홉째, 아동과 가족들이 시설보호서비스를 쉽게 많이 받을 수 있도록 전체 체계의 변화를 옹호하는 역할을 수행한다.

이와 더불어 아동권리의 입장에서 시설보호서비스는 다음과 같은 기본 전제를 바탕으로 실천하도록 한다(김현자 외, 2017).

① 인간 존엄성의 실현

아동의 기본권 사상에 입각해서 아동은 그 자체로 존귀하게 대우받고 양육되어야 한다. 어떤 사회적 기준이나 가치 판단에 좌우됨 없이 아동의 생명 그 자체에 대한 존중이 있어야 한다.

② 기본 욕구와 행복권 보장

인간 존엄의 가치 실현은 기본적 욕구 충족을 필요로 하고, 이는 행복한 삶을 추구하고 보장하는 것과 맞물린다.

③ 사회 참여적 회복 추구

아동의 건강한 발달과 성장은 궁극적으로 다양한 사회관계와 체제 안에서 사회 구성원으로서 자신의 존재 가치를 인정받고 사회적 역할을 실현하는 것으로 설명될 수 있다. 따라서 시설보호서비스는 아동의 건강한 발달을 가로막은 장애요인과 결핍요소를 상쇄시켜 사회 안에서 바람직한 성장을 가능하도록 해야 한다.

이러한 바람직한 시설보호서비스를 수행하기 위해서 미국아동복지연맹(the Child Welfare League of America)에서는 몇 가지 시설보호서비스 원리를 제시하고 있다(김성경 외, 2013).

첫째, 시설보호서비스는 아동의 가정을 진단한 후에 제공한다. 서비스 제공을 결정하기에 앞서 가정을 유지하기 위한 충분한 노력이 있어야 하며 이러한 결정은 전문가에 의해 이루어져야 한다.

둘째, 시설보호서비스는 안전하고 양육적이며 보호적이고 치료적인 환경에서 제공되어 가정에서와 같이 아동의 개별화된 욕구, 즉 교육적 · 발달적 · 의료적 · 정서적 욕구가 충족될 수 있어야 한다.

셋째, 아동을 시설에 위탁할 수밖에 없었던 친부모가 가진 문제를 해결하는 데 지원을 하며, 친부모의 강점을 강화시키기 위한 지원을 한다.

넷째, 가족의 재결합을 위해 아동과 부모관계를 회복시키는 데 지원한다.

다섯째, 아동과 원가족의 재결합이 불가능한 경우에는 대안으로 장기간 시설보호보다는 아동의 입양 등 새로운 가족을 찾도록 노력한다.

여섯째, 연장아동의 경우 앞으로 자립생활을 할 수 있도록 경제적 · 정서적 · 사회적 지원을 통해 시설퇴소를 준비하도록 한다.

2) 시설보호서비스의 유형 및 현황

(1) 시설보호서비스의 유형

우리나라에서 아동을 보호하는 대표적인 시설은 '고아원' 또는 '보육원'이라 불리던 아동양육시설이었으나 2000년 「아동복지법」이 개정되면서 아동양육시설로 통합되었다. 아동복지시설의 유형은 양육과 보호 기능을 중심으로 「아동복지법」 제52조에 따라 다음과 같이 보호를 기반으로 양육을 하는 보호시설과 시설아동뿐만 아니라 모든 아동이 이용할 수 있는 이용시설로 규정하고 있다(오미희 외, 2017).

① 보호시설

가. 아동양육시설: 보호대상 아동을 입소시켜 보호, 양육 및 취업훈련, 자립지원 서비스 등을 제공하는 것을 목적으로 하는 시설

나. 아동일시보호시설: 보호대상 아동을 일시보호하고 아동에 대한 향후의 양육대책수립 및 보호조치를 행하는 것을 목적으로 하는 시설

다. 아동보호치료시설: 아동에게 보호 및 치료 서비스를 제공하는 다음의 시설

ㄱ. 불량행위를 하거나 불량행위를 할 우려가 있는 아동으로서 보호자가 없거나 친권자나 후견인이 입소를 신청한 아동 또는 가정법원, 지방법원소년부지원에서 보호위탁된 19세 미만인 사람을 입소시켜 치료와 선도를 통하여 건전한 사회인으로 육성하는 것을 목적으로 하는 시설

ㄴ. 정서적·행동적 장애로 인하여 어려움을 겪고 있는 아동 또는 학대로 인하여 부모로부터 일시 격리되어 치료받을 필요가 있는 아동을 보호·치료하는 시설

라. 공동생활가정: 보호대상 아동에게 가정과 같은 주거여건과 보호, 양육, 자립지원 서비스를 제공하는 것을 목적으로 하는 시설

마. 자립지원시설: 아동복지시설에서 퇴소한 사람에게 취업준비기간 또는 취업 후 일정 기간 보호함으로써 자립을 지원하는 것을 목적으로 하는 시설

② 이용시설

가. 아동상담소: 아동과 그 가족의 문제에 관한 상담, 치료, 예방 및 연구 등을 목적으로 하는 시설

나. 아동전용시설: 어린이공원, 어린이놀이터, 아동회관, 체육·연극·영화·과학실험전시 시설, 아동휴게숙박시설, 야영장 등 아동에게 건전한 놀이·오락, 그 밖의 각종 편의를 제공하여 심신의 건강유지와 복지증진에 필

요한 서비스를 제공하는 것을 목적으로 하는 시설

다. 지역아동센터: 지역사회 아동의 보호·교육, 건전한 놀이와 오락의 제공, 보호자와 지역사회의 연계 등 아동의 건전육성을 위하여 종합적인 아동복지서비스를 제공하는 시설

이러한 아동보호시설을 통한 시설보호서비스의 유형은 서비스 기간, 시설규모, 기능에 따라 다음과 같이 분류해 볼 수 있다.

표 14-1 시설보호서비스의 유형

구분		내용
서비스 기간에 따른 분류	일시보호시설	• 일시적으로 보호아동을 양육·보호하는 시설 • 우리나라에서는 3개월까지 보호 가능한 시설을 의미한다.
	단기보호시설	• 단기간 보호아동을 양육·보호하는 시설 • 우리나라에서는 6개월까지 보호 가능한 시설을 의미한다.
	장기보호시설	• 장기간 보호아동을 양육·보호하는 시설 • 우리나라에서는 기간에 상관없이 아동 연령인 만 18세가 될 때까지 보호 가능한 시설을 의미한다.
시설 규모에 따른 분류	대규모 시설	• 보호아동의 수가 대규모인 시설 • 우리나라에서는 보호아동의 수가 30~200인 시설을 의미한다.
	소규모 시설	• 보호아동의 수가 소규모인 시설 • 우리나라에서는 30인 이하의 시설을 의미한다.
기능에 따른 분류	양육·보호시설	• 보호를 필요로 하는 아동을 입소시켜 양육·보호를 목적으로 한다.
	치료시설	• 문제아동을 입소시켜 보호 및 치료를 목적으로 한다.
	직업훈련시설	• 만 15세 이상의 아동을 입소시켜 취업에 필요한 지식과 기능을 습득시키는 것을 목적으로 한다.
	자립지원시설	• 아동복지시설을 퇴소한 연장아동에게 취업 준비 또는 취업 후 일정 기간 보호함으로써 자립지원을 목적으로 한다.

(2) 시설보호서비스의 현황

일반적으로 아동복지정책은 특별히 보호가 필요한 아동뿐만 아니라 일반아동을 동일하게 아동권리의 주체로서 존중하며 건전하게 보호하고 육성하는 것을 기본 방향으로 하고 있다. 따라서 요보호아동은 시설보호보다는 입양이나 가정위탁을

통하여 가정에서 보살핌을 받도록 유도하는 것을 우선으로 하고 시설보호의 경우에도 아동이 가정적인 환경에서 자라도록 권장하고 있다. 보건복지부는 2006년부터 18세 이후 시설아동의 퇴소 시 자립에 도움이 되도록 여러 가지 주거와 교육 분야 자립지원을 추진하면서 중앙아동자립지원센터의 설치 등 시설퇴소아동의 자립을 위한 인프라 확대도 추진하고 있다(임숙영, 2009).

① 시설보호 아동 현황

우리나라는 요보호아동에 대한 시설보호보다 가정보호를 우선시하고 있을 뿐 아니라 저출산으로 인해 시설보호 아동인구가 지속적으로 감소하고 있고 이러한 추세는 장기적으로 아동복지시설의 감소로 이어질 수 있다(〈표 14-2〉, 〈표 14-3〉).

표 14-2 발생유형별 요보호아동 현황

(단위: 명)

	2007	2008	2009	2010	2011	2012	2013	2014	2015	2016
발생유형 계	8,861	9,284	9,028	8,590	7,483	6,926	6,020	4,994	4,503	4,592
빈곤, 실직, 학대	5,354	5,876	4,994	4,613	3,928	3,944	3,668	2,965	2,866	3,148
비행, 가출	748	706	707	772	741	708	512	508	360	314
미혼모	2,417	2,349	3,070	2,804	2,515	1,989	1,534	1,226	930	856
기아	305	202	222	191	218	235	285	282	321	264
미아	37	151	35	210	81	50	21	13	26	10

주: 1997~1999년 빈곤, 실직, 학대는 비행, 가출을 포함
출처: 보건복지부(2017). 2016년 요보호아동 현황보고.

표 14-3 보호유형별 요보호아동 현황

(단위: 명)

구분	2007	2008	2009	2010	2011	2012	2013
보호유형 계	8,861	10,153	7,483	6,020	4,994	4,503	4,592
시설보호	3,245	4,767	3,752	3,257	2,900	2,682	2,894
가정위탁	3,378	2,734	2,350	2,265	1,688	1,582	1,449
입양	1,191	1,314	1,253	478	393	239	243
소년소녀가정	247	213	128	20	13	0	6

출처: 보건복지부(2017). 2016년 요보호아동 현황보고.

② 시설보호 아동을 위한 아동복지시설 현황

아동복지시설은 양육시설, 보호치료시설, 자립지원시설, 일시보호시설, 종합시설, 아동상담소, 전용시설, 개인양육시설 등으로 나누어 살펴볼 수 있는데 2016년 12월 기준으로 281개소에 13,689명의 아동이 생활하고 있다(〈표 14-4〉).

표 14-4 아동복지시설 보호아동 현황(2016. 12. 31 현재)

(단위: 개소, 명)

구분	계(현원)		양육시설		보호 치료시설		자립 지원시설		일시 보호시설		종합시설		아동 상담소	전용 시설	개인 양육시설	
	시설	인원	시설	인원	시설	인원	시설	인원	시설	인원	시설	인원			시설	인원
계	281	13,689	243	12,448	11	485	12	230	12	356	3	170	5	5	17	132

출처: 보건복지부(2017). 2016년 아동복지시설현황보고.

보건복지부에서는 아동복지시설의 질적인 수준을 유지하고자 한국사회복지시설협의회 시설평가실에 의뢰하여 아동복지시설의 서비스 및 프로그램에 대해서 3년을 주기로 시설 평가를 하고 있다. 이러한 평가를 통해 보다 아동권리를 존중하고 바람직한 아동복지시설의 방향을 마련하고 있으며 2016년 아동복지시설 평가지표의 내용을 간단히 설명하면 다음 〈표 14-5〉와 같다.

표 14-5 아동복지시설 평가지표

평가영역		평가지표
시설 및 환경	A1	편의시설의 적절성
	A2	안전관리
	A3	응급상황에 대한 안전체계 구축
	A4	화재예방 및 피난 대책
재정 및 조직운영	B1	월평균 생활 아동 수 대비 운영법인의 자부담(전입금) 비율
	B2	월평균 생활 아동 수 대비 사업비 비율
	B3	월평균 생활 아동 수 대비 후원금 비율
	B8	회계의 투명성

평가영역		평가지표
인적자원관리	C1	법정 직원 수 대비 직원 충원율
	C2	자격증 소지 직원 비율
	C3	직원 근속률
	C4	직원교육 활동비
인적자원관리	C6	직원채용의 공정성
	C7	시설장의 전문성
	C8	최고 중간관리자의 전문성
	C9	직원교육
	C10	직원복지
아동의 권리	E1	아동의 비밀보장
	E2	아동의 고충 처리
지역사회관계	F1	외부자원 개발
	F2	자원봉사자 관리
	F5	후원금(품) 사용 및 관리

출처: 보건복지부, 한국사회복지협의회 사회복지연구평가원 시설평가실(2015). 2016년도 아동복지시설 평가지표 설명회

최근 아동복지시설은 단순히 수용·구호만을 하던 수준에서 벗어나 시설생활아동은 물론 지역사회 아동까지도 아동복지종합서비스를 제공하는 데까지 그 영역을 확장하고 있다. 2016년 12월 기준 아동복지시설 입소율은 꾸준히 감소하고 있는 경향(〈표 14-3〉)이 있어 아동복지정책방향이 시설보호보다 가정보호와 지역사회 보호에 중점을 두고 있어 아동복지시설의 서비스 영역 변화가 요구된다. 급변하는 사회환경과 지역사회 및 아동의 욕구에 능동적으로 대처하기 위하여 시설생활아동에 대한 서비스 질을 제고하고 시설을 지역사회의 종합아동복지시설로의 전환을 고려해야 할 필요가 있다(정옥분 외, 2016).

3) 시설보호서비스의 종사자

요보호대상 아동에게 부모와 같은 역할을 대신해 주는 아동복지시설 종사자의

자질과 아동을 돌보는 종사자 수는 시설의 양육의 질을 결정짓는 중요한 요인이 된다(이소희 외, 2004). 보건복지부에서는 2012년부터 아동복지시설에서 발생하는 다양한 문제를 근절하고자 시설 종사자 기준을 개정하여 규정하고 있다. 「아동복지법」 시행령 별표 12에서 〈표 14-6〉과 같이 아동복지시설 종사자의 기준을 규정하고 있다.

표 14-6 개정 전후 종사자 자격 비교(2017)

직종	현행	개정	적용 시기	
			기존 종사자	신규 종사자
시설장	사회복지사 3급 이상 자격을 가진 사람	• 사회복지사 2급 이상 자격 취득 후 아동과 관련된 사회복지 사업에 3년 이상 또는 사회복지사업에 5년 이상 종사한 경력이 있는 사람	2018.9.1	2012.8.5
보육사	고등학교 또는 이와 동등 이상의 학력이 있다고 인정되는 사람	• 사회복지사 3급 이상 자격이 있는 사람	2018.9.1	2012.8.5
임상심리 상담원	「고등교육법」에 따른 대학 또는 이와 같은 수준 이상의 학력이 있다고 교육부장관이 인정하는 학교에서 심리학을 전공하여 졸업한 사람	• 「고등교육법」에 따른 대학 또는 이와 같은 수준 이상의 학력이 있다고 교육부장관이 인정하는 학교의 심리 관련 학과를 졸업한 사람 • 「국가기술자격법 시행령」 제12조의2 제1항 및 별표 1에 따른 임상심리사 2급 이상의 자격이 있는 사람	-	2016.7.1

※ 개정 전·후 종사자 자격 비교표(상세 자격기준은 「아동복지법」 시행령 별표 12 참조)

※ 종전 규정(2012.8.4 이전)의 자격기준으로 근무 중인 종사자는 경과조치 기간에 자격요건을 갖추어야 함

출처: 보건복지부(2017). 2017년 아동 분야 사업안내.

2. 시설보호 아동을 위한 복지서비스

1) 시설보호 아동의 특성

시설보호 아동의 대부분이 어린 시절 부모라는 주 양육자의 상실을 경험했으며, 이는 건강한 애착 발달을 가로막고 이후 발달에서 심리사회적 부적응을 야기하는 것으로 보고된다(권세은, 이순형, 2002; 한유진, 김진경, 2003). 어린 시절 부모 등 주 양육자와의 분리는 아동의 정신건강과 성격 형성에 큰 영향을 미친다. 개인차가 존재하지만 시설보호 아동은 대체적으로 불안과 우울감이 높고, 언어 및 인지 발달이 더 낮으며, 대인관계에서 더 공격적이고 거부적인 것으로 보고된다. 학교생활에서도 근면성보다는 열등감을 보이고 실제 학업 성취 수준이 떨어지며, 여러 가지 교내·외 활동 참여도 낮은 것으로 나타난다. 시설보호는 다수의 아동이 집단거주하면서 소수의 보호자로부터 양육을 받는 환경이므로 정서적 교류, 심리적 안정, 학습 조건, 문화적 여건, 물리적 조건 등 여러 가지 측면에서 환경적 결핍이 발생하기 쉽다(김현자 외, 2016).

이러한 시설보호 아동의 발달적 어려움은 시설보호서비스를 보다 나은 쪽으로 발전시키기 위한 향후 과제라 할 수 있다. 그러므로 사회적으로 시설보호 아동에 대한 인식을 바꾸고 무엇보다 아동 중심 아동의 권리를 지향하는 방향으로 체계를 강화해야 한다.

2) 시설보호 아동을 위한 서비스 전달체계

「아동복지법」 제15조 제1항에 의거 지방자치단체에서 보호대상 아동을 발견하거나 보호자의 의뢰를 받을 때는 아동복지심의위원회 심의를 거쳐 필요한 보호조치 방법을 결정해야 하며, 이 경우 아동과 보호자에 대한 상담·지도를 통해 아동의 최상의 이익을 위한 보호 조치 방법을 결정해야 한다. 이에 따라 보호대상 아동은 ① 아동발견 또는 보호자 의뢰 → ② 아동과 보호자 상담·지도 → ③ 보호자 가정 복귀 또는 연고자 가정에 대리양육 → ④ 아동보호 희망 가정에 위탁 → ⑤ 적합한 아동복지시설 입소, 전문치료기관·요양소 입원·입소 등의 절차로 보호를 받게 된다.

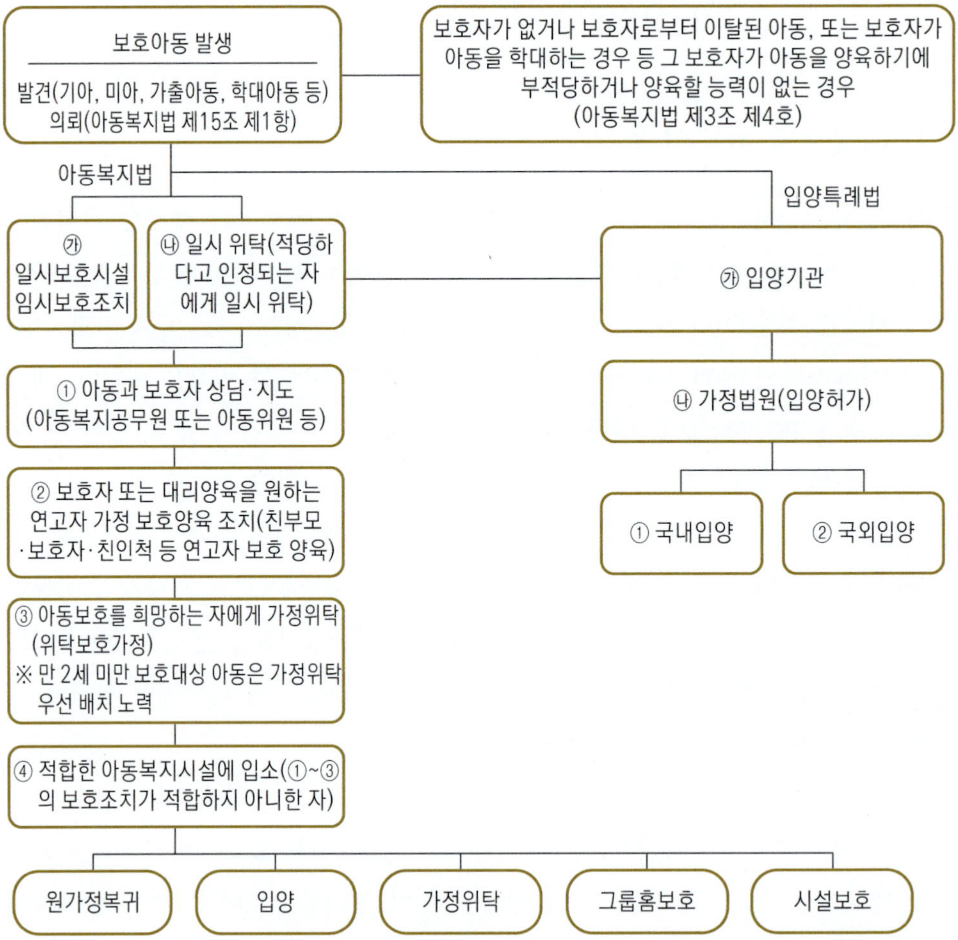

출처: 보건복지부(2017). 2017년도 아동 분야 사업안내.

그림 14-1 보호대상 아동 발생 시 업무처리 흐름도

3) 시설보호 아동을 위한 자립지원서비스

시설에 입소한 아동이 퇴소 후 자신과 의미 있는 사람들과의 성공적인 상호협조관계를 통해 안정적인 자립생활을 할 수 있도록 지원하는 일은 시설보호 아동에게 매우 중요하다. 자립지원이란 독립 상태를 이끌기 위해 성인 생활에 필요한 유·무형의 기술개발을 돕고 정서적 지지체계를 강화하는 것이다(보건복지부, 2011).

시설보호 아동의 자립지원을 위한 서비스 사업은 2011년부터 보건복지부에서 한국보건복지인력개발원에 위탁하여 아동자립지원단을 통하여 실시되고 있다.

아동자립지원단

아동자립지원단은 아동복지시설 및 가정위탁보호를 받는 아동들의 자립 준비와 아동의 진학, 주거, 생활, 기술, 취업 등 퇴소 준비 및 퇴소 후 위기사례관리를 위한 전문적이고 체계적인 서비스를 지원함으로써 안정적인 사회적응과 자립을 통한 건전한 사회구성원을 양성하는 목적으로 설립되었으며 한국보건복지인력개발원에서 운영하고 있다.
2012년 8월부터 개정 시행된 「아동복지법」 제38조에 따라 각 시설에서는 개별아동의 욕구에 맞는 자립지원계획을 위해 모든 아동을 대상으로 자립기술평가를 실시하여야 한다. 자립기술평가는 자립 준비를 위해 필요한 일상생활 기술, 자기보호 기술, 지역사회지원활동 기술, 돈 관리 기술, 사회적 기술, 진로 탐색 및 취업 기술의 7가지 영역으로 구성되어 있다. 자립기술평가를 통해 아동의 개별적인 자립지원계획을 수립하고 추후 평가를 통해 자립지원계획의 달성 정도를 예측해 볼 수 있다.

출처: 아동자립지원단 홈페이지(www.jarip.kohi.or.kr). 2018년 2월 20일 발췌.

아동자립지원단은 미취학 아동부터 퇴소 전 아동을 위한 자립지원 표준화 프로그램인 'Ready?' 프로그램과 퇴소 후 아동을 위한 'Action!' 프로그램을 통해 보호대상 아동의 자립을 지원하고 있다. 자립캠프는 보호아동의 퇴소 전 자립점검을 통해 자신의 삶을 계획하고 준비할 수 있는 기회제공 및 전문적인 정보제공으로 퇴소 준비에 도움을 주는 프로그램이다(아동자립지원단 홈페이지, 2018).

아동자립지원단에서 실시하는 자립지원 표준화 프로그램의 개요를 살펴보면 〈표 14-7〉과 같다.

표 14-7 자립지원 표준화 프로그램(Ready? Action!)

프로그램 개요

구분	내용
목적	• 보호기간 중 체계적이고 지속적인 프로그램 보급을 통해 자립지원의 효율화 및 내실화 제고 • 보호 종결 전 보호아동에 대한 적절한 예방적 서비스 제공을 통해 아동복지 증진 및 삶의 질 향상
추진방향	• 현장 속에서 이루어지는 생활 중심 서비스 • 삶을 영위하는 데 필요한 전반적인 기술 습득을 위한 통합적인 서비스 • 단계별 프로그램 및 사례관리를 통한 맞춤형 서비스
프로그램 구성/대상	• Ready?: 보호 중인 아동 • Action!: 보호 종결 아동

Ready? Action! 자립지원프로그램의 핵심가치

Ready? 자립을 준비하다!	R	Real	자립지원 프로그램은 삶 그 자체이다. 실제적이고 현실적 삶의 지식과 지혜이다.
	E	Experience	자립지원 프로그램은 경험이다. 경험과 체험이 프로그램 참여 방법이고 수단이다.
	A	Aim	자립지원 프로그램은 목표가 분명하다. 목표 지향적인 프로그램 계획이 필요하다.
	D	Duty	자립지원 프로그램은 의무이다. 의무와 책임은 자립의 기본 요건이다.
	Y	Year	자립지원 프로그램은 연 단위 프로그램이다. 1년을 주기로 계획하고 실행하며 평가한다.
Action! 자립! 움직이다!	A	Acive	자립지원 프로그램은 자발적이고 능동적이다. 자발성과 능동성은 자립의 중요한 요소이다.
	C	Case management	자립지원 프로그램은 지속적인 사례관리이다. 변화를 주시하고 지속적인 관심을 유지해야 한다.
	T	Training	자립지원 프로그램은 훈련과 연습이다. 반복되는 훈련과 연습이 자립을 앞당긴다.
	I	Individual	자립지원 프로그램은 개별화가 중요하다. 자립 자체가 개별적인 문제이다.
	O	Opportunity	자립지원프로그램은 기회이다. 자립을 준비하고 실제 자립할 수 있는 좋은 기회다.
	N	Network	자립지원 프로그램은 인맥을 형성한다. 인적자원은 자립의 중요한 지지체계다.

프로그램 구성

Ready? 미취학부터 보호 종결 전까지 자립준비 프로그램(8대 영역)			
Level 1 미취학~초2	Level 2 초3~초6	Level 3 중1~중3	Level 4 고1~퇴소 전
- 기초학습지도 - 독서지도 - 원가족 유대 강화 - 집단프로그램	- 심리 · 정서지지체계 - 학습지도, 경제교육	- 진로적성검사 - 자립예비사정 및 계획 - 자립준비척도	- 자립사정 - 취업 및 진학 상담 - 자립준비척도
- 일상생활기술 - 자기보호기술 - 지역사회 자원활용기술 - 사회적 기술	- 일상생활기술 - 자기보호기술 - 돈 관리 기술 - 사회적 기술 - 진로 탐색 및 취업기술	- 일상생활기술 - 자기보호기술 - 지역사회 자원활용기술 - 돈 관리 기술 - 사회적 기술 - 진로 탐색 및 취업기술	- 일상생활기술 - 자기보호기술 - 지역사회 자원활용기술 - 돈 관리 기술 - 사회적 기술 - 진로 탐색 및 직장생활 기술 - 다시 집 떠나기

Action!: 보호 종결 후 자립생활 **정착**까지의 **사례관리** 및 서비스 지원 프로그램	
목표	보호 종결 후 효과적인 사례관리 서비스 지원을 통해 건강한 사회인으로의 자립 유도
대상	보호 종결 후 5년 이내 아동
자립점검	- 시기: 매년 1회 - 방법: 자립점검 후 자립지원통합관리시스템 입력 - 내용: 취업, 직업훈련, 주거, 진학, 경제, 생활, 의료, 기타 등

흐름도

Ready?					Acton!	
입소	연령별 자립 지원 프로그램 실행 (8대 영역)	자립지원 계획 수립 (만 15세 이상)	영역별 자립 지원 프로그램 실행 (8대 영역)	자립준비평가	퇴소	사례관리 및 상담 (자립 점검)

자립준비 프로그램 매뉴얼의 8대 영역

영역	내용	
1. 일상생활 기술	의복 구입과 손질	• 옷장 계획, 빨래하기
	집 관리	• 방 청소, 욕실 청소, 부엌 청소, 전등 갈기
	음식준비, 요리하기	• 식단 짜기, 장보기, 요리하기
2. 자기보호 기술	나 자신 돌보기	• 깔끔한 나, 개인위생, 응급처치, 의료적 도움 구하기 (알코올, 담배)
	건강 유지하기	• 영양의 균형, 이럴 땐 이런 음식, 운동, 충분한 휴식, 여가 시간
	어른 되기	• 어른이 되는 과정, 육체적 변화, 사춘기
	성(性)	• 성적인 행동, 성에 대한 신화들, 성적 관계는 언제? • NO라고 이야기하기, 언제 부모가 될까? • HIV 감염과 AIDS, 부모 되는 것 미루기
3. 지역사회 자원 활용기술	교통	• 대중교통 이용하기, 운전면허증 따기
	지역사회자원 활용	• 생태지도(eco-map) 그리기, 여가활용, 사회복지서비스, 응급상황
4. 돈 관리기술	돈 관리	• 예산 세우기, 올바른 지출, 요금납부, 저축하기
	신용카드	• 신용카드 이해, 신용카드의 용도와 활용, 신용불량
5. 사회적 기술	나에 대한 탐색	• 나의 가치, 내가 느끼는 감정, 나의 의사결정 스타일
	현명한 선택	• 결과에 대하여 배우기, 현명한 선택하기, 결과 예측, 도움 얻기, 습관 바꾸기
	대처기술	• 갈등 해결, 스트레스 이해하기, 스트레스 다스리기
	대인관계	• 친구 들여다보기, 룸메이트 고르기, 또래와 압력에 맞서기, 잘못된 관계 정리하기

영역	내용	
6. 직업찾기	내게 맞는 직업 찾기	• 일에 대한 가치, Work-Job 게임
	취업 준비하기	• 이력서, 자기소개서, 면접 준비하기
7. 직장생활	즐겁게 일하기	• 출근 첫날, 사내규칙, 직장에서의 태도, 직장 내 갈등 다루기, 직장에서 이런 일이 생긴다면, 직장을 계속 다니거나 그만두는 이유
8. 다시 집 떠나기	새로운 시작을 향한 출발	• 인생 선배와의 인터뷰, 나의 목표 보물찾기 • 변화에 대처하는 법, 자립 후 필요한 기술 • 어려움이 생기면, 모든 것이 잘 되고 있다면, 마지막 날 새로운 시작의 첫날
	혼자 살아가기	• 살 곳 결정하기, 집 찾기, 계약서 쓰기, 이사, 주택의 안전, 주택관리, 계획하여 행동하기

출처: 정옥분 외(2017). 아동복지와 권리.

3. 시설보호 아동을 위한 복지서비스 개선방안

시설보호서비스가 보다 발전적인 개선을 하기 위해서는 변화하는 시대 가치와 결합되어 다양하게 사업의 범위가 확장되어야 하며 아동권리의 생존권과 보호권에 한정되어 운영되기보다는 아동의 잠재적 능력을 발휘하도록 하는 발달권, 아동이 자신의 의견을 표현하고 자신의 삶에 영향을 미치는 문제에 대해 발언할 수 있는 참여권의 차원에서도 개선이 필요하다. 뿐만 아니라 이러한 시설아동보호 업무와 관련된 정부 부처는 크게 보건복지부, 여성가족부, 교육부가 있다. 분절화, 파편화되어 있는 아동복지전달체계로 인해서 사회의 약자인 아동들은 지속적으로 삶의 안전과 행복, 삶의 질 OECD 국가 내에서 하위순위에 머물고 있다. 당연히 아동복지서비스, 아동보호업무도 효율적이지 못하다. 이를 위한 아동의 시설보호서비스에 대한 개선방안을 연구한 자료들을 바탕으로 살펴보고자 한다(오정수 외, 2017; 김미숙 외, 2007; 김현자 외, 2017).

1) 탈시설화와 시설 규모의 소규모화

기존의 시설보호 아동사업은 온정주의적이고 차별적인 관점에서 출발하였기에

낙후된 건물에서 집단거주하거나 지역사회와의 단절된 접근성을 갖게 하여 거기에 머무는 시설보호 아동에 대해 낙인하는 부작용을 낳기도 한다. 사회의 복지 수준이 높아짐에 따라 탈시설화를 지향하고 지역사회 내에서 함께 키우는 복지로서의 시설보호 아동사업이 이루어져야 한다(김현자 외, 2017). 그러기 위해서는 아동 이익 최우선의 중심적 접근, 지역사회 아동보호 중심적 접근, 선 가족보존과 가족기능 강화서비스적 접근으로의 방향으로 시설 주거 환경을 현대적으로 개선하고 일반 주거 가정 형태의 소규모화된 시설의 확충을 위한 국가적인 지원이 필요하다. 이러한 물리적인 환경 개선은 시설보호 아동의 낙인감을 줄이고 건강한 발달을 이끌 수 있다.

2) 가정위탁의 활성화와 공동생활가정으로의 전환

기존의 대규모 시설보호를 공동생활가정으로 전환하는 소규모화 사업을 실시하고 이를 활성화하는 것이 필요하다. 시설아동들이 종종 겪게 되는 발달적 결핍과 사회·정서적 어려움들을 시설의 소규모화와 돌보는 성인 보호자 수를 늘려 개별 아동의 욕구에 대해 심화된 서비스를 가능하게 하고, 가족 해체에 따른 시설보호 낙인효과를 줄이며, 일반가정과 물리적 환경을 유사하게 하여 심리적인 편안함과 안정감을 제공하며 보다 질적인 서비스를 제공하는 것이 바람직하다(김현자 외, 2017).

3) 시설아동을 위한 아동복지시설 기능의 다양화

전국적으로 시설아동 입소율이 감소하고 있으므로 아동복지시설의 빈 공간을 활용하는 다기능적 역할, 즉 프로그램 진행실, 심리상담 및 치료실, 아동 일시 보호 기능, 방과 후 돌봄 기능 등 지역사회의 요건을 고려하여 획일적이 아닌 지역 특성을 고려하여 다기능화되어야 할 것이다. 운영방식에 있어서도 「아동복지법」에 시설의 기능 다양화를 위한 법 규정을 마련해야 하며 아동복지시설을 운영하는 사회복지법인에서는 「아동복지법」에 의거하여 아동복지시설, 지역사회, 보호아동의 특성을 고려한 시설기능의 다양화를 실시하는 것이 가능하도록 해야 한다. 이를 통해 시설아동에게 맞춤형 발달지원을 하기 위한 세심하고도 전문성 있는 지원 프로그램이 제공될 수 있도록 시설의 다각화를 하는 것이 필요하다. 시·도와 시·군·

구는 아동복지시설이 시설소재 지역의 다양한 특성 및 아동 욕구에 맞는 이용시설 기능을 추가하여 기능을 다양화할 수 있도록 지원하는 것이 필요하다. 기존 아동 양육시설의 성격에 방과 후 보호, 아동상담, 일시 보호, 가정위탁, 입양, 급식, 프로그램 제공 등의 기능을 추가하는 아동복지시설 기능의 다양화가 필요하다(오정수 외, 2017).

4) 원가족 복귀를 위한 지원 마련

요즘의 시설보호서비스는 부모의 부재로 발생하는 고아와 미아 등에 대한 장기 보호 중심이 아닌 가족 기능의 결손으로 인한 단기 보호도 많아졌다. 이런 상황에서 시설보호 아동의 장기입소를 방지하고 아동과 원가족과의 재결합을 위한 다양한 프로그램 접근이 활성화되어야 한다. 또한 시설에서는 원가족과 아이의 재결합 가능성을 고려하여 지속적으로 사례관리를 하며, 정부에서는 원가족 복귀를 위한 양육비, 생계비, 주거비 등의 경제적 비용을 적극적으로 지원하는 것이 필요하다(김현자 외, 2017).

5) 시설퇴소 아동의 사회적 적응을 위한 정책 마련

만 18세가 지나면 시설아동은 퇴소하게 되므로 시설에서는 이에 대해 미리부터 시설아동을 위한 자립계획을 수립하고 자활역량을 길러주어야 한다. 아동이 시설을 떠나 홀로 사회에 적응한다는 것은 매우 어렵고 힘든 문제이다. 혼자 세상에 서야 한다는 심리적 고립감과 경제적 문제 등 사회적 적응에 걸림돌이 되는 요인들을 파악하여 퇴소 전 역량 강화를 위한 자활 프로그램을 진행해야 한다. 이를 위해 정부에서는 법적 · 제도적 · 정책적으로 지원체계를 마련하여 시설퇴소 아동이 다시 사회적 · 심리적 빈곤층이 되지 않도록 해야 한다(김미숙 외, 2007).

6) 아동복지시설 종사자의 양성 및 전문역량 강화

빈곤, 실직, 학대처럼 아동 입소의 정형화된 아동에 대한 서비스는 개별화 접근과 전문성이 확보되도록 전문가 역량 강화와 더불어 전문가 양성에 노력해야 한다. 미래를 위한 시각에서 현재 아동 서비스 대상자 수가 많아지고 있다는 점, 아동복지에 종사하고 있는 종사자들의 아동복지 현실을 직시하는 인식전환이 필요하다. 시설 종사자들도 패러다임 변화에 동참하여 아동들을 위한 아동 이익 최우선의 원칙에서 지역사회보호 중심의 접근과 가족보존의 가치를 우선순위에 두고 개선에 대한 방향성의 합의를 가지는 것이 필요하다(오정수 외, 2017).

생각 나누기 1

양육시설 아동인권 보호 미흡 … 인권위, 제도개선 권고
서울 · 경기 아동양육시설 5곳 방문조사 결과

국가인권위원회는 서울 · 경기 지역의 일부 아동양육시설을 방문 조사한 결과, 아동인권 증진이 필요하다고 판단하고 해당 지자체에 제도 개선을 권고했다고 밝혔다.

- 중략 -

그 결과 아동 입소 과정에서 시 · 도가 시설을 결정하는 경우가 일반적이며, 아동과 보호자는 시설 선택에 아무런 의사 표시를 못 하는 것으로 드러났다고 한다.

- ▸ 관련기사 : 연합뉴스(2015)
- ▸ 생각 point
  - 시설에 보호아동 입소 시 아동과 보호자에 대한 권리는 무엇이라고 생각하는지 이야기 나누어 보세요.
  - 시설보호 아동을 위해서 입소 초기에 어떤 지원 서비스가 필요한지 본인의 생각을 발표해 보세요.

생각 나누기 2

버림받은 위기 아동 … "보호시설 아닌 가정이 필요해요"

지난 2003년 3월, 아버지의 수감과 어머니의 가출로 세상에 덩그러니 남겨진 A군 삼 형제는 당시 초등학생이었다. A군 삼 형제처럼 미혼모 가정, 학대, 부모 이혼 등의 이유로 가정에서 보살핌을 받을 수 없게 된 아이들은 '요보호아동'으로 분류된다.

- 중략 -

지역 교회에서 안타까운 사연을 접한 B씨는 A군 삼 형제를 자신의 집에 데려다 장성할 때까지 12년간 돌봤다고 한다.

▸ 관련기사 : 연합뉴스(2016)

▸ 생각 point

- 요보호아동은 반드시 시설로 보내지는 것이 최선인가에 대해 생각해 보세요.
- 위와 같은 상황의 요보호아동을 시설에서 돌보아 왔을 때 발생할 수 있는 문제는 무엇이며, 어떤 보완이 필요하다고 보는지 이야기 나누어 보세요.

MEMO

Chapter 15 우리나라 아동권리와 복지의 과제

CHILDREN'S RIGHT AND WELFARE

PART

03

아동권리와 복지의 방향

이제 아동복지의 방향은 전 세계적으로 단순히 보호가 필요한 아동에게 그치지 않고 매우 보편적으로 확대되어 가고 있으며 특히, 아동권리를 중심으로 한 아동복지정책이나 방안이 모색되고 있다. 우리나라에서도 2000년 7월에 아동권리존중을 바탕으로 한「아동복지법」개정을 시작으로 점차 아동복지의 방향이 전환되고 있다. 이에 관련 종사자로서 '바로 지금 여기서' 내가 실현할 수 있는 아동복지는 무엇인지 함께 논의해 보고자 한다.

학습목표

- 우리나라 정부의 아동복지 전망을 살펴보고 보다 바람직한 방향은 무엇인지 생각해 본다.
- 향후 발전적인 아동복지의 과제를 찾아본다.
- 내가 그리고 우리가 지금 실천할 수 있는 아동권리 증진과 아동복지를 위한 개선 방향이 무엇인지 현실적인 방안을 논의해 본다.

15 우리나라 아동권리와 복지의 과제

1. 우리나라 아동권리와 복지의 전망

1) 우리나라 아동권리 실현을 위한 아동복지정책

권리란 인간의 욕구에 대한 사회적 표현이며 나이, 인종, 성별, 종교, 국적 등에 관계없이 인간이면 누구에게나 주어진 기본적인 자유이다. 아동의 권리 역시 모든 아동들이 보장받아야 할 기본적인 권리이며 이러한 권리보장은 아동복지의 중요한 과제이다. 아동의 권리를 인정하고 아동을 독립된 인격체로서 존중하는 것은 아동복지에서 추구하는 모든 아동의 행복한 삶을 위한 기본 여건 마련과 경제적 · 사회적 · 정서적 지원을 통해 조화로운 성장 · 발달을 도모하는 것이라 할 수 있다. 최근 전통적인 가족구조에서 강조되었던 가족 내 자녀양육 기능이 약화되고 높은 이혼율 등과 같은 이유로 가족 해체가 증가하는 시대적 변화에 보호받고 존중받아야 할 아동은 오히려 학대나 방임으로 생존권이 위협받는 사회적 사건들을 자주 볼 수 있다.

이제 아동권리 실현을 기초로 한 아동복지 구현을 위해 가족, 지역사회, 국가의 역할 재정립과 함께 다양한 관점에서 사회적 재정비가 필요하다. 이에 2015년 5월 보건복지부 보도자료에서 밝힌 바와 같이 우리나라 아동권리 존중을 바탕으로 한 아동복지정책 발표 내용을 살펴보고자 한다.

1991년 우리나라는 유엔아동권리협약을 비준한 이후 유엔아동권리위원회의 지침에 따라, 협약 이행을 위한 일반조치, 아동의 정의, 일반원칙, 시민적 권리와 자유, 가정환경 및 대안 양육, 기초보건 및 복지, 교육, 여가 및 문화활동, 특별보호조치 등 8개 주제로 나누어 협약에 관한 이행보고서를 작성해 유엔아동권리위원회에 제출하였다. 1994년 1차 이행보고서를 시작으로 우리나라는 유엔 아동권리위원회로부터 3차례에 걸쳐 권고문을 받았고, 이 과정에서 아동의 권리를 보다 실천적으로 보장하기 위해 법적으로나 정책적으로 많은 노력을 지속해 왔다. 2011년 유엔아동권리위원회의 3차 권고사항을 고려하여 아동인권보호 및 증진을 위해 「입양특례법」과 「민법」 개정으로 입양허가제 도입 및 협약유보조항(제21조) 철회 노력을 해 왔으며, 아동의 '최선의 이익 최우선 원칙'에 기반한 제1차 아동정책기본계획수립(2015)을 하였으며, 국가인권위원회의 아동·청소년 전담조직 마련 및 아동권리위원회 설치 등으로 독립적인 아동권리 모니터링체계를 마련하였고, 「학교폭력예방 및 대책에 관한 법률」 및 「아동학대범죄의 처벌 등에 관한 특례법」 제정을 통한 학대와 폭력 문제에 대한 대책을 강화하였다. 이 외에도 드림스타트, 방과 후 학교, 지역아동센터, 방과 후 아카데미 등 빈곤아동을 위한 보호·복지 인프라 확대, 위기 아동·청소년 종합지원을 위한 지역사회청소년통합지원체계(CYS-net) 강화, 청소년 한부모, 학교 밖 청소년, 다문화 청소년 등 취약집단 인권보호를 위한 제도 마련 및 지원 강화, 공교육 정상화 및 전인교육을 위한 자유학기제 운영과 진로교육 활성화, 지방자치단체와 시·도 교육청 차원의 아동·청소년 인권조례 제정과 같은 노력 등이 이루어졌다. 그러나 아동예산 규모의 부족 및 예산 관련한 중장기적 대책 부재, 아동권리협약의 국내법 적용 미흡, 아동권리협약에 대한 사회적 인지도 개선 부족 등 여전히 지속적인 과제가 남아있다. 뿐만 아니라 입시 위주의 교육제도와 학업 스트레스, 놀이와 여가·문화의 부족, 높은 자살률 등은 더욱 혁신적인 제도 개선을 필요로 한다. 그리고 가정, 학교, 사회 모든 영역에서 아동을 인권의 주체이자 참여권을 가진 시민이라는 인식을 기반으로 정책과 제도가 마련되어 아동의 참여를 촉진할 필요가 있다.

이러한 아동의 권리를 보장하는 포괄적인 모든 노력이 아동복지라 할 수 있으며 아동복지는 자선사업가의 선행적 활동으로 이루어지는 것에 그치는 것이 아니라 아동복지 전문가에 의해 보다 체계적이고 적극적인 활동으로 이루어져야 하며 국가정책에 필수적으로 입안되어야 할 사항이다. 우리나라 「아동복지법」은 아동을 어떠한 종류의 차별도 받지 않고, 안정된 가정환경에서 행복하게 자라나야 하고, 모든 활동에 아동의 이익이 최우선으로 고려되어야 한다는 이념 아래 아동이 건강하게 출생하여 행복하고 안전하게 자라나도록 그 복지를 보장하는 것을 목적으로 하고 있지만 실제로는 요보호아동 중심의 선별적 서비스를 전개하고 있다(오정수, 이혜원, 정익중, 2005). 이제부터라도 「아동복지법」에서 명시하고 있는 바와 같이 모든 아동이 충분히 존중받고 성장 · 발달할 수 있도록 보다 심도 있는 아동 중심의 정책 설계와 아동의 생존권 · 발달권 · 보호권 · 참여권 등 제반 권리보장에 필요한 아동정책은 모든 아동들과 그들의 부모를 대상으로 하는 보다 포괄적인 정책 수립이 필요하다. 특히, 아동의 부모가 양육능력을 강화할 수 있도록 돕는 것은 아동의 건강한 삶을 유지시키는 것은 물론이거니와 아동문제를 예방하는 데에도 도움이 된다. 같은 맥락으로 아동이 다니는 어린이집 · 유치원, 학교나 거주하는 지역사회도 아동 중심 정책의 주요 대상이 되어야 한다(박보희, 2002).

지난 2015년 5월에 보건복지부에서 수립 · 발표한 자료인 '아동의 삶과 대한민국의 미래를 바꾸는 제1차 아동정책기본계획 2015~2019'는 2012년 개정된 「아동복지법」에 의해 수립된 아동을 위한 중장기 계획이며, 2013년 아동종합실태조사 결과를 반영하여 유엔아동권리협약 및 유엔아동권리위원회의 권고 사항을 정책적으로 구현하기 위한 목적으로 수립되었다. 이에 보건복지부는 아동정책조정위원회를 활성화하고 아동영향평가를 도입하여 각종 실태조사 및 통계의 체계적인 관리방안을 마련하고 다양한 아동 지원 서비스 도입을 검토하는 등 우리나라에 아동친화도시 확산을 적극 지원할 계획을 밝혔다(보건복지부 보도자료, 2015.5.13).

이번 제1차 아동정책기본계획에서는 '행복한 아동, 존중받은 아동'의 비전을 가지고 가장 행복한 아동기를 구현하며, 모든 영역에서 아동이 권리의 주체자이며, 아동권리가 온전히 실현될 수 있는 사회를 만들고자 우리나라 아동의 '삶의 만족도'와 '주관적 행복지수'를 OECD 국가 평균수준으로 향상시키고, 유엔아동권리협약의 중요 원리인 '아동 최우선의 원칙'을 실현시킬 수 있는 사회적 기반 조성을 핵심 목표로 설정하였으며, 기본계획의 추진영역으로 미래를 준비하는 삶 · 건강한 삶 · 안전한 삶 · 함께 하는 삶의 4개 영역, 기본계획 실행기반 조성 등의 5개 부문에 걸쳐 16개의 중점과제와 158개의 세부과제를 제시한 바 있다(보건복지부 보도자료, 2015.5.12).

비전	행복한 아동, 존중 받는 아동	
핵심 목표	• 아동 행복도 증진 • 아동 최우선의 원칙 실현 기반 조성	
추진 영역	미래를 준비하는 삶	• 아동기 역량 강화 • 꿈과 끼를 살리는 교육 실현 • 아동의 참여권 보장 • 놀이 여가 권리 보장
	건강한 삶	• 생활공간 기반 건강관리체계 마련 • 발달주기별 건강관리체계 내실화
	안전한 삶	• 생활공간 안전 확보 • 사회안전 위험요인 대응체계 구축 • 아동 안전 기반 구축
	함께하는 삶	• 아동보호 차별금지 원칙 실현 • 보호 · 지원이 필요한 아동에 대한 종합대책 마련
실행 기반	• 아동권리 실현 기반 조성 • 가정의 양육역량 강화 • 아동 친화적 지역사회 조성	• 민간과의 협력 강화 • 아동정책 지원 인프라 강화

출처: 제1차(2015~2019) 아동정책기본계획 관계부처 합동발표

그림 15-1 아동정책 기본계획 세부과제

표 15-1 제1차(2015~2019) 아동권리 유형별 아동정책 기본 계획

분야 \ 생애	영유아(0~5세)	초등학생(6~11세)	중학생(12~14세)	고등학생(15~17세)
생존권	어린이집 · 유치원 건강관리체계 마련	건강증진학교 확대 방안(검토)/학교체육 활성화		
	모유 수유 증진			
	예방 접종률, 건강검진율 제고	학교 건강검진제도 개선		
	생활습관형 질병 예방 · 관리방안 마련			
	아동기 다빈도 질병 대응전략 수립			
		학생 자살 예방 대책, 적정 수면시간 보장		
	아동 전용 보건 인프라 확충/건강보험 보장성 강화			

<table>
<tr><th>생애
분야</th><th colspan="2">영유아(0~5세)</th><th colspan="2">초등학생(6~11세)</th><th colspan="2">중학생(12~14세)</th><th colspan="2">고등학생(15~17세)</th></tr>
<tr><td rowspan="13">발달권</td><td colspan="2">영유아 가정방문 서비스 도입(검토)</td><td colspan="6"></td></tr>
<tr><td colspan="8">부모교육 활성화/양육정보 통합 제공</td></tr>
<tr><td colspan="2">육아서비스 종합 제공</td><td colspan="6"></td></tr>
<tr><td colspan="2">시간제보육</td><td colspan="6"></td></tr>
<tr><td colspan="2">영유아 보육·교육 통합플랜</td><td colspan="6">‘꿈과 끼를 살려주는 교육과정’ 내실화, 공교육 정상화 이행</td></tr>
<tr><td colspan="8">아동기 핵심역량 반영전략 수립, 아동역량지수 개발</td></tr>
<tr><td colspan="2"></td><td colspan="6">인성교육 강화(인성교육진흥계획 수립, 언어문화 개선방안 마련)</td></tr>
<tr><td></td><td colspan="7">문화예술교육 활성화 및 문화 인프라(아동도서관, 숲교육 공간 등) 확충</td></tr>
<tr><td></td><td colspan="7">놀이·여가 권리 보장(놀 권리 헌장 제정, 제1차 놀이정책 수립)</td></tr>
<tr><td colspan="2"></td><td colspan="6">맞춤형 진로 교육(직업교육 현장성 강화, 학습부진아동 지원 등)</td></tr>
<tr><td colspan="8">장애아동 지원체계 구축(조기발견·예방 및 재활치료)</td></tr>
<tr><td colspan="2"></td><td colspan="6">학교 밖 청소년 지원체계 구축</td></tr>
<tr><td colspan="4"></td><td colspan="4">청소년 한부모 서비스 전달체계 통합 구축</td></tr>
<tr><td rowspan="15">보호권</td><td colspan="2">가정방문 안전점검 실시(검토)</td><td colspan="6"></td></tr>
<tr><td></td><td colspan="7">보육·교육기관 안전교육·안전실습 제도화</td></tr>
<tr><td colspan="8">카시트, 안전벨트 착용률 제고</td></tr>
<tr><td colspan="2"></td><td colspan="6">홀로 방치되는 아동에 대한 돌봄서비스 종합 연계체계 구축</td></tr>
<tr><td colspan="8">학대 아동 보호 인프라 확충</td></tr>
<tr><td colspan="2">어린이집·유치원 학대 예방 및 신속 대응</td><td colspan="6"></td></tr>
<tr><td colspan="2"></td><td colspan="6">학교폭력 예방 및 대책 기본계획 이행 관리</td></tr>
<tr><td colspan="8">범죄예방환경설계(셉테드) 확산 유도</td></tr>
<tr><td colspan="8">차별금지법 제정</td></tr>
<tr><td colspan="8">빈곤아동지원 5개년 기본계획 수립</td></tr>
<tr><td colspan="8">가정 밖 보호아동 보호체계 구축</td></tr>
<tr><td colspan="8">입양절차의 공공성 강화(헤이그국제아동입양협약 비준)</td></tr>
<tr><td colspan="4"></td><td colspan="4">근로아동보호</td></tr>
<tr><td colspan="2"></td><td colspan="6">소년사법 발전 종합대책</td></tr>
<tr><td colspan="3">아동방치행위에 대한 법적규제 도입(검토)</td><td colspan="5"></td></tr>
</table>

생애 분야	영유아(0~5세)	초등학생(6~11세)	중학생(12~14세)	고등학생(15~17세)
참여권	아동의 의견 진술권 보장실태 진단 및 개선방안 마련			
		아동 의견 수렴 창구 상시 운영		
		학교에서의 참여권 보장 (자치활동 활성화, 학교운영위원회 실질적 참여)		
		아동총회 지역 기반 구축		

출처: 제1차(2015~2019) 아동정책기본계획 관계부처 합동발표.

2. 아동권리 증진을 위한 아동복지의 향후 과제

1) 아동권리 증진을 위한 향후 과제

(1) 아동권리 침해 사례에 대한 법적 대응 강화

아동은 성인이 아니기에 자신의 권리를 적극 펼칠 수 없는 대상이므로 정책적으로 아동권리 모니터링 활동을 통해 우리나라가 국제기준의 아동복지 및 아동권리보호 실현하고 있는지 여부를 모니터하여 이를 통해 아동권리 증진과 관련된 환경조성에 대한 타당성과 실현 가능성을 높여나갈 수 있다. 그리고 아동권리 이행에 대한 모니터링이 그 취지에 맞도록 운영될 수 있도록 아동권리모니터링센터 설치에 관한 법적 근거를 마련하고 이에 따른 명확한 임무와 업무 규정, 독립적인 인력 구성과 기술적·재정적 지원을 받을 수 있는 시스템 구축이 필요하다(최윤영, 2013). 또한 아동권리가 침해받았을 때 이를 구제하고 법적 대응할 수 있는 시스템이 마련되어 아동권리를 기초로 한 아동복지가 더욱 적극적으로 실현될 수 있도록 해야 한다.

(2) 아동권리 증진을 위한 유형별 현황 파악 및 예방정책 마련

아동의 권리가 위협받고 있는 양상은 과거 아동의 생존권을 위협하던 문제에서 최근 새로이 등장한 발달권, 보호권의 위험에 이르기까지 더욱 복잡해지고 심각해지고 있다. 따라서 각종 아동권리증진을 막는 유형별 현황 파악 및 예방정책은 매우 필요하다. 예를 들면 성범죄 피해아동의 보호방안은 「소년법」이나 그 밖의 관련법에 의하여 대책이 강구되어 왔으나 범죄피해자나 증인이 된 아동의 경우 성인의 형사절차를 따라야 했다. 형사사법 절차의 운영과정에서 피해아동에 대한 권리보호 장치나 적극적인 피해아동보호를 위한 가이드라인의 마련은 아동권리 증진에 매우 중대한 일이라 할 수 있다(신은식, 신애리, 2015).

또한 아동학대의 문제에 있어 영유아기에 부모로부터 무시되고 학대받은 아동은 성인이 된 이후에도 원만한 대인관계 형성이 힘들고, 사회적인 문제로 확대될 가능성이 높기에 학대로부터 아동을 보호하는 것은 가정뿐만 아니라 우리 사회의 건전한 발전을 위해 매우 중요한 문제이다. 이에 아동학대에 대해서도 매우 구체적인 대응방안이 필요하다(최영진, 2015).

(3) 아동권리 상황 개선을 위한 정책적 대안 모색

유엔아동권리위원회의 3차 권고문을 보면 우리나라가 아동·청소년의 권리 상황 개선을 위해 어떠한 노력을 기울여야 하는지를 잘 보고하고 있다. 이에 따르면 현재 우리나라는 아동·청소년의 권리 상황 개선을 위해 아동권리 모니터링센터 체계 구축, OECD 수준에 적합한 아동·청소년에 대한 자원 할당, 빈곤아동 등에 대한 기초자료의 종합적인 수집을 위한 시스템 마련, 협약에 대한 인식과 교육의 확대, 소수집단아동에 대한 지원 확대, 체벌·학대 및 방임금지, 불평등 해소를 위한 공교육 강화, 아동·청소년 권리 반영을 위한 참여 확대, 여가·문화 및 오락 활동에 대한 권리 보장, 변칙적인 노동관행 금지와 아동 성 착취에 대한 기소율 확대 등의 노력을 해야 한다(김경준, 2015).

또한 중앙정부는 지방자치단체에서 아동·청소년 인권조례를 제정할 수 있도록 중앙정부 차원에서 재정적 지원을 하거나 우수 사례를 공모하고 아동·청소년 인권친화도시를 선정하여 아동·청소년의 권리 상황 개선을 위한 노력을 해야 한다(한국청소년정책연구, 2014).

2) 아동권리 증진을 통한 아동복지의 향후 과제

(1) 아동학대 예방 대책 강화를 통한 아동복지 실현

매년 중앙아동보호전문기관에서 발간하는 전국아동학대 현황보고서에 의하면 최근 증가하는 이혼율과 가족해체는 가정 내 불안정성을 높이고 가족의 부양기능 약화를 초래하여 아동학대나 방임으로 이어질 가능성이 높다. 따라서 아동권리를 침해하는 가장 대표적인 문제인 아동학대나 방임을 예방하고 학대 발생 시 신고할 수 있도록 대중과 신고의무자의 인식변화를 위한 홍보 및 교육활동이 지속적으로 이루어져야 하며, 특히 신고의무자의 의무불이행에 관한 법적 제재를 명확히 할 필요가 있다. 또한 훈육이라는 틀 속에서 아직도 아동학대의 개념 및 인식이 불명확하기에 아동학대 개념이 보다 구체화되어 아동학대 여부를 판별할 수 있는 척도개발 역시 매우 시급하다(정미현 외, 2016). 뿐만 아니라 아동학대를 전문적으로 판단하고 지원할 수 있는 아동보호전문기관은 그 수가 매우 적고, 기관 내 사례관리를 하며 지속적으로 관리해야 할 전문 인력의 수가 턱없이 부족하고 그 업무 또한 과중한 상태로 기관 수와 많은 인력의 확충이 필요하다. 또한 아동보호서비스를 제공하는 과정에서 관련 기관들이 아동학대의 중대한 사례에 대해 서로 협력하고 서비스를 통합할 수 있도록 연계성을 확보하도록 노력해야 한다(정미현 외, 2016).

(2) '보호대상 아동'에 대한 지역사회의 관심 확대를 통한 아동복지 실현

초저출산시대가 도래하여 지역적으로나 국가적으로 아동 존재의 중요성에 대한 인식이 증가하면서 가족 · 사회 · 국가가 함께 아동을 낳고 키우는 시스템을 확립하려는 노력이 많아지고 있다. 이에 발맞추어 과거 요보호아동을 중심으로 한 아동복지에서 보다 넓은 의미의 아동복지로의 전환이 이루어져 가고 있다. 그럼에도 불구하고 사회 · 경제적 양극화, 가족해체, 아동을 대상으로 한 폭력 등으로 인해 아동의 건전한 성장을 방해하는 요인은 오히려 증가하고 있다. 따라서 보호가 필요한 아동이 건강하고 건전하게 성장할 수 있는 지역적 · 국가적 환경을 조성하려는 지속적인 노력은 여전히 중요하다. 아동이 건강하고 보다 행복한 개인으로 성장하기 위해 안정적인 가족관계가 필요하며, 때로는 아동이 가족 안에서 건강하게 성장할 권리를 보장하기 위해 가족해체를 막을 수 있는 가족서비스 지원이 최우선적으로 필요하기도 하다. 또한 아동이 가정으로부터 적절한 양육을 보장받을 수 없을 때도 아동은 가정과 같은 유사한 환경에서 보호받을 수 있도록 소규모 아동양육시설의 조성이 필요하다. 그리고 보호아동의 기본생활 보장이 선행되기 위해서는 지방자치단체 조례로 정하는 아동복지심의위원회와 같이 구체적인 아동복지 정책 수립 및 조정에 참여하는 자들이 시·도 교육청 또는 지방고용노동관서에 소속된 공무원, 변호사·의사·교사 자격이 있는 사람, 아동단체 또는 시민단체 등 다양한 분야의 전문가로 구성되어 보다 거시적인 관점으로 '보호아동대상' 사업이 보호아동을 위해 교육·문화·경제·복지를 포괄하는 서비스로 제공되어야 한다.

(3) 가정의 양육역량 강화를 통한 아동권리 이해 및 아동복지 실현

가정에서 부모가 자녀발달에 미치는 영향은 매우 큼에도 불구하고 오늘날 급변하는 사회에서는 바람직한 부모 역할을 수행하기가 점점 더 어려워지고 있다. 이에 따라 아동복지로 진행되어야 하는 것 중 하나는 부모가 건강하고 정상적으로 자녀를 잘 양육할 수 있는 환경을 조성해 주는 일이다. 이런 점을 고려해 볼 때, 건강한 가족체계를 만들고 부모-자녀 간의 삶의 질을 높이려면 이제는 부모 역할도 다른 교육과 마찬가지로 부모로서의 생애주기에 맞춘 교육과 학습을 통해 준비하는 것이 필요하다(오미희 외, 2017). 다양한 가족구조가 증가하고 사회·경제적 여건의 제약으로 부모 역할 수행이 어려운 경우도 있으므로 이런 특성을 고려하여 양육 스트레스, 양육 효능감, 양육 태도, 자녀문제행동에 대한 대처방안 등과 같은 부모교육 프로그램을 개발하고 이 같은 부모교육의 참여를 증진할 수 있는 방법을 모색해야 한다(공계순 외, 2013).

이와 더불어 부모상담 등을 통하여 자녀를 양육하면서 겪는 어려움을 해결할 수 있는 역량을 갖추도록 기회를 제공하고, 부모가 자신의 양육방법에 대해 끊임없이 고민하고 다양한 해결방법을 시도해 볼 수 있도록 상담의 장이 마련되고, 부모가 이를 적극 활용할 수 있도록 독려하는 것이 필요하다.

또한 각 시·도 및 시·군·구별로 운영되는 건강가정지원센터, 육아종합지원센터 등에서 실시하는 부모교육 및 상담을 보다 적극적으로 부모들이 활용할 수 있도록 안내하고 체계적인 부모교육 및 상담 프로그램도 지속적으로 개발하여 부모가 양육역량을 강화하고 자녀를 보다 잘 키울 수 있도록 지원해야 한다. 부모가 자녀를 잘 키울 수 있도록 가정의 양육역량을 키우는 것은 아동권리에 기반한 아동복지를 실현하는 데 매우 중요하다.

(4) 아동의 발달환경 변화를 반영한 아동복지 실현

그간 우리나라에서는 급속한 산업화의 과정과 학습만을 강조하는 학업 중심적 환경으로 인하여 아동이 마음껏 뛰어놀 수 있는 자연환경과 놀이 장소가 점점 사라지게 되었으며 이로 인해 아동은 학교와 학원에서 지내는 시간이 점점 늘어나게 되었다. 아동이 놀 수 있는 지역 공간이 없어진다는 것은 단순히 물리적 공간의 축소만을 뜻하는 것이 아니라 협력적인 사회공동체를 경험할 기회가 줄어드는 것과 마찬가지이다(정미현 외, 2016). 아동의 놀이문화를 위한 시간적·공간적 여유가 없고, 놀이의 기능이나 중요성에 대한 인식이 부족한 가운데 아동은 이러한 놀이 환경의 대체를 스마트폰이나 온라인 게임 등으로 충족하고 있다. 그러한 인터넷이나 온라인 게임은 아동에게 충분히 걸러지지 못한 유해한 정보를 전달하고 신체 운동의 부족으로 인한 과체중, 타인과의 관계 맺기 부족으로 인한 사회적 대인관계 기술 저하, 현실과 가상의 세계를 혼동하는 등 여러 가지 사회적 폐단을 가져오고 있다(오미희 외, 2017). 아동복지의 중요한 과제로서 아동을 대상으로 한 건전한 놀이문화 형성 및 놀이 환경 개선은 아동에게 신체적·심리적으로 건강한 성장발달을 지원하고 인터넷에서 제공하는 각종 유해환경에 노출되는 것을 예방할 수 있다. 아동이나 청소년 놀이의 중요성을 인식한 여러 민간단체 및 사회복지단체 등이 사업 및 홍보를 꾸준히 진행해 오고 있는데, 이는 민간 차원만이 아닌 국가적 차원에서도 아동의 놀이문화 환경개선을 위해 공간과 시설을 확충하고 관련한 놀이문화가 펼쳐질 수 있도록 하며 아동의 놀 권리를 포괄하여 정책을 세우는 것도 필요하다(서보준 외, 2017).

앞서 살펴본 바와 같이 아동의 권리를 강화할 수 있는 아동복지가 보다 효율적으로 실현되기 위해서는 다음의 세 가지 방향을 기반으로 계획하고 실행되어야 할 것으로 본다.

첫째, 지역사회 중심으로 하는 아동복지가 되어야 한다. 아동복지가 지방자치단체와 지역사회 주민 전체의 관심과 노력에 의해 운영된다면 지역사회 내의 아동 관련 욕구와 문제를 자체 내에서 보다 실효성 있게 해결할 수 있을 것이다.

둘째, 공공과 민간의 조화로운 발전을 통한 아동복지의 실천은 정책 중심에 기반하기보다는 실제 아동권리의 함의를 담아 아동에게 보다 현실적으로 다가갈 수 있는 방향으로 실천될 수 있을 것이다. 더불어 국가 차원의 법과 정책의 바람직한 수립과 이를 전달하는 체계적인 전달체계가 이루어져야 성공적인 아동권리에 기반한 아동복지가 실현될 수 있다.

셋째, 아동복지는 보다 아동권리를 보장하는 방향으로 이루어져야 한다. 지금까지의 단순한 보호 차원의 아동복지는 아동의 권리를 철학적, 실제로 보장하는 다양한 정책과 서비스의 개발을 목적으로 하는 아동복지로 변모해야 한다. 아동복지에 있어 아동권리는 아동을 보는 관점, 아동에게 주어지는 서비스의 내용, 서비스를 전달하는 과정, 전문가의 역할 등에 있어서 많은 변화를 요구한다. 따라서 미래의 아동복지는 권리를 지닌 존재로서의 아동을 다루는 보다 발전된 의미의 아동복지가 구현되어야 한다.

다짐해 보기

어린이의 잊혀진 권리, 놀 권리

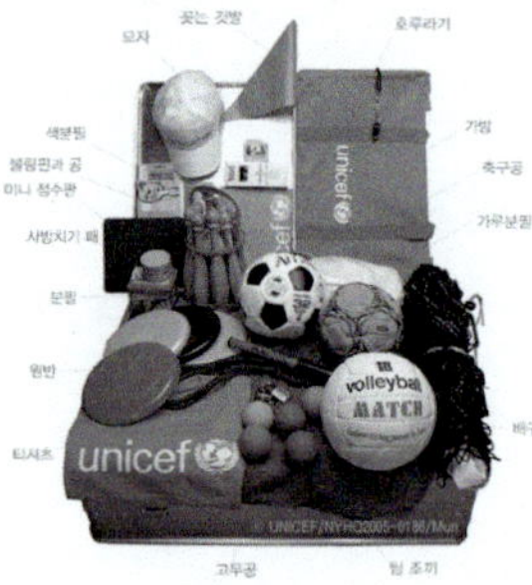

세상에서 제일 작은 상자 놀이터
(Recreation Kit/Sport-in-a Box)
그저 평범한 알루미늄 상자 같지만 열면 짜잔~즐거움이 한가득!
줄, 공, 네트, 팀 조끼, 점수판, 호루라기, 깃발, 볼링 도구 등 어린이 90명이 신나게 놀 수 있는 운동용품과 장난감이 들어 있습니다. 상자를 여는 순간, 언제 어디서나 작은 놀이터가 펼쳐지지요. 유니세프는 2012년 한 해 동안 상자 놀이터 15,000개를 지원했습니다.

신나게 더 신나게!
놀아야 몸도 맘도 쑥쑥! 튼튼하게 자랍니다.
잘 먹고 배우며 맘껏 쉬고 놀아야 건강해지지요.
놀이는 소중한 배움의 기회가 되기도 합니다.
놀면서 서로를 이해하고 존중하며 마음을 표현하는 법을 배우지요.
무엇보다 놀이는 그 자체로 즐겁고 신납니다.
맘껏 노는 어린이의 얼굴에 웃음꽃이 활짝!
놀 때 어린이는 어린이답게 살 수 있습니다.

놀아도 그만, 안 놀아도 그만?
정말 그럴까?
놀거나 쉬지 않고 일만 하면 몸도 마음도 축 늘어지고 지칩니다.
피곤하면 뭘 해도 힘겹게만 느껴지고 짜증이 나기도 하지요.
푹 쉬고 잘 놀아야 다시 일하고 공부할 힘이 납니다.
쉬거나 노는 시간은 그냥 흘려보내는 무의미한 시간이 아닙니다.
일이나 공부, 휴식과 놀이를 고루 즐기는 것은 모든 사람이 마땅히 누려야 할 권리
놀이와 휴식은 특별한 때만 누릴 수 있는 혜택이 아닙니다.
놀면서 몸도 자라고 지혜도 자라는 어린이는 마음껏 뛰놀아야 하지요.

- 관련 미디어 : 어린이의 약속(출처: 유니세프한국위원회 http://www.unicef.or.kr)
  유니세프 한국위원회 〉 아동권리옹호 〉 아동권리 캠페인
- 생각 point
  - 아동의 기본적인 욕구 충족을 위한 배려는 무엇인지 생각해 보세요
  - 아동권리를 기반으로 한 아동복지실현을 위해 지금 여기서 내가 바로 실천할 수 있는 일은 무엇이 있는지 이야기 나누어 보세요.

MEMO

CHILDREN'S RIGHT AND WELFARE

1. 유엔아동권리협약(1~41조)

2. 아동복지법 주요 내용

Appendix

부록

1. 유엔아동권리협약(1~41조)

유엔아동권리협약(CRC; Convention on the Rights of the Child)

1989년 11월 20일 유엔총회에서 채택된 협약으로 본 부록에서는 제1부(1~41조)는 실질적 규정으로 아동의 권리에 대한 내용에 대한 부분을 제시하였다. 제2부(42~45조)와 제3부(46~54조)는 과정 및 점검 내용, 서명과 가입 등에 대한 부칙이다. 본 부록에서는 실질적 규정인 1~41조를 소개하고자 한다.[1)]

제1조

이 협약의 목적상, 아동이라 함은 해당 아동법규에 의하여 미리 성년에 달하지 아니하는 한, 18세 미만의 모든 사람을 의미한다.

제2조

1. 당사국은 자국의 관할권 내에서 아동 또는 그의 부모나 법정 후견인의 인종, 피부색, 성별, 언어, 종교, 정치적 또는 기타의 의견, 민족적, 인종적 또는 사회적 출신, 재산, 장애, 출생 또는 기타의 신분에 관계없이 그리고 어떠한 종류의 차별이 없이 이 협약에 규정된 권리를 존중하고, 각 아동에게 보장하여야 한다.
2. 당사국은 아동이 그의 부모나 법정 후견인 또는 가족 구성원의 신분, 활동, 표명된 의견을 이유로 받게 되는 모든 형태의 차별이나 처벌로부터 보호되도록 보장하는 모든 적절한 조치를 취하여야 한다.

제3조

1. 공공 또는 민간 사회복지기관, 법원, 행정당국, 또는 입법기관 등에 의하여 실시되는 아동에 관한 모든 활동에 있어서 아동의 최상의 이익이 최우선적으로 고려되어야 한다.
2. 당사국은, 아동의 부모, 법정 후견인, 또는 여타 아동에 대하여 법적 책임이 있는 자의 권리와 의무를 고려하여, 아동복지에 필요한 보호와 배려를 아동에게 보장하고, 이를 위하여 모든 적절한 입법적, 행정적 조치를 취하여야 한다.
3. 당사국은 아동을 보살피고 보호하기 위한 책임을 지고 있는 기관과 시설에서 관계당국이 설정한 기준 - 특히 안전, 건강, 직원의 숫자, 직원의 적격성 및 충분한 감독 - 을 지켜나가도록 조치를 취해야 한다.

제4조

당사국은 이 협약에서 인정된 권리를 실현하기 위한 모든 적절한 입법적, 행정적 및 여타의 조치를 취하여야 한다. 경제적 · 사회적 · 문화적 권리에 관하여 당사국은, 가용

1) 출처: 유니세프 한국위원회(https://www.unicef.org). 2018년 2월 20일 발췌.

자원의 최대한도까지 그리고 필요한 경우에는 국제협력의 테두리 내에서, 이러한 조치를 취하여야 한다.

제5조

아동이 이 협약에서 인정된 권리를 행사함에 있어서, 당사국은 부모 또는, 적용 가능한 경우, 현지 관습에 의하여 인정되는 확대가족이나 공동체의 구성원, 법정 후견인 또는 기타 아동에 대한 법적 책임자들이 아동의 능력발달에 상응하는 방법으로 적절한 감독과 지도를 행할 책임과 권리 및 의무를 가지고 있음을 존중하여야 한다.

제6조

1. 당사국은 모든 아동이 고유의 생명권을 가지고 있음을 인정한다.
2. 당사국은 가능한 최대한도로 아동의 생존과 발달을 보장하여야 한다.

제7조

1. 아동은 출생 후 즉시 등록되어야 하며, 출생 시부터 성명권과 국적 취득권을 가지며, 가능한 한 자신의 부모를 알고 부모에 의하여 양육받을 권리를 가진다.
2. 당사국은 이 분야의 국내법 및 관련 국제문서상의 의무에 따라 이러한 권리가 실행되도록 보장하여야 하며, 권리가 실행되지 아니하여 아동이 무국적으로 되는 경우에는 특히 그러하다.

제8조

1. 당사국은 법률에 의해 인정되는 아동의 국적, 성명 및 가족관계를 포함하여 아동의 정체성을 유지할 권리를 존중하되 이를 불법적으로 방해하지 않는다.
2. 아동이 그의 신분요소 중 일부 또는 전부를 불법적으로 박탈당한 경우, 당사국은 그의 신분을 신속하게 회복하기 위하여 적절한 지원과 보호를 제공하여야 한다.

제9조

1. 당사국은, 사법적 심사의 구속을 받는 관계 당국이 해당 법률 및 절차에 따라서 부모와의 이별이 아동의 최상의 이익을 위하여 필요하다고 결정하는 경우 이외에는, 아동이 그의 의사에 반하여 부모로부터 헤어지지 아니하도록 보장하여야 한다. 위의 결정은 부모에 의한 아동학대 또는 유기의 경우나 부모의 별거로 인하여 아동의 거처에 관한 결정이 내려져야 하는 등 특별한 경우에 필요할 수 있다.
2. 제1항에 따른 모든 절차와 관련하여 모든 이해당사자는 그 절차에 참가하여 자신의 견해를 표시할 기회가 부여되어야 한다.
3. 당사국은 아동의 최상의 이익에 반하는 경우 이외에는 한쪽 부모 혹은 양쪽 부모로부터 헤어진 아동이 정기적으로 부모와 개인적 관계를 유지하고 직접적인 면접교섭을 유지할 권리를 가짐을 존중하여야 한다.
4. 부모와의 이별이 국가에 의한 한쪽 부모 혹은 양부모의 감금, 투옥, 망명, 강제퇴거 또는 사망(국가가 억류하고 있는 동안 발생한 모든 원인에 기인한 사망을 포함하

여) 때문인 경우에는, 당사국은 그 정보의 제공이 아동의 복지에 해롭지 아니하는 한, 부모·아동 또는 적절한 경우 여타 가족구성원에게 부재중인 가족구성원의 소재에 관해 본질적인 정보를 제공하여야 한다. 또한 당사국은 그러한 정보의 제공이 관련자에게 불리한 결과를 초래하지 아니하도록 조치를 취해야 한다.

제10조

1. 제9조 제1항에 규정된 당사국의 의무에 따라서, 가족의 재결합을 위하여 아동 또는 그 부모가 당사국에 입국하거나 출국하기 위한 신청은 당사국에 의하여 긍정적이며 인도적인 방법으로 그리고 신속하게 취급되어야 한다. 또한 당사국은 이러한 신청에 대한 처리로 인해 신청자와 그의 가족구성원들에게 불리한 결과를 초래하지 아니하도록 조치를 취해야 한다.
2. 부모가 타국에 거주하는 아동은 예외적 상황 이외에는 정기적으로 부모와 개인적 관계 및 직접적인 면접교섭을 유지할 권리를 갖는다. 이러한 목적에 비추어 그리고 제9조 제1항에 규정된 당사국의 의무에 따라서 당사국은 아동과 그의 부모가 본국을 포함하여 어떠한 국가로부터 출국할 수 있고 또한 본국으로 입국할 수 있는 권리를 존중하여야 한다. 어떠한 국가로부터 출국할 수 있는 권리는 국가안보, 공공질서, 공중보건, 타인의 권리와 자유를 보호하기 위해 필요하기 때문에 법으로 출국을 금하고 있는 경우가 아닌 경우에만 제약을 받으며, 이 협약이 인정하고 있는 다른 권리와 일치한다.

제11조

1. 당사국은 아동의 불법 해외이송 및 미(未)귀환을 금지하기 위한 조치를 취하여야 한다.
2. 이 목적을 위해 당사국은 해당 국가와 양자 또는 다자 협정의 체결이나 기존협정에의 가입을 위해 노력해야 한다.

제12조

1. 당사국은 자신의 견해를 형성할 능력이 있는 아동에 대하여 본인에게 영향을 미치는 모든 문제에 있어서 자신의 견해를 자유스럽게 표시할 권리를 보장하며, 아동의 견해에 대하여는 아동의 연령과 성숙 정도에 따라 정당한 비중이 부여되어야 한다.
2. 이러한 목적을 위하여, 특히 아동에게 영향을 미치는 어떠한 사법적, 행정적 절차에 있어 아동이 직접 또는 대리인이나 적절한 기관을 통하여 진술할 기회가 국내법의 절차에 따라 주어져야 한다.

제13조

1. 아동은 표현의 자유를 갖는다. 이 권리는 구두, 필기 또는 인쇄, 예술의 형태 또는 아동이 선택하는 기타의 매체를 통하여 모든 종류의 정보와 사상을 국경에 관계없이 추구하고 접수하며 전달하는 자유를 포함한다.

2. 이 권리의 행사는 일정한 제한을 받을 수 있다. 다만 이 제한은 오직 법률에 의하여 규정되고 다음 경우에 해당된다.
   가. 타인의 권리 혹은 명예를 존중해야 하는 경우
   나. 국가안보, 공공질서, 공중보건 또는 윤리상 필요한 경우

제14조
1. 당사국은 아동의 사상, 양심 및 종교의 자유에 대한 권리를 존중하여야 한다.
2. 당사국은 아동의 능력발달에 맞게 권리를 행사할 수 있도록 지도할 수 있는 부모 혹은 법적 후견인의 권리와 의무를 존중해야 한다.
3. 종교와 신념을 표현하는 자유는 오직 법률에 의하여 규정되고 공공의 안정, 질서, 보건, 윤리 또는 타인의 기본권적 권리와 자유를 보호하기 위하여 필요한 경우에만 제한될 수 있다.

제15조
1. 당사국은 아동에게 결사의 자유와 평화적 집회의 자유에 대한 권리가 있음을 인정한다.
2. 이 권리의 행사에 대하여는 법률에 따라 부과되고 국가안보 또는 공공의 안전, 공공질서, 공중보건, 윤리, 보호 또는 타인의 권리와 자유의 보호를 위하여 민주사회에서 필요한 것 이외의 어떠한 제한도 과하여져서는 안 된다.

제16조
1. 어떠한 아동도 사생활, 가족, 가정 또는 서신 왕래에 대하여 독단적이거나 불법적인 간섭을 받지 아니하며 또한 명예나 신망에 대한 불법적인 공격을 받지 아니한다.
2. 아동은 이러한 간섭 또는 비난으로부터 법률의 보호를 받을 권리를 갖는다.

제17조
당사국은 대중매체가 수행하는 중요한 기능을 인정하며, 아동이 국내외의 다양한 소식통으로부터 정보와 자료, 특히 아동의 사회적·정신적·윤리적 복지와 신체적·정신적 건강의 향상을 목적으로 하는 정보와 자료를 접할 수 있도록 해야 한다. 이 목적을 위하여 당사국은,
가. 대중매체가 아동에게 사회적·문화적으로 유익하고 제29조의 정신에 부합되는 정보와 자료를 보급하도록 장려하여야 한다.
나. 다양한 문화와 국내외의 소식통에 의한 정보와 자료의 제작, 교환 및 보급을 위한 국제협력을 장려하여야 한다.
다. 아동도서의 보급과 제작을 장려하여야 한다.
라. 대중매체로 하여금 소수집단의 아동 혹은 원주민 아동이 언어상 겪는 곤란에 특별한 관심을 기울이도록 장려하여야 한다.

마. 제13조와 제18조의 규정을 유념하며 아동복지에 해로운 정보와 자료로부터 아동을 보호하기 위한 적절한 지침을 개발하도록 권장해야 한다.

제18조

1. 당사국은 양부모, 즉 아버지와 어머니가 아동의 양육과 발전에 공동책임을 진다는 원칙이 인정받을 수 있도록 최선의 노력을 기울여야 한다. 부모 또는 경우에 따라서 법정 후견인은 아동의 양육과 발전에 일차적 책임을 진다. 아동 최상의 이익이 그들의 기본적 관심이 된다.
2. 이 협약에 규정된 권리를 보장하고 촉진시키기 위하여, 당사국은 아동의 양육책임 이행에 있어서 부모와 법정 후견인에게 적절한 지원을 제공하여야 하며, 아동보호를 위한 기관, 시설 및 편의의 개발을 보장하여야 한다.
3. 당사국은 취업 부모의 아동들이 이용할 수 있는 아동보호를 위한 편의 및 시설사용에 대한 권리가 있음을 보장하기 위하여 모든 적절한 조치를 취하여야 한다.

제19조

1. 당사국은 아동이 부모, 법정 후견인 또는 기타 아동양육자의 양육을 받는 동안 모든 형태의 신체적·정신적 폭력, 상해, 학대, 유기, 방임적 대우, 성적 학대를 포함한 혹사나 착취로부터 아동을 보호하기 위하여 모든 적절한 입법적·행정적·사회적·교육적 조치를 취하여야 한다.
2. 이러한 보호조치는 아동과 아동 양육자에게 필요한 지원을 제공하기 위한 사회 계획의 수립은 물론, 상기된 바와 같은 아동학대 사례를 여러 방법으로 방지하거나 확인, 보고, 조회, 조사, 처리 및 추적하고 또한 적절한 경우에는 사법적 개입을 가능하게 하는 효과적 절차를 적절히 포함하여야 한다.

제20조

1. 일시적 또는 항구적으로 가족적 환경을 박탈당하거나, 가족적 환경에 있는 것이 자신의 최상의 이익을 위하여 허용될 수 없는 아동은 국가로부터 특별한 보호와 지원을 받을 권리가 있다.
2. 당사국은 국내법에 따라 이러한 아동을 위한 대체적 보호조치를 마련해야 한다.
3. 이러한 보호조치는 특히 양육위탁, 회교법의 카팔라, 입양, 또는 필요한 경우 적절한 아동 양육기관에 두는 것을 포함한다. 해결책을 모색하는 경우에는 아동 양육에 있어 계속성 보장이 바람직하다는 점과 아동의 인종적, 종교적, 문화적, 언어적 배경을 적절히 감안하여 조치한다.

제21조

입양제도를 인정하거나 허용하는 당사국은 아동의 최상의 이익이 최우선적으로 고려되도록 보장하여야 하며, 또한 당사국은,

가. 아동의 입양은, 해당 법률과 절차에 따라서 그리고 적절하고 신빙성 있는 모든 정보에 기초하여, 입양이 부모, 친척 및 법정 후견인에 대한 아동의 신분에 비추어

허용될 수 있음을, 그리고 관련자가 필요한 상담을 통해 입양과 관련한 내용을 알고 동의했음을 전제로, 자격이 있는 관계 당국에 의해서만 허가되도록 보장하여야 한다.

나. 국제입양은, 아동을 위탁 양육자나 입양가족이 맡을 수 없다거나 또는 어떠한 적절한 방법으로도 출신국에서 양육될 수 없는 경우, 아동 양육의 대체수단으로서 고려될 수 있음을 인정하여야 한다.

다. 국제입양 대상 아동에게 국내입양의 경우와 대등한 보호조치와 기준이 적용되도록 보장하여야 한다.

라. 국제입양에 있어서 아동의 위탁이 관계자들에게 부당한 재정적 이익을 주는 결과가 되지 아니하도록 모든 적절한 조치를 취하여야 한다.

마. 해당되는 경우. 양자 또는 다자 약정이나 협정을 체결함으로써 본 조의 목적을 촉진시키며, 이러한 테두리 내에서 아동의 타국 내 입양 위탁이 유자격 기관이나 기구에 의해 반드시 추진되도록 한다.

제22조

1. 당사국은 난민의 지위를 구하거나 또는, 적용 가능한 국제법 및 국내법과절차에 따라 난민으로 취급되는 아동이, 부모나 기타 다른 사람과의 동반 여부에 관계없이, 이 협약 및 당해 국가가 당사국인 다른 국제 인권 또는 인도주의 관련 문서에 규정된 적용 가능한 권리를 향유함에 있어서 적합한 보호와 인도적 지원을 받을 수 있도록 하기 위하여 적절한 조치를 취하여야 한다.
2. 이 목적을 위하여, 당사국은 유엔 및 유엔과 협력하는 여타의 권한 있는 정부 간 또는 비정부 간 기구들이 그러한 아동을 보호, 원조하고 가족재결합에 필요한 정보를 획득하기 위하여 난민 아동의 부모나 다른 가족구성원을 추적하는 데 기울이는 어떠한 노력에 대하여도 적절하다고 판단되는 협조를 제공하여야 한다. 부모나 다른 가족구성원을 발견할 수 없는 경우, 그 아동은 어떠한 이유로 인하여 영구적 또는 일시적으로 가족환경을 박탈당한 다른 아동과 마찬가지로 이 협약에 규정된 바와 같은 보호를 받아야 한다.

제23조

1. 당사국은 정신 · 신체 장애아동에게 존엄성을 보장하고 자립을 촉진하며 적극적 사회 참여를 조장하는 등 그들이 마음껏 품위 있는 생활을 누려야 한다는 점을 인정한다.
2. 당사국은 장애아동에게 특별한 보호를 받을 권리가 있음을 인정하며, 아동의 여건과 부모나 다른 아동양육자의 여건에 적합한 지원을 활용 가능한 재원의 범위 내에서, 이를 받을만한 아동과 그의 양육책임자에게 제공하도록 조치를 취해야 한다.
3. 장애아동의 특별한 곤란을 인식하며, 본 조 제2항에 따라 제공되는 지원은 부모나 다른 아동양육자의 재정형편을 고려하여 가능한 한 무상으로 제공되어야 하며, 가능한 한 장애아동의 전면적인 사회 참여와 문화적 · 정신적 발전을 포함한 개인적 발전을 위해 그 아동이 교육, 훈련, 건강관리지원, 재활지원, 취업 준비 및 오락기

회를 효과적으로 이용하고 제공 받을 수 있도록 계획되어야 한다.

4. 당사국은 국제협력의 정신에 입각하여, 장애아동에 대한 예방의학, 의학적·심리적·기능적 치료 분야에 대해 적합한 정보를 외국과 교환해야 한다. 이러한 정보교류는 이 분야의 치료분야에 대한 해당국의 대처능력과 기술 및 경험을 높이기 위한 것으로 장애아동의 재활, 교육 및 직업보도에 관한 정보의 교류가 포함된다. 이 문제에 있어서 개발도상국의 필요에 대하여 특별한 배려가 있어야 한다.

제24조

1. 당사국은 도달 가능한 최상의 건강 수준을 향유하고, 질병의 치료와 건강의 회복을 위한 시설을 사용할 수 있는 아동의 권리를 인정한다. 당사국은 건강서비스의 이용에 관한 아동의 권리가 박탈되지 아니하도록 노력하여야 한다.
2. 당사국은 이 권리의 완전한 이행을 추구하여야 하며, 특히 다음과 같은 적절한 조치를 취하여야 한다.
   가. 유아와 아동의 사망률을 감소시키기 위한 조치
   나. 기초건강관리의 발전에 중점을 두면서 모든 아동에게 필요한 의료지원과 건강관리의 제공을 보장하는 조치
   다. 환경오염으로 인한 위험을 고려하여 기초건강관리 체계 내에서 무엇보다도 용이하게 이용 가능한 기술의 적용과 충분한 영양식 및 깨끗한 음료수의 제공 등을 통하여 질병과 영양실조를 퇴치하기 위한 조치
   라. 산모를 위하여 출산 전후의 적절한 건강관리를 보장하는 조치
   마. 모든 사회구성원, 특히 부모와 아동에게 아동의 건강과 영양, 모유 수유의 유익성, 위생 및 환경 위생시설 그리고 사고 예방에 관한 기초지식의 활용에 있어서 정보를 제공받고 교육 지원을 받도록 하는 조치
   바. 예방적 건강관리, 부모를 위한 지도 및 가족계획에 관한 교육과 편의를 발전시키는 조치
3. 당사국은 아동의 건강을 해치는 전통적 관습을 폐지하기 위하여 모든 효과적이고 적절한 조치를 취하여야 한다.
4. 당사국은 본 조에서 인정된 권리의 완전한 실현을 점진적으로 달성하기 위하여 국제협력을 촉진하고 장려하여야 한다. 이 문제에 있어서 개발도상국의 필요에 대해 특별히 배려해야 한다.

제25조

당사국은 신체적, 정신적 건강의 관리, 보호 또는 치료의 목적으로 관계 당국에 의하여 양육지정 조치된 아동이, 제공되는 치료 및 양육지정과 관련된 여타 모든 실정에 대해 정기적으로 평가받을 수 있는 권리를 갖고 있음을 인정한다.

제26조

1. 당사국은 모든 아동이 사회보험을 포함한 사회보장제도의 혜택을 받을 권리를 갖고 있음을 인정하며, 국내법에 따라 이 권리의 완전한 실현을 달성하기 위하여 필요한 조치를 취하여야 한다.
2. 이러한 혜택은 아동 및 아동에 대한 부양책임자의 재정 능력과 상황은 물론 아동에 의하여 직접 행하여지거나 또는 아동을 대신하여 행하여지는 혜택의 신청과 관련된 여타의 사정을 참작하여 적절한 경우에 부여되어야 한다.

제27조

1. 당사국은 모든 아동이 신체적, 지적, 정신적, 윤리적, 사회적 발달에 적합한 생활수준을 누릴 권리를 갖고 있음을 인정한다.
2. 부모 또는 기타 아동에 대하여 책임을 지고 있는 사람은 능력과 재정 상황의 범위 내에서 아동 발달에 필요한 생활여건을 제공할 일차적 책임을 진다.
3. 당사국은 국가적인 여건과 재원의 범위 내에서 부모 또는 기타 아동에 대하여 책임을 지고 있는 사람이 이 권리를 실현하도록 지원하기 위한 적절한 조치를 취하여야 하며, 필요한 경우에는 특히, 영양, 의복 및 주거에 대하여 물질적 보조 및 지원계획을 제공하여야 한다.
4. 당사국은 국내외에 거주하는 부모 또는 기타 아동에 대하여 재정적으로 책임을 지고 있는 사람으로부터 아동양육비를 회수하기 위한 모든 적절한 조치를 취하여야 한다. 특히 아동에 대하여 재정적으로 책임을 지는 사람이 아동이 거주하는 국가와 다른 국가에 거주하는 경우, 당사국은 국제협약의 가입이나 그러한 협약의 체결은 물론 다른 적절한 조치의 강구를 촉진하여야 한다.

제28조

1. 당사국은 아동의 교육에 대한 권리를 인정하며, 점진적으로 그리고 기회균등의 기초 위에서 이 권리를 달성하기 위하여 특히 다음의 조치를 취하여야 한다.
   가. 초등교육은 의무적이며, 모든 사람에게 무료로 제공되어야 한다.
   나. 일반교육 및 직업교육을 포함한 여러 형태의 중등교육의 발전을 장려하고, 이에 대한 모든 아동의 이용 및 접근이 가능하도록 하며, 무료교육의 도입 및 필요한 경우 재정적 지원을 제공하는 등의 적절한 조치를 취하여야 한다.
   다. 모든 사람에게 고등교육의 기회가 능력에 입각하여 개방될 수 있도록 모든 적절한 조치를 취하여야 한다.
   라. 교육 및 직업에 관한 정보와 지도를 모든 아동이 이용하고 접근할 수 있도록 조치하여야 한다.
   마. 학교의 정기 출석을 권장하고 중퇴율을 감소하기 위한 조치를 취하여야 한다.
2. 당사국은 학교 규율이 아동의 인간적 존엄성과 합치하고 이 협약에 부합하도록 운영되는 것을 보장하기 위한 모든 적절한 조치를 취하여야 한다.

3. 당사국은, 특히 전 세계의 무지와 문맹 퇴치에 기여하고, 과학적, 기술적 지식과 현대적 교육방법에의 접근을 용이하게 하기 위하여, 교육에 관련되는 사항에 있어서 국제협력을 촉진하고 장려하여야 한다. 이 문제에 있어서 개발도상국의 필요에 대하여 특별히 배려해야 한다.

제29조

1. 당사국은 아동교육이 다음의 목표를 지향하여야 한다는 데 동의한다.
   가. 아동의 인격, 재능 및 정신적, 신체적 능력을 최대한 계발한다.
   나. 인권과 기본 자유 및 유엔헌장에 내포된 원칙을 존중한다.
   다. 자신의 부모, 문화적 주체성, 언어 및 가치 그리고 현 거주국과 출신국의 국가적 가치 및 이질문화를 존중한다.
   라. 아동이 인종적, 민족적, 종교적 집단 및 원주민 등 모든 사람과의 관계에 있어서 이해, 평화, 관용, 남녀평등 및 우정의 정신에 입각하여, 자유사회에서 책임 있는 삶을 영위하도록 준비시킨다.
   마. 자연환경을 존중한다.
2. 본 조 또는 제28조의 어떠한 부분도 개인이나 단체가 교육기관을 설립하여 운영할 수 있는 자유를 침해하는 것으로 해석되어서는 안 된다. 이는 본 조 제1항에 규정된 원칙들을 준수하고 당해 교육기관에서 실시되는 교육이 국가에 의하여 설정된 최소한의 기준에 부합하여야 한다는 조건을 따른다.

제30조

인종적, 종교적 또는 언어적 소수집단 혹은 원주민이 존재하는 국가에서 이러한 소수민족의 아동 혹은 원주민 아동은 자기 집단의 다른 구성원들과 함께 고유문화를 향유하고 고유의 종교를 신앙하고 실천하며 고유의 언어를 사용할 권리를 거부당하지 아니한다.

제31조

1. 당사국은 휴식과 여가를 즐기고, 자신의 연령에 적합한 놀이와 오락 활동에 참여하며 문화생활과 예술에 자유롭게 참여할 수 있는 권리를 인정한다.
2. 당사국은 문화적, 예술적 생활에 완전하게 참여할 수 있는 아동의 권리를 존중하고 촉진하며, 문화, 예술, 오락 및 여가활동을 위한 적절하고 균등한 기회를 제공하도록 권장해야 한다.

제32조

1. 당사국은 아동에 대한 경제적 착취, 그리고 아동의 교육에 위험하거나 방해되는 일, 아동의 건강이나 신체적, 지적, 정신적, 도덕적 또는 사회적 발전에 유해한 노동의 수행으로부터 보호받을 수 있는 아동의 권리를 인정한다.
2. 당사국은 본 조의 이행을 보장하기 위한 입법적, 행정적, 사회적, 교육적 조치를 강

구하여야 한다. 이 목적을 위하여 그리고 여타 국제문서의 관련 규정을 고려하여 당사국은 특히 다음의 조치를 취하여야 한다.

가. 최저 고용 연령의 규정

나. 고용 시간과 조건에 관한 적절한 규정의 수립

다. 본 조의 효과적인 실시를 위한 적절한 처벌 또는 기타 제재수단의 규정

제33조

당사국은 관련 국제조약에서 규정하고 있는 마약과 향정신성 물질의 불법적 사용으로부터 아동을 보호하고 이러한 물질의 불법적 생산과 거래에 아동이 이용되는 것을 방지하기 위하여 입법적, 행정적, 사회적, 교육적 조치를 포함한 모든 적절한 조치를 취하여야 한다.

제34조

당사국은 모든 형태의 성적 착취와 성적 학대로부터 아동을 보호할 의무를 진다. 이 목적을 달성하기 위하여, 당사국은 특히 다음의 사항을 방지하기 위한 모든 적절한 조치를 국내적으로, 양국 간, 다국간으로 취해야 한다.

가. 아동을 불법적·성적 활동에 종사하도록 유인하거나 강제하는 행위

나. 아동을 매음이나 기타 불법적·성적 활동에 착취적으로 이용하는 행위

다. 아동을 외설적인 공연 및 자료에 착취적으로 이용하는 행위

제35조

당사국은 모든 목적과 형태의 아동의 약취 유인이나 인신매매 또는 거래를 방지하기 위한 모든 적절한 국내적, 양국 간, 다국간 조치를 취하여야 한다.

제36조

당사국은 아동복지의 모든 측면에 해가 되는 기타 모든 형태의 착취로부터 아동을 보호하여야 한다.

제37조

당사국은 다음의 사항을 보장하여야 한다.

가. 어떠한 아동도 고문 또는 기타 잔혹하거나 비인간적이거나 굴욕적인 대우나 처벌을 받지 아니한다. 18세 미만의 아동이 범한 범죄에 대하여 사형 또는 석방의 가능성이 없는 종신형을 부과해서는 안 된다.

나. 어떠한 아동도 불법적 또는 전횡적으로 자유를 박탈당하지 아니한다. 아동의 체포, 억류 또는 구금은 법률에 따라 행해야 하며, 오직 최후의 수단으로서 또한 적절한 최단기간 동안만 사용되어야 한다.

다. 자유를 박탈당한 모든 아동은 인도주의와 인간 고유의 존엄성에 대한 존중에 입각하여 그리고 그들의 연령상의 필요를 고려하여 처우되어야 한다. 특히 자유를 박탈당한 모든 아동은, 성인으로부터 격리되지 아니하는 것이 아동의 최상의 이익에

합치한다고 생각되는 경우를 제외하고는 서신과 방문을 통하여 자기 가족과의 접촉을 유지할 권리를 갖는다.

라. 자유를 박탈당한 모든 아동은 법률적, 기타 적절한 구조를 신속하게 받을 수 있는 권리를 가지며, 법원 혹은 독립적이고 공정한 소관 당국에게 자신이 당하고 있는 자유 박탈의 적법성에 대해 이의를 제기하고 이러한 소송에 대하여 신속한 결정을 받을 권리를 갖는다.

제38조

1. 당사국은 무력분쟁에 있어서, 당사국에 적용 가능한 아동 관련 국제인도법을 존중하고 이 법이 준수되도록 조치를 취한다.
2. 당사국은 15세에 달하지 아니한 자가 적대행위에 직접 참여하지 아니할 것을 보장하기 위하여 실행 가능한 모든 조치를 취하여야 한다.
3. 당사국은 15세에 달하지 아니한 자의 징병을 삼가야 한다. 15세 이상 18세 이하의 아동 중에서 징병하는 경우, 당사국은 연장자순으로 징집해야 한다.
4. 무력분쟁에 있어서 민간인 보호를 위한 국제인도법상의 의무에 따라서 당사국은 무력분쟁의 영향을 받는 아동을 보호하고 배려하기 위해 실행 가능한 모든 조치를 취하여야 한다.

제39조

당사국은 어떠한 형태의 유기, 착취, 학대, 또는 고문이나 기타 어떠한 형태의 잔혹하거나 비인간적이거나 굴욕적인 대우나 처벌, 또는 무력분쟁으로 인하여 희생이 된 아동의 신체적, 심리적 회복 및 사회 복귀를 촉진하기 위한 모든 적절한 조치를 취하여야 한다.

제40조

1. 당사국은 형사피의자나 형사피고인 또는 유죄혐의 혹은 유죄로 인정받은 모든 아동에 대한 처리 방법을 다음과 같이 취한다. 아동의 연령 그리고 아동의 사회복귀 및 사회에서 건설적 역할을 담당하도록 촉진하는 것이 바람직스럽다는 점을 고려하고, 아동이 인권과 타인의 기본적 자유에 대해 존중하도록 하며, 인간의 존엄성과 가치에 대한 아동의 자각을 촉진시키는 범위 내에서 아동을 처리한다.
2. 이 목적을 위하여 그리고 국제문서의 관련 규정을 고려하며, 당사국은 특히 다음 사항을 보장하여야 한다.

   가. 모든 아동은 국내법 또는 국제법에 의하여 금지되지 아니한 행위를 했거나 안 했다는 이유로 형사피의자가 되거나 형사기소 되거나 유죄로 인정받지 아니한다.

   나. 형사피의자 또는 형사 피고인이 된 모든 아동은 최소한 다음 사항을 보장받는다.

      1) 법에 따라 유죄가 입증될 때까지는 무죄로 추정된다.

2) 피의사실을 신속하게 그리고 직접 또는, 적절한 경우, 부모나 법정 후견인을 통하여 통지받으며, 변론의 준비 및 제출 시 법률적 또는 기타 적절한 지원을 받는다.
3) 독립적이고 공평한 소관 기관 또는 사법기관에 의하여 법률에 따른 공정한 심리를 받아 지체 없이 사건이 판결되어야 하며, 판결 시에는 법률상의 지원을 제고하고 특히 그의 연령이나 주변 환경, 부모 또는 법정후견인 등을 고려하여야 한다.
4) 증언이나 유죄의 자백을 강요당하지 아니하며, 대등한 조건 하에 반대편 증인을 조사하고 자신을 위한 증인을 출석시켜 조사받도록 한다.
5) 형법위반으로 간주되는 경우, 그 결정 및 그에 따라 부과되는 모든 조치를 법률에 따라 독립적이고 공정한 소관 사법기관에 의하여 심의하도록 한다.
6) 아동이 사용되는 언어를 이해하지 못하거나 말하지 못하는 경우, 무료로 통역원의 지원을 받는다.
7) 사법절차의 모든 단계에서 아동의 사생활이 충분히 존중받도록 한다.

3. 당사국은 형사피의자, 형사피고인 또는 유죄로 인정받은 아동에게 특별히 적용될 수 있는 법률, 절차, 기관 및 기구의 설립을 촉진하도록 노력하며, 특히 다음 사항에 노력하여야 한다.
가. 형법위반능력이 없다고 추정되는 최저 연령의 설정
나. 적절하고 바람직스러운 경우, 인권과 법적 보호가 완전히 존중되는 조건 하에서 이러한 아동을 사법절차에 의하지 아니하고 처리하기 위한 조치
4. 아동을 그들의 복지에 적절하고 그들의 여건 및 범행에 비례하여 처리하기 위하여, 보호, 지도, 감독명령, 상담, 보호관찰, 보호양육, 교육과 직업훈련 및 감호소 보호에 대한 여타 대체방안 등 여러 가지 처리 방법을 활용한다.

제41조

이 협약의 규정은 다음 법에 포함된 아동의 권리 실현에 보다 공헌할 수 있는 어떠한 규정에도 영향을 미치지 아니한다.
가. 당사국의 법
나. 당사국에 대하여 효력을 갖는 국제법

2. 아동복지법 주요 내용

제2조(기본 이념) ① 아동은 자신 또는 부모의 성별, 연령, 종교, 사회적 신분, 재산, 장애유무, 출생지역, 인종 등에 따른 어떠한 종류의 차별도 받지 아니하고 자라나야 한다.
② 아동은 완전하고 조화로운 인격발달을 위하여 안정된 가정환경에서 행복하게 자라나야 한다.
③ 아동에 관한 모든 활동에 있어서 아동의 이익이 최우선적으로 고려되어야 한다.
④ 아동은 아동의 권리보장과 복지증진을 위하여 이 법에 따른 보호와 지원을 받을 권리를 가진다.

제4조 (국가와 지방자치단체의 책무4조) ① 국가와 지방자치단체는 아동의 안전·건강 및 복지 증진을 위하여 아동과 그 보호자 및 가정을 지원하기 위한 정책을 수립·시행하여야 한다.
② 국가와 지방자치단체는 보호 대상아동 및 지원 대상아동의 권익을 증진하기 위한 정책을 수립·시행하여야 한다.
③ 국가와 지방자치단체는 아동이 태어난 가정에서 성장할 수 있도록 지원하고, 아동이 태어난 가정에서 성장할 수 없을 때는 가정과 유사한 환경에서 성장할 수 있도록 조치하며, 아동을 가정에서 분리하여 보호할 경우에는 신속히 가정으로 복귀할 수 있도록 지원하여야 한다.
④ 국가와 지방자치단체는 장애아동의 권익을 보호하기 위하여 필요한 시책을 강구하여야 한다.
⑤ 국가와 지방자치단체는 아동이 자신 또는 부모의 성별, 연령, 종교, 사회적 신분, 재산, 장애유무, 출생지역 또는 인종 등에 따른 어떠한 종류의 차별도 받지 아니하도록 필요한 시책을 강구하여야 한다.
⑥ 국가와 지방자치단체는 「아동의 권리에 관한 협약」에서 규정한 아동의 권리 및 복지 증진 등을 위하여 필요한 시책을 수립·시행하고, 이에 필요한 교육과 홍보를 하여야 한다.
⑦ 국가와 지방자치단체는 아동의 보호자가 아동을 행복하고 안전하게 양육하기 위하여 필요한 교육을 지원하여야 한다.

제5조 (보호자 등의 책무) ① 아동의 보호자는 아동을 가정에서 그의 성장 시기에 맞추어 건강하고 안전하게 양육하여야 한다.
② 아동의 보호자는 아동에게 신체적 고통이나 폭언 등의 정신적 고통을 가하여서는 아니 된다.
③ 모든 국민은 아동의 권익과 안전을 존중하여야 하며, 아동을 건강하게 양육하여야 한다.

제15조 (보호조치) ① 시·도지사 또는 시장·군수·구청장은 그 관할 구역에서 보호 대상아동을 발견하거나 보호자의 의뢰를 받은 때에는 아동의 최상의 이익을 위하여 대통령령으로 정하는 바에 따라 다음 각호에 해당하는 보호조치를 하여야 한다. 〈개정 2014.1.28.〉

1. 전담공무원 또는 아동위원에게 보호 대상아동 또는 그 보호자에 대한 상담·지도를 수행하게 하는 것
2. 보호자 또는 대리양육을 원하는 연고자에 대하여 그 가정에서 아동을 보호·양육할 수 있도록 필요한 조치를 하는 것
3. 아동의 보호를 희망하는 사람에게 가정위탁하는 것
4. 보호 대상아동을 그 보호조치에 적합한 아동복지시설에 입소시키는 것
5. 약물 및 알코올 중독, 정서·행동·발달 장애, 성폭력·아동학대 피해 등으로 특수한 치료나 요양 등의 보호를 필요로 하는 아동을 전문치료기관 또는 요양소에 입원 또는 입소시키는 것
6. 「입양특례법」에 따른 입양과 관련하여 필요한 조치를 하는 것

제17조 (금지행위) 누구든지 다음 각호의 어느 하나에 해당하는 행위를 하여서는 아니 된다.

1. 아동을 매매하는 행위
2. 아동에게 음란한 행위를 시키거나 이를 매개하는 행위 또는 아동에게 성적 수치심을 주는 성희롱 등의 성적 학대행위
3. 아동의 신체에 손상을 주거나 신체의 건강 및 발달을 해치는 신체적 학대행위
4. 아동의 정신건강 및 발달에 해를 끼치는 정서적 학대행위
5. 자신의 보호·감독을 받는 아동을 유기하거나 의식주를 포함한 기본적 보호·양육·치료 및 교육을 소홀히 하는 방임행위
6. 장애를 가진 아동을 공중에 관람시키는 행위
7. 아동에게 구걸을 시키거나 아동을 이용하여 구걸하는 행위
8. 공중의 오락 또는 흥행을 목적으로 아동의 건강 또는 안전에 유해한 곡예를 시키는 행위 또는 이를 위하여 아동을 제3자에게 인도하는 행위
9. 정당한 권한을 가진 알선기관 외의 자가 아동의 양육을 알선하고 금품을 취득하거나 금품을 요구 또는 약속하는 행위
10. 아동을 위하여 증여 또는 급여된 금품을 그 목적 외의 용도로 사용하는 행위

참고문헌

강은영, 김화균(2015). 아동학대의 실태와 학대피해아동 보호법제에 관한 연구. 한국형사정책연구원.

경제 · 인문사회연구회(2011). 2011년도 연구성과 분석 자료집. 경제 · 인문사회연구회.

공계순, 박현선, 오승환, 이상균, 이현주(2013). 아동복지론. 학지사.

곽금주, 유제민, 김정미(2007), 「빈곤 아동에 대한 보호요인과 탐색요인 탐색」- 만 3세 유아를 대상으로, 한국심리학회지, 제20권(1), 1-9.

교육부(2016). 2016 특수교육통계.

교육부(2017a). 2017 특수교육통계.

교육부(2017b). 2017년 다문화교육 지원 계획 발표 보도자료.

국가법령정보센터(2017). 법령(http://www.law.go.kr).

국가통계포털(2018). 고령인구비율, 합계출산율(http://kosis.kr/index/index.do).

국립국어원 표준국어대사전(2017). 아동(http://stdweb2.korean.go.kr/main.jsp).

국민일보(2017). 입양 발목 잡는 「입양특례법」 친부모 출생신고 의무화(http://news.kmib.co.kr/article/view.asp?arcid=0923748474&code=11131100&cp=nv).

국제아동인권센터(2015). 어린이 · 청소년 인권교육자료집.

권세은, 이순형(2002). 시설보호아동과 일반 아동의 사회적 기술, 정서조망능력의 비교. 한국아동학회지, 23(2), 107-120.

김경준(2015). 한국아동 · 청소년 인권실태연구 Ⅳ. 제1차 2014년도 고유과제 연구성과 발표회, 청소년의 건강한 삶과 성장지원(pp. 87-116).

김경희, 반정호(2005). 대체가정 서비스 유형에 따른 아동의 발달에 관한 탐색적 연구: 시설 보호 아동과 위탁가정보호아동의 입양 전 신체적 발달을 중심으로. 한국아동복지학, 19(1), 107-139.

김기환(1997). 아동의 빈곤화 현상과 아동복지의 방향. 연세사회복지연구, 4, 3-29.

김명희(2006). 아동복지론. 교문사.

김미숙, 조애저, 배화옥, 김효진, 홍미(2007). 한국의 아동빈곤실태와 빈곤아동지원방안. 한국보건사회연구원.

김미영 윤혜미(2015). 저소득 조손가족 조모와 손자녀의 가족관계경험에 대한 질적 연구. 한국아동복지학, 50, 145-177.

김성경, 김혜영, 최현미(2013). 아동복지론. 양서원.

김윤재, 강영숙, 김진환, 박주은(2015). 아동복지론. 동문사.

김이영, 김운삼, 김소윤, 이은희, 최윤희, 현영렬(2017). 아동권리와 복지. 양성원.

김재민(2016). 한국의 해외입양 정책 연구. 성공회대학교 대학원 박사학위논문.

김지영, 서영숙(2002). 가정위탁모의 가정위탁보호에 관한 인식 및 만족도 연구. 숙명여자대학교 아동복지연구소.

김현자, 이명숙, 노성향, 박선영, 이지영(2017). 아동권리와 복지. 어가.

김혜선(2004). 조손가족 조부모의 양육태도와 양육스트레스가 손자녀 적응에 미치는 영향 연구. **한국아동복지학**, 18, 85-117.

김호년, 김성재, 김현정, 박윤, 우수경, 이시진, 장정애, 이인원(2016). **아동복지론**. 양성원.

김효진(2013). 빈곤이 아동에게 주는 영향 분석. 한국보건사회연구원.

남북하나재단(2017). 2016 북한이탈주민 정착실태조사.

노충래, 실례령, 박은미, 강현아(2007). 가정위탁보호 활성화 방안 연구. 보건복지부.

다문화가족정책과(2018). 연도별 다문화 가족 통계.

도미향, 남연희, 이무영, 변미희(2014). **아동복지론**. 공동체.

대한의사협회(2006). 아동학대예방 및 치료지침서.

문선화, 구차순, 박미정, 김현옥(2005). **한국사회와 아동복지**. 양서원.

박미현(1993). 국내 입양 파양에 관한 사례연구. 이화여자대학교 대학원 석사학위논문.

박보희(2002). "한국 아동정책의 회고와 전망". 2002년 한국아동복지학회 춘계학술대회 자료집.

박영균(2009). 장애아동 청소년의 삶의 질 향상을 위한 지원방안 연구 1. 한국청소년정책연구원.

박인선(1997). 해외입양인의 자아정체감의 입양실천현장의 과제. **한국아동복지학**, 5, 147-168.

박화옥(2013). 대리양육 조부모의 우울감과 양육의지에 영향을 미치는 요인 연구. **사회과학연구**, 39(1), 1-28.

배진희, 정정숙(2009). 농촌 조손가정 청소년을 위한 멘토링 프로그램 개발에 관한 연구. **한국청소년연구**, 20(1), 5-28.

보건복지부 홈페이지(2017). 아동권리협약포스터.

보건복지부(2014). 2014년 장애인실태조사.

보건복지부(2016a). 2016년 보육통계.

보건복지부(2016b). 아동권리헌장 리플렛.

보건복지부(2016c). 아동권리헌장.

보건복지부(2016d). 입양특별대책팀.

보건복지부(2017a). 2016년 아동복지시설 현황.

보건복지부(2017b). 2016년 연도별 요보호아동현황보고.

보건복지부(2017c). 2017년 보육통계.

보건복지부(2017d). 2017년 장애인실태조사.

보건복지부(2017e). 2017년도 아동분야 사업안내.

보건복지부(2017f). 아동정책(http://www.mohw.go.kr)

보건복지부(2017g). 장애인복지법.

보건복지부(2018). 2018 보육정책.

보건복지부, 아동보호전문기관(2011). 2011 아동학대예방사업 우수사례집.

보건복지부, 중앙아동보호전문기관(2017). 2016 전국아동학대현황보고서.

보건복지부, 중앙육아종합지원센터(2016). 2016 아동학대예방특별교육.

보건복지부, 중앙육아종합지원센터(2017). 2017 어린이집 보육교직원 안전교육.

보건복지부, 한국사회복지협의회 사회복지연구평가원 시설평가실(2015). 2016년도 아동복지시설 평가지표 설명회.

보건복지부, 한국아동권리모니터링센터(2011). 유엔아동권리협약 제3, 4차 국가보고서 및 권고사항 자료집.

사회보험 정보연계센터 홈페이지(http://www.4insure.or.kr/ins4/ptl/Main.do).

서란숙(2007). 국내입양에 대한 대학생의 의식조사 연구. 서울시립대학교 대학원 석사학위 논문.

서보준, 김우호, 김극명, 서명환, 송은희, 이정미, 전대성, 정정란, 조웅(2017). **아동권리와 복지**. 공동체.

성영혜, 김연진(2002). **아동복지이론과 실제**. 동문사.

세계보건기구(2016). **국제 기능 · 장애 · 건강 분류**(한글번역본 제2차 개정판). 사회보장정보원.

세이브더칠드런(2017). 아동권리와 긍정적 훈육 리플렛.

송영혜, 김귀남 옮김(2011). **아동이상심리학**. Cengage Learning

신은식, 신애리(2015). 성폭력 피해아동의 보호 현황과 개선방안. **한국경찰연구** 14(4), 아동자립지원단 홈페이지(www.kohi.or.kr).

안선경, 양지혜, 정익중(2012). 아동학대 영향을 미치는 가족영역의 보호요인과 위험요인에 관한 메타분석. **한국가족복지학**, 38, 331-358.

안수영(2006). 저출산시대 영유아 보육의 활성화 방안. **한국아동교육학회**, 15(4), 329-339.

양계민, 조혜영, 이수정(2009). 미래한국사회 다문화 역량강화를 위한 아동 · 청소년 중장기 정책 방안 연구 I : 다문화가정 청소년의 역량개발을 중심으로. 한국청소년정책연구원 연구보고서.

양심영(2003). 가정위탁서비스의 보호형태별 특성과 위탁아동의 적응에 관한 요인. **대한가정학회지**, 41(5), 131-148.

여성가족부(2010). 2010년 조손가족 실태조사.

여성가족부(2015). 2015년 한부모가족 실태조사.

여성가족부(2016). 2015년 전국다문화가족 실태조사 분석.

여성가족부(2016). 여성경제활동인구 및 참가율.

여성가족부(2017). 2015년 한부모가족 가족실태조사 분석.

여성가족부(2017). 2018년 한부모가족 실태조사 사전연구.

여유진, 김미곤, 정은희, 이주미, 정희선, 권지성 등(2016). 아동의 빈곤예방을 위한 실태연구. 보건복지부, 한국보건사회연구원.

오미희, 임명희, 김윤희, 이세나, 강현영(2017). **아동권리와 복지**. 파워북.

오정수, 이혜원, 정익중(2005). 선진복지국가 아동정책 비교와 21세기 한국아동정책의 발전 방안. 보건복지부 · 한국아동복지학회.

오정수, 정익중(2017). **아동복지론**. 학지사.

오현미(2016). 영유아 부모의 어린 시절 훈육경험 및 훈육 태도가 아동학대 인식에 미치는 영향. 서울기독대학교 대학원 석사학위논문.
유니세프(2017). 유니세프 유엔아동권리 협약.
이미화(2012). 2013~2017 보육 중장기 발전방향. 육아정책연구소.
이미화, 강은진, 김은영, 김길숙, 엄지원(2016). 보육교사 양성과정 및 보육실습 매뉴얼 연구. 육아정책연구소.
이선미, 김경윤, 박영충, 김성영(2017). **아동권리와 복지**. 창지사.
이성한, 하연희, 이귀숙(2016). **아동권리와 복지**. 창지사.
이소희, 김영희, 최남례, 윤지영(2004). **영 · 유아복지론**. 학현사.
이순형(2016). **아동복지 이론과 실천**. 학지사.
이영애(2010). 다문화가정 자녀의 문화적응스트레스가 내재화문제와 학교적응에 미치는 영향: 사회적 지지의 조절효과. 경남대학교 교육대학원 석사학위논문.
이용교, 황옥경, 김영지, 김형욱, 이중섭, 박경희(2004). 경제적 사회적 문화적 권리 국가인권정책(NAP) 수립을 위한 아동권 기초현황 조사. 국가인권위원회 한국사회조사연구소.
이용복(2006). 우리나라 아동복지서비스 전달체계의 현황 및 방향성 모색. **한국가족복지학**, 11(1), 53-68.
이용주, 조숙영, 김정희(2016). **아동권리와 복지**. 공동체.
이윤진, 이정림, 김경미(2012). 북한 이탈 주민 영유아 자녀 양육 지원 강화 방안. 육아정책연구소.
이태진(2011). 빈곤정책 선진화를 위한 실태조사 연구. 정책보고서
이한우, 정정란(2012). **아동복지론**. 양서원.
이현순(2014). 어린이집 아동학대 영향요인에 관한 연구: 전국 어린이집 보육교사 인식을 중심으로. 건국대학교 대학원 박사학위논문.
이현주(2007). 조손가족의 가족기능 강화를 위한 서비스 모형 개발: 아동의 성인역할부담완화를 중심으로. 부산대학교 대학원 박사학위논문.
이홍직(2007) 조손가정에 관한 고찰. **스트레스연구**, 15(4), 314-320.
이효정, 강현경, 김갑순, 김민정, 김성숙, 이선자, 이영희, 최경희(2017). **아동권리와 복지**. 공동체.
장인협, 오정수(2004). **아동 · 청소년복지론**. 서울대학교 출판부.
전보영(2010). 조손가족의 가족기능 향상을 위한 가족생활교육프로그램의 개발 및 효과성 연구. 성균관대학교 대학원 석사학위논문.
정미현, 전영록, 박주현, 김태동(2016). **아동복지론**. 창지사.
정옥분, 정순화, 손화희, 김경은(2016). **아동복지와 권리**. 학지사.
정은희, 최새은, 이상균, 하태정(2013). 우리나라 아동빈곤의 특성. 한국보건사회연구원.
중앙가정위탁지원센터(2017a). 2016년 가정위탁보호 현황보고서.
중앙가정위탁지원센터(2017b). 가정위탁 업무 안내서(공무원용).
중앙아동보호전문기관 홈페이지(http://www.korea1391.go.kr/new)
중앙아동보호전문기관(2014a) 돌봄시설 아동학대예방을 위한 사례집.

중앙아동보호전문기관(2014b). 아동학대신고의무자교육 교재.

중앙아동보호전문기관(2016). 2016년 전국아동학대현황보고서

초록우산 어린이재단(2014). 복지사각지대 빈곤아동가구 현황분석 및 복지서비스 욕구에 관한 연구. 초록우산 어린이재단 아동복지연구소.

초록우산 어린이재단(2015). 2015년 아동지표.

최영진(2015). **법학연구, 23**(4), 349-378, 경상대학교 법학연구소.

최윤영(2013). 아동복지법제의 개선에 관한 연구-권리와 전달체계를 중심으로. 이화여자대학교 대학원 박사학위논문.

최혜지(2006). 조손가구 조부모와 손자·녀의 가족관계 결정모형에 관한 연구. **한국가정관리학회 학술발표대회 자료집, 5**, 55-67.

통계청(2013). 인구주택총조사.

통계청(2014). 2014년 인구주택총조사.

통계청(2015). 2015년 다문화 인구동태 통계.

통계청(2015). 인구동태 통계 연보

통계청(2016). 경제활동인구조사.

통계청(2017a). 인구주택총조사.

통계청(2017b). 장래가구추계: 2015~2045.

통계청(2017c). 출입국·외국인 정책 통계연보

통계청(2017d). 2016년 다문화 인구동태 통계

통계청(2018a). 2017년 혼인·이혼 통계.

통계청(2018b). 경제활동인구조사.

통계청(2018c). 연도별 다문화가족 통계.

한국방정환재단(2017). 소파방정환 어린이날 어린이헌장.

한국보건사회연구원(2007). 한국아동권리의 현황과 권리수준 제고방안. **보건복지포럼, 128**, 21-36.

한국보건사회연구원(2016). 2016년 빈곤통계연보.

한국보건사회연구원(2017). 2017년도 노인실태조사.

한국아동복지협회(2005). 아동복지시설 발전방안 개발연구.

한국장애인개발원(2013). 장애아동 및 가족 실태조사.

한국청소년정책연구원(2014). 아동·청소년 인권 정책과제 개발을 위한 전문가 워크숍. 한국청소년정책연구원 워크숍자료집 14-S45, 1-22.

한국청소년정책연구원(2015). 유엔아동권리협약 이행방안 연구.

한미현, 문혁준, 강희경, 공인숙, 김상희, 안선희, 안효진, 양성은, 이경열, 이경옥, 이진숙, 천희영, 조한숙(2017). **아동권리와 복지**. 창지사.

한성심, 송주미(2016). **아동복지론**. 창지사.

한유진, 김진경, 유안진(2003). 시설 보호 아동의 또래관계 증진을 위한 사회적 역량 프로그램효과, **한국아동연구, 24**(2) 109-121.

허남순(2004). 친인척가정위탁과 일반가정위탁 아동의 심리사회적 특성 및 위탁가정의 서비스 욕구에 대한 비교연구. **한국아동복지학**, 18, 243-270.

황미영(2011). 고령노동자의 인적자원개발 욕구와 근로자지원의 방향. **한국지역사회복지학**, 38, 155-173.

황수경(2004). WHO의 새로운 국제장애분류(ICF)에 대한 이해와 기능적 장애 개념의 필요성. **노동정책연구**, 4(2), 128-148.

황은숙(2005). 이혼가정 부모교육 프로그램의 개발과 활성화 방안. 숙명여대 대학원 박사학위논문.

황은숙(2006). 서울시 한부모가정 실태조사 연구. **한부모가정연구**, 1(1), 1-34.

황은숙(2007). 모자가정과 부자가정의 고충 비교연구. **한부모가정연구**, 2(1), 1-20.

황해익, 남미경, 서보순, 김병만(2017). **아동권리와 복지**. 정민사.

Baker, L. A., & Mutchler, J. E.(2010). Poverty and material hardship in grandparent-headed households. *Journal of Marriage and Family, 72*, 947-962.

Brody, G. H., Z. Stoneman, D. Flor, C. Mcgray, L. Hanstings, & O. Conyers(1994). "Finacial Resources, parent psychological functioning, parent co-caregiving, and early adolescent competence in rural two-parent", *Child Development, 65*(2), 590-605.

Brooks-Gunn, J., & Duncan, G.(1997), The effects of poverty on children, *The future of children, 7*(2), 55-71.

Conger, R. D, Ge, X., Elder, G. H., Lorenz, F. O., & Simons, R. L.(1994). "Economic stress, corecive family process, and developmental problems of adolescents", *Child Development, 65*, 541-561.

Conger, R. D., Conger, K. J., & Elder, G.(1997). *Family economic hardship and adolescent adjustment: Mediating and moderating processes*. pp. 288-310. In Consequences of Growing Up Poor. NY: Russell Sage Foundation.

Department of Public information(1995). The United Nations and Human Rights.

Dowdell, E. B., & Sherwen, L. N.(1998). Grandmothers who raise grandchildren. *Journal of Gerontological Nursing, 24*(5), 8-13.

Fuller-Thomson, E., Minkler, M., & Driver, D.(1997). A profile of grandparents raising grandchildren in the United States. *The Gerontologist, 37*, 406-411.

Gibert, N., & Terrell, P.(2005). *Dimensions of Social Welfare Policy*(6th ed.). Boston: Allyn & Bacon.

Jendrek, M.(1994). Grandparents who parent their grandchildren: Circumstances and decisions. *The Gerontologist, 34*, 206-621.

Kadushin & Martin(1988). *Child Welfare Services*. N.Y.: Macmillan Publishing., Inc.

OECD(2003). Transforming Disability into Ability: Policies to Promote Work and

Income Security for Disabled People.
OECD(2017). Employment Outlook 2017.
UN Documents(2017). *Human Rights*(http://www.un-documents.net)
Zuckerman(1983). *Child Welfare*. M.Y.: The Free Press.

Index

찾아보기

⋈ 인명 ⋈

⋈ 내용 ⋈

기타

“ 저자소개 ”

조형숙 펜실베이니아 주립대학교 철학박사(유아교육전공)
현) 중앙대학교 사범대학 유아교육과 교수

백소영 중앙대학교 대학원 유아교육 전공 박사수료
현) 경기이천시육아종합지원센터 센터장

이수민 중앙대학교 대학원 유아교육 전공 박사수료
현) 숭의여자대학교 유아교육과 겸임교수
유림 어린이집 원장

이은형 중앙대학교 대학원 문학박사(유아교육 전공)
현) 한국복지대학교 유아특수보육과 교수

아동권리와 복지

1판 1쇄 발행 2018년 2월 28일
1판 5쇄 발행 2024년 7월 30일

저 자 조형숙, 백소영, 이수민, 이은형
발 행 인 회장 박철용 · 대표 박세원
발 행 처 정민사
출 판 등 록 1979년 1월 22일 No. 406-2004-000130호
주 소 경기도 파주시 직지길 522 파주출판도시
전 화 031-955-8030
팩 스 031-955-8025
홈 페 이 지 http://www.jmpub.co.kr
이 메 일 yswgroup@naver.com

I S B N 978-89-5809-591-0
정 가 21,000원